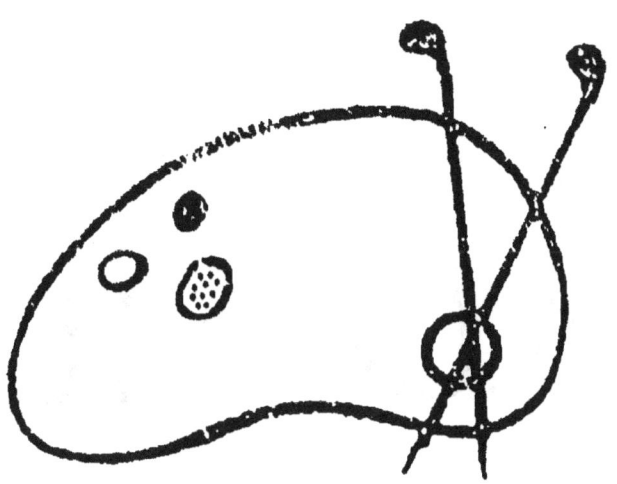

Début d'une série de documents en couleur

HECTOR MALOT

BACCARA

PARIS
G. CHARPENTIER ET Cie, ÉDITEURS
13, RUE DE GRENELLE, 13
1886

EXTRAIT DU CATALOGUE
DE LA
BIBLIOTHÈQUE CHARPENTIER
A 3 fr. 50 le volume

OEUVRES
DE
HECTOR MALOT

MICHELINE.	1 vol.
LE SANG BLEU	1 vol.
LE LIEUTENANT BONNET.	1 vol.
LE DOCTEUR CLAUDE.	1 vol.
LA BOHÊME TAPAGEUSE.	2 vol.

POUR PARAITRE PROCHAINEMENT

ROMAIN KALBRIS	1 vol.
UNE FEMME D'ARGENT.	1 vol.
L'HÉRITAGE D'ARTHUR	1 vol.
POMPON	1 vol.

UNE BONNE AFFAIRE
Avec deux dessins de F. DESMOULIN
gravés à l'eau forte par C. FAIVRE

Un volume in-32, Petite Bibliothèque Charpentier . . . . 4 fr.

PARIS. — IMPRIMERIE C. MARPON ET E. FLAMMARION, RUE RACINE, 26.

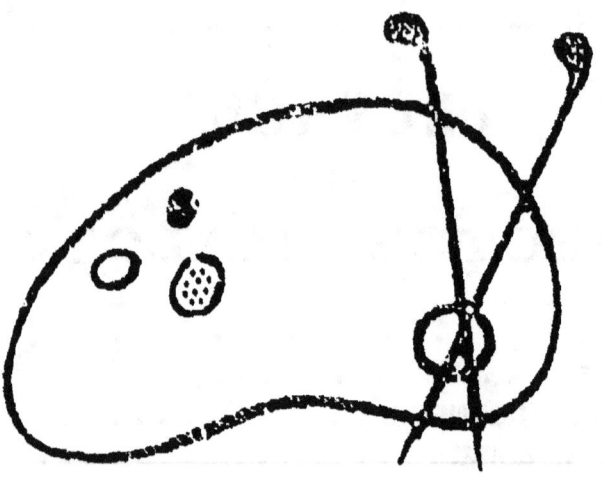

Fin d'une série de documents
en couleur

HECTOR MALOT

BACCARA

PARIS
G. CHARPENTIER ET Cie, ÉDITEURS
13, RUE DE GRENELLE, 13

1886
Tous droits réservés

BACCARA

PREMIÈRE PARTIE

I

Ouvrez les livres de géographie les plus complets, étudiez les cartes, même celle de l'état-major, et vous y chercherez en vain un petit affluent de la Seine, qui cependant a été pour la ville qu'il traverse ce que le Furens a été pour Saint-Etienne et l'eau de Robec pour Rouen. — Cette rivière est le Puchot. Il est vrai que de sa source à son embouchure elle n'a que quelques centaines de mètres, mais si peu long que soit son cours, si peu considérable que soit le débit de ses eaux, ils n'en ont pas moins fait la fortune industrielle d'Elbeuf.

Pendant des centaines d'années, c'est sur ses rives que se sont entassées les diverses industries de la fabrication du drap qui exigent l'emploi de l'eau, le lavage des laines en suint, celui des laines teintes, le dégraissage en pièces, et il a fallu l'invention de la vapeur et des puits artésiens pour que les nouvelles manufactures l'abandonnent ; encore n'est-il pas rare d'entendre dire par les *Puchotiers* que la petite rivière n'a pas été remplacée, et que si Elbeuf n'est plus ce qu'il a été si longtemps, c'est parce qu'on a renoncé à se servir des eaux froides et limpides du Puchot, douées de toutes sortes de vertus spéciales qui lui appartenaient en propre. Mauvaises, les eaux des puits artésiens et de la Seine, aussi mauvaises que le sont les drogues chimiques qui ont remplacé dans la teinture le noir qu'on obtenait avec le brou des noix d'Orival.

Le Puchot a donc été le berceau d'Elbeuf ; c'est aux abords de ses rives basses et tortueuses, au pied du mont Duve d'où il sort, à quelques pas du château des ducs, rue Saint-Etienne, rue Saint-Auct qui descend de la forêt de la Londe, rue Meleuse, rue Royale, que peu à peu se sont groupés les fabricants de drap ; et c'est encore dans ce quartier aux maisons sombres, aux cours profondes, aux ruelles étroites où les ruisseaux charrient des eaux rouges, bleues, jaunes quelquefois épaisses comme une bouillie laiteuse quand elles sont chargées de terre à foulon, que se trouvent les vieilles fabriques qui ont vécu jusqu'à nos jours.

Une d'elles que le Bottin désigne ainsi : « Adeline (Constant), O. ✻, médailles A. 1827 et 1834, O. 1839, 1844, 1849, 1ʳᵉ classe Exposition universelle de 1855, hors concours 1867, médaille de progrès Vienne, *nouveautés pour pantalons, jaquettes et paletots* », occupe, impasse du Glayeul, une de ces cours étroites et noires ; et c'est probablement la plus ancienne d'Elbeuf, car elle remonte authentiquement à la révocation de l'Édit de Nantes, quand les grands fabricants qui avaient alors accaparé l'industrie du drap en introduisant les façons de Hollande et d'Angleterre, forcés comme protestants de quitter la France, laissèrent la place libre à leurs ouvriers. Un de ces ouvriers se nommait Adeline ; il était intelligent, laborieux, entreprenant, doué de cet esprit d'initiative et de prudence avisée qui est le propre du caractère normand : mais, lié par l'engagement que ses maîtres lui avaient imposé, comme à tous ses camarades, d'ailleurs, de ne jamais s'établir maître à son tour, il serait resté ouvrier toute sa vie. Libéré par le départ de ses patrons, il avait commencé à fabriquer pour son compte des draps façon de Hollande et d'Angleterre, et il était devenu ainsi le fondateur de la maison actuelle ; ses fils lui avaient succédé ; un autre Adeline était venu après ceux-là ; un quatrième après le troisième, et ainsi jusqu'à Constant Adeline, que le nom estimé de ses pères, au moins autant que le mérite personnel, avaient fait successivement conseiller général, président du tribunal de commerce, chevalier puis officier de la Légion d'honneur, et enfin député.

C'était petitement que le premier Adeline avait commencé, en ouvrier qui n'a rien et qui ne sait pas s'il réussira, et il avait fallu des succès répétés pendant des séries d'années pour que ses successeurs eussent la pensée d'agrandir l'établissement primitif ; peu à peu cependant ils avaient pris la place de leurs voisins moins heureux qu'eux, rebâtissant en briques leurs bicoques de bois, montant étages sur étages, mais sans vouloir abandonner l'impasse du Glayeul, si à l'étroit qu'ils y fussent. Il semblait qu'il y eût dans cette obstination une religion de famille, et que le nom d'Adeline formât avec celui du Glayeul une sorte de raison sociale.

Pour l'habitation personnelle, il en avait été comme pour la fabrique : c'était impasse du Glayeul que le premier Adeline avait demeuré, c'était impasse du Glayeul que ses héritiers continuaient de demeurer ; l'appartement était bien noir cependant, peu confortable, composé de grandes pièces mal closes, mal éclairées, mais ils n'avaient besoin ni du bien-être ni du luxe que ne comprenaient point leurs idées bourgeoises. A quoi bon ? C'était dans l'argent amassé qu'ils mettaient leur satisfaction ; surtout dans l'importance, dans la considération commerciale qu'il donne. Vendre, gagner, être estimés, pour eux tout était là, et ils n'épargnaient rien pour obtenir ce résultat, surtout ils ne s'épargnaient pas eux-mêmes : le mari travaillait dans la fabrique, la femme travaillait au bureau, et quand les fils revenaient du collège de Rouen, les filles du couvent des Dames de la Visitation, c'était pour travailler, — ceux-ci avec le père, celles-là avec la mère.

Jusqu'à la Restauration, ils s'étaient contentés de cette petite existence, qui d'ailleurs était celle de leurs concurrents les plus riches, mais à cette époque le dernier des ducs d'Elbeuf ayant mis en vente ce qui lui restait de propriétés, ils avaient acheté le château du Thuit, aux environs de Bourgtheroulde. A la vérité, ce nom de « château » les avait un moment arrêtés et failli empêcher leur acquisition ; mais de ce château dépendaient une ferme dont les terres étaient en bon état, des bois qui rejoignaient la forêt de la Londe ; l'occasion se présentait avantageuse, et les bois, la ferme et les terres avaient fait passer le château, que d'ailleurs ils s'étaient empressés de débaptiser et d'appeler « notre maison du Thuit », se gardant soigneusement de tout ce qui pouvait donner à croire qu'ils voulaient jouer aux châtelains : petits bourgeois étaient leurs pères, petits bourgeois ils voulaient rester, mettant leur ostentation dans la modestie.

Cependant cette acquisition du Thuit avait nécessairement amené avec elle de nouvelles habitudes. Jusque-là toutes les distractions de la famille consistaient en promenades aux environs le dimanche, aux roches d'Orival, au chêne de la Vierge, en parties dans la forêt qui, quelquefois, en été, se prolongeaient par le château de Robert-le-Diable jusqu'à la Bouille, pour y manger des douillons et des matelotes. Mais on ne pouvait pas tous les samedis, par le mauvais comme par le beau temps, s'en aller au Thuit à pied à la queu leu-leu; il fallait une voiture; on en avait acheté une ; une vieille calèche d'occasion encore solide, si elle était ridicule ; et, comme les harnais vendus avec elle étaient plaqués en argent, on les avait récurés jusqu'à ce qu'il ne restât que le cuivre, qu'on avait laissé se ternir. Tous les

1.

samedis, après la paye des ouvriers, la famille s'était entassée dans le vieux carrosse chargé de provisions, et par la côte de Bourgtheroulde, au trot pacifique de deux gros chevaux, elle s'en était allée à la maison du Thuit, où l'on restait jusqu'au lundi matin ; les enfants passant leur temps à se promener à travers les bois, les parents parcourant les terres de la ferme, discutant avec les ouvriers les travaux à exécuter, estimant les arbres à abattre, toisant les tas de cailloux extraits dans la semaine écoulée.

Cependant ces mœurs qui étaient alors celles de la fabrique elbeuvienne s'étaient peu à peu modifiées ; le bien-être, le brillant, le luxe, la vie de plaisir, jusque-là à peu près inconnus, avaient gagné petit à petit, et l'on avait vu des fils enrichis abandonner le commerce paternel, ou ne le continuer que mollement, avec indifférence, lassitude ou dégoût. A quoi bon se donner de la peine ? Ne valait-il pas mieux jouir de leur fortune dans les terres qu'ils achetaient, ou les châteaux qu'ils se faisaient construire avec le faste de parvenus ?

Mais les Adeline n'avaient pas suivi ce mouvement, et chez eux les habitudes, les usages, les procédés de la vieille maison étaient en 1830 ce qu'ils avaient été en 1800, en 1870 ce qu'ils avaient été en 1850. Quand la vapeur avait révolutionné l'industrie, ils ne l'avaient point systématiquement repoussée mais ils ne l'avaient admise que prudemment, au moment juste où ils auraient déchu en ne l'employant pas ; encore, au lieu de se lancer dans des installations coûteuses, s'étaient-ils contentés de louer à un voisin la force motrice nécessaire à la marche de leurs métiers mécaniques. Bonnes pour leurs concurrents, les innovations, mauvaises pour eux. Ils étaient les plus hauts représentants de la fabrique en chambre, ils voulaient rester ce qu'ils avaient toujours été. Les manufactures puissantes qui s'étaient élevées autour d'eux ne les avaient point tentés. Ils n'enviaient point ces casernes vitrées en serres et ces hautes cheminées qui, jour et nuit, vomissaient des tourbillons de fumée. C'était le chiffre d'affaires qui seul méritait considération, et le leur était supérieur à ceux de leurs rivaux. Ils pouvaient donc continuer la vieille industrie elbeuvienne, celle où les nombreuses opérations de la fabrication du drap, le dégraissage de la laine en suint, la teinture, le séchage, le cardage, la filature, le bobinage, l'ourdissage, le tissage, le dégraissage en pièces, le foulage, le lainage, le tondage, le décatissage s'exécutent au dehors dans des ateliers spéciaux ou chez l'ouvrier même, et où la fabrique ne sert qu'à visiter les produits de ces diverses opérations et à créer la nouveauté au moyen de l'agencement des fils et du coloris.

Ailleurs qu'à Elbeuf cette prudence et ces façons de gagne-petit eussent peut-être amoindri et déconsidéré les Adeline, mais en Normandie on estime avant tout la prudence et on respecte les gagne-petit. Quand on disait : « Voyez les Adeline », ce n'était pas avec pitié, c'était avec envie quelquefois et le plus souvent avec admiration. Avec eux on écrasait les imprudents qui s'étaient ruinés, aussi bien que les parvenus fils d'*épinceteuses* ou de *rentrayeuses* qui, au lieu de continuer le commerce de leurs pères, jouaient à la grande vie dans leurs hôtels ou leurs châteaux.

Constant Adeline, le chef de la maison actuelle, était le digne héritier de ces sages fabricants ; d'aucun de ses pères on n'avait pu dire aussi justement que de lui : « Voyez Adeline »; et on l'avait dit, on l'avait répété à satiété, à propos de tout, dans toutes les circonstances : — dès le collège où il s'était montré intelligent et studieux, bon camarade, estimé de ses professeurs, le Benjamin de l'aumônier, heureux de trouver en lui un garçon élevé chrétiennement et de complexion religieuse, ce qui était rare dans la génération de 1830 ; — plus tard au tribunal de Commerce, au conseil général et enfin à la Chambre, où il était un excellent député, appliqué au travail, vivant en dehors des intrigues de couloir, ne parlant que sur ce qu'il connaissait à fond et alors se faisant écouter de tous, votant selon sa conscience tantôt pour, tantôt contre le ministère, sans qu'aucune considération de groupe ou d'intérêt particulier pesât sur lui.

A un certain moment cependant, ce modèle avait inspiré des craintes à ses amis. Après avoir travaillé quelques années dans la fabrique paternelle en sortant du collège, il avait fait un voyage d'études en Allemagne, en Autriche, en Russie, et alors on avait dit, à Elbeuf, qu'une femme galante l'accompagnait ; un acheteur en laines les avait rencontrés dans des casinos, où Adeline jouait gros jeu.

— Un Adeline ! Etait-ce possible ? Un garçon si sage ! La « femme galante », on la lui pardonnait ; il faut bien que jeunesse se passe. Mais les casinos ?

Épouvanté, le père avait couru en Allemagne, ne s'en rapportant à personne pour sauver son fils. Celui-ci n'avait fait aucune résistance, et, soumis, repentant, il était revenu à Elbeuf : il s'était laissé entraîner ; comment ? il ne le comprenait pas, n'aimant pas le jeu ; mais humilié d'avoir perdu son argent, il avait voulu le rattraper.

On l'avait alors marié.

Et depuis cette époque, il avait été, comme ses amis le disaient en plaisantant, l'exemple des maris, des fabricants, des juges au tribunal de Commerce, des conseillers généraux, des jurés d'exposition et et des députés.

— Voyez Adeline !

Que lui manquait-il pour être l'homme le plus heureux du monde ? N'avait-il pas tout, — l'estime, la considération, les honneurs, la fortune ? — et une honnête fortune, loyalement acquise si elle n'était pas considérable.

II

C'était dans le gros public qu'on parlait de la fortune des Adeline, là où l'on s'en tient aux apparences et où l'on répète consciencieusement les phrases toutes faites sans s'inquiéter de ce qu'elles valent ; il y avait cent cinquante ans que cette fortune était monnaie courante de la conversation à Elbeuf, on continuait à s'en servir.

Mais, parmi ceux qui savent et qui vont au fond des choses, cette croyance à une fortune, solide et inébranlable, commençait à être amoindrie.

A sa mort, le père de Constant Adeline avait laissé deux fils : Constant, l'aîné, chef de la maison d'Elbeuf, et Jean, le cadet, qui, au lieu de s'associer avec son frère, avait fondé à Paris une importante maison de laines en gros, si importante qu'elle avait des comptoirs de vente au Havre et à Roubaix, d'achat à Buenos-Ayres, à Moscou, à Odessa, à Saratoff. Celui-là n'avait que le nom des Adeline ; en réalité, c'était un ambitieux et un aventureux ; la fortune gagnée dans le commerce petit à petit lui paraissait misérable, il lui fallait celle que donne en quelques coups hardis la spéculation. S'il avait vécu, peut-être l'eût-il réalisée. Mais, surpris par la mort, il avait laissé de grosses, de très grosses affaires engagées qui s'étaient liquidées par la ruine complète — la sienne, celle de sa femme, celle de sa mère. A la vérité, elles pouvaient ne pas payer, mais alors c'était la faillite. Elles s'étaient sacrifiées et l'honneur avait été sauf. Pour acquitter ce lourd passif, la femme avait abandonné tout ce qu'elle possédait, et la mère, après avoir vendu ses propriétés et ses valeurs mobilières, s'était encore fait rembourser par son fils aîné la part qui lui revenait dans la maison d'Elbeuf. Constant eût pu résister à la demande de sa mère; en tout cas, il eût pu ne donner que la moitié de cette part; il l'avait donnée entière, autant par respect pour la volonté de sa mère que pour l'honneur de son nom qui ne devait pas figurer au tableau des faillites.

Un commerçant ne retire pas douze cent mille francs de ses affaires sans embarras et sans trouble, cependant Constant Adeline avait pu s'imposer cette saignée sans compromettre, semblait-il, la solidité de sa maison; s'il s'en trouvait un peu gêné, quelques bonnes années combleraient ce trou; il n'avait qu'à travailler.

Mais justement à cette époque avait commencé une crise commerciale qui dure encore, et un changement radical dans la mode qui, à la nouveauté en tissu foulé, fabriqué à Elbeuf depuis trente ou quarante ans avec une supériorité reconnue, a fait préférer le tissu fortement serré en chaîne et en trame, fabriqué en Angleterre et à Roubaix; — au lieu des bonnes années attendues, les mauvaises s'étaient enchaînées; au lieu de travailler pour combler le trou creusé, il avait fallu travailler pour qu'il ne s'agrandît pas démesurément, et encore n'y avait-on pas réussi. Car, pour la nouveauté beaucoup plus que pour les autres industries, les crises sont une cause de ruine: il en est d'elle comme des primeurs, elle ne se garde pas. Une pièce de drap uni, noir, vert, bleu, reste en magasin sans autre inconvénient pour le fabricant que la perte d'intérêt de l'argent avancé et du bénéfice manqué. Une pièce de nouveauté ne peut pas y rester, le mot même le dit.

Lorsque tout a été disposé par le fabricant pour faire une étoffe neuve : mélange de la matière, laine de telle espèce avec telle autre laine ou avec la soie ; teinture de ces laines et de cette soie ; filature selon l'effet cherché ; tissage d'après certaines combinaisons déterminées pour le dessin, la force, la façon ; apprêt spécial aussi varié dans ses combinaisons que celles de la teinture, de la filature et du tissage — il faut que cette étoffe soit vendue à son heure précise et pour la saison en vue de laquelle elle a été créée, ou la saison suivante elle ne vaut plus rien. Et comment la vendre quand, par suite d'une raison quelconque, crise commerciale ou changement de mode, les acheteurs pour lesquels on a travaillé ne se présentent pas ? La mode, le fabricant doit la pressentir, et tant pis pour lui s'il est sa victime. Mais il n'a pas la responsabilité des crises commerciales, il n'est ni ministre ni roi, et ce n'est pas lui qui souffle ou écarte les maladies, les fléaux et les guerres.

Député, Constant Adeline ne pouvait plus s'occuper de sa fabrique comme au temps de sa jeunesse, du matin au soir, mais, pour passer ses journées au palais Bourbon, il ne l'abandonnait pas cependant. Elbeuf n'est qu'à deux heures et demie de Paris ; tous les samedis, après la séance, il prenait le train, et à neuf heures et demie il arrivait chez lui, où il trouvait les siens qui l'attendaient. Ce jour-là, le dîner retardé était un souper ; et tout le monde, même la vieille madame Adeline, âgée de quatre-vingt-quatre ans, infirme et paralysée des jambes, qu'on appelait « la Maman », même la jeune Léonie

Adeline, fille de Jean Adeline, qui depuis la mort de sa mère demeurait chez son oncle, ne se mettait à table qu'après que le chef de la famille s'était assis à sa place, vide pendant toute la semaine; les visages étaient épanouis, et, malgré le retard qui avait dû aiguiser les appétits, on causait plus qu'on ne mangeait.

— Comment vas-tu, la Maman?
— Bien, mon garçon; et toi? Il y a encore eu du tapage à la Chambre cette semaine, tu as dû te brûler *les sangs*, c'est vraiment trop *arkanser*.

La Maman, restée vieille Elbeuvienne, avait conservé, sans se donner la peine de les modifier en rien, ses usages d'autrefois aussi bien pour la toilette que pour le langage et le parler: en été ses robes étaient en indienne de Rouen, en hiver en drap d'Elbeuf; ses bonnets de tulle noir garnis de dentelle étaient à la mode de 1840, la dernière à laquelle elle eût fait des concessions; et avec un accent traînant elle lâchait les mots de patois normand et les locutions elbeuviennes avec lesquelles elle avait été élevée, sans s'inquiéter des effarements de ses petites-filles qui, n'osant pas la reprendre en face, insinuaient adroitement que les *chaircuitiers* s'appelaient maintenant des charcutiers, que les *castoroles* sont devenues des casseroles, et que « ne rien faire de bon » vaut mieux qu'*arkanser*, qu'on doit traduire pour ceux qui n'entendent pas le normand.

Il fallait qu'Adeline expliquât pourquoi on avait *arkansé*, car la Maman, assise du matin au soir dans son fauteuil roulant, lisait l'*Officiel* d'un bout à l'autre, et elle ne lui faisait grâce d'aucun détail, plus au courant de ce qui se passait à la Chambre que bien des députés. Quand son fils avait parlé, elle discutait les raisons que ses contradicteurs lui avaient opposées et les pulvérisait, s'indignant que tout le monde n'eût pas voté comme lui. Sur un seul point, elle le blâmait — c'était sur tout ce qui touchait aux choses religieuses; ne mettrait-il donc jamais la religion au-dessus de la politique? Quel chagrin pour elle que dans ces questions il ne votât point comme elle aurait voulu! il était si soumis, si pieux, quand il était petit!

Respectueusement il se défendait, mais le plus souvent il cherchait à changer la conversation en faisant signe à sa femme ou à sa fille de venir à son secours; il en avait assez de la politique, et ce n'était point pour reprendre et continuer les discussions de la semaine qu'il avait hâte d'arriver chez lui. C'était pour se retrouver avec les siens dans cette maison toute pleine de souvenirs, où il avait été enfant, où il avait grandi, où son père était mort, où il s'était marié, où sa fille était née, où il n'y avait pas un meuble, pas un coin qui ne lui parlât au cœur et ne le reposât de la vie parisienne vide et fatigante qu'il menait pendant neuf mois. Comme ces vastes pièces un peu noires d'aspect, comme ces vieux meubles démodés qu'il avait toujours vus, ces fauteuils de style Empire, ces pendules en bronze doré à sujets mythologiques, ces fleurs en papier conservées sous des cylindres depuis la jeunesse de sa mère, lui étaient plus doux aux yeux que le mobilier du petit appartement de garçon qu'il occupait dans une maison meublée de la rue Tronchet. Comme le fumet du pot-au-feu qui lui chatouillait l'appétit dès qu'il poussait sa porte le disposait mieux à se mettre à table que les bouffées chaudes qui le frappaient au visage quand il entrait dans les restaurants parisiens où il mangeait seul! A mesure qu'il revenait dans son milieu d'autrefois, l'homme d'autrefois se retrouvait. Des cases de son cerveau s'ouvraient, d'autres se refermaient. Le Parisien restait à Paris, à Elbeuf il n'y avait plus que l'Elbeuvien, l'odeur fade des cuves d'indigo l'avait rajeuni; le commerçant remplaçait le député ; il n'était plus que mari et père de famille.

Aussi se fâchait-il contre la politique qu'il lui déplaisait de retrouver à Elbeuf : c'était de paroles affectueuses, de regards tendres qu'il avait besoin, du laisser-aller de l'intimité, de sorte que bien souvent, pendant que la Maman continuait ses discussions, ses approbations ou ses réprimandes, il oubliait de lui répondre ou ne le faisait qu'en quelques mots distraits : « Oui, maman ; non, maman; tu as raison, certainement, sans aucun doute. »

C'était assez indifféremment qu'à son retour d'Allemagne il s'était laissé marier par son père avec une jeune fille née dans une condition inférieure à la sienne, au moins pour la fortune, mais depuis vingt ans il vivait dans une étroite communion de sentiment et de pensée avec sa femme, car il s'était trouvé que celle qu'il avait acceptée pour la grâce de sa jeunesse était une femme douée de qualités réelles que chaque jour révélait : l'intelligence, la fermeté de la raison, la droiture du caractère, la bonté indulgente, et, ce qui pour lui était inappréciable depuis son entrée dans la vie politique — le flair et le génie du commerce qui faisaient d'elle une associée à laquelle il pouvait laisser la direction de la maison aussi bien pour la fabrication que pour la vente. Pendant qu'à Paris il s'occupait des affaires de la France, à Elbeuf elle dirigeait d'une main aussi habile que ferme celles de la fabrique; en vraie femme de commerce, comme il n'était pas rare d'en rencontrer autrefois derrière les rideaux verts d'un comptoir, mais comme on n'en voit plus maintenant, trouvant encore le temps d'accomplir avec un seul commis la besogne du bureau : la correspondance, la comptabilité, la caisse et la paye qu'elle faisait elle-même.

Si bon commerçant que fût Adeline, ce n'était cependant pas d'affaires qu'il avait hâte de s'entretenir en arrivant chez lui — ces affaires, il les connaissait, au moins en gros, par les lettres que sa femme lui écrivait tous les soirs; c'était sa femme même, c'était sa fille qui occupaient son cœur, et tout en mangeant, tout en répondant avec plus ou moins d'à-propos à sa mère, ses yeux allaient de l'une à l'autre. S'il aimait celle-ci tendrement, il adorait celle-là, et il n'était pas rare que tout à coup il s'interrompît pour se pencher vers elle et l'embrasser en la prenant dans ses bras :

— Eh bien, ma petite Berthe, es-tu contente du retour du papa?

Il la regardait, il la contemplait avec un bon sourire, fier de sa beauté qui lui semblait incomparable ; où trouver une fille de dix-huit ans plus charmante? Elle avait des cheveux d'un blond soyeux qu'il ne voyait chez aucune autre, une fraîcheur de carnation, une profondeur, une tendresse dans le regard vraiment admirables, et avec cela si bonne de cœur, si facile, si aimable de caractère !

Comme il ne voulait pas faire de jaloux, il avait aussi des mots affectueux pour la petite Léonie, sa nièce, âgée de douze ans, dont il était le tuteur et qui vivait chez lui, travaillant sous la direction de maîtres particuliers, parce qu'elle était trop faible de santé pour être envoyée à Rouen au couvent des Dames de la Visitation où toutes les filles des Adeline avaient été élevées.

Le dîner se prolongeait ; quand il était fini, l'heure était avancée ; alors il roulait lui-même sa mère jusqu'à la chambre qu'elle occupait au rez-de-chaussée, de plain-pied avec le salon, depuis qu'elle était paralysée ; puis, après avoir embrassé Berthe et Léonie, qui montaient à leurs chambres, il passait avec sa femme dans le bureau, et alors commençait entre eux la causerie sérieuse, celle des affaires, qui, plus d'une fois, se prolongeait tard dans la nuit.

Ils avaient là sous la main les livres, la correspondance, les carrés d'échantillons, ils pouvaient discuter sérieusement et se mettre d'accord sur ce qui, pendant la semaine, avait été réservé : elle lui

2.

rendait compte de ce qu'elle avait fait et de ce qu'elle voulait faire; à son tour, il racontait ses démarches à Paris dans l'intérêt de leur maison, il disait quels commissionnaires, quels commerçants il avait vus, et, tirant de ses poches les échantillons qu'il avait pu se procurer chez les marchands de drap et chez les tailleurs, ils les comparaient à ceux qui avaient été essayés chez eux.

Pendant quelques années, quand ils avaient arrêté ces divers points, leur tâche était faite pour la soirée : la semaine finie était réglée, celle qui allait commencer était décidée; mais des temps durs avaient commencé où les choses ne s'étaient plus arrangées avec cette facilité : la consommation se ralentissant, il fallait être plus accommodant pour la vente et accepter des acheteurs avec lesquels les petits fabricants seuls, forcés de courir des aventures, avaient consenti à traiter jusqu'à ce jour; de grosses faillites avaient été le résultat de ce nouveau système; elles s'étaient répétées, enchaînées, et il était arrivé un moment où la maison Adeline, autrefois si solide, avait eu de la peine à combiner ses échéances.

III

Un soir qu'on attendait Adeline, la famille était réunie dans le bureau dont on venait de fermer les volets après le départ des ouvriers et des employés.

Dans son fauteuil, la Maman achevait la lecture de l'*Officiel*, Bertho tournait les pages d'un livre à images, devant un pupitre Léonie achevait ses devoirs, et en face d'elle madame Adeline couvrait de chiffres un cahier formé de lettres de faire part qui, cousues ensemble, servaient de brouillon et économisaient une main de papier écolier. La cour si bruyante dans la journée était silencieuse; au dehors, on n'entendait que les rafales d'un grand vent de novembre, et dans le bureau que le poêle qui ronflait, le gaz qui chantait et la plume de madame Adeline courant sur le papier. De temps en temps elle s'interrompait pour consulter un carnet ou un registre, puis le frôlement de sa main descendant le long des colonnes de ses additions, recommençait. C'était hâtivement qu'elle faisait son travail, et le geste avec lequel elle tirait ses barres trahissait une main agitée.

— Est-ce que vous avez une erreur de caisse, ma bru? demanda la Maman.

— Non.

La Maman, relevant ses lunettes, la regarda longuement :

— Qu'est-ce qui ne va pas!

— Mais rien.

Autrefois, la Maman ne se serait pas contentée de cette réponse, car évidemment, puisqu'il n'y avait pas d'erreur de caisse, quelque chose préoccupait sa bru; mais depuis qu'elle s'était fait rembourser sa part de propriété dans la maison de commerce, elle n'avait plus la même liberté de parole. Ce remboursement ne s'était pas fait sans résistance, sinon chez Adeline soumis à la volonté de sa mère, au moins chez madame Adeline. Qu'une mère avec deux enfants donnât la moitié de sa fortune à l'un de ses fils, il n'y avait rien à dire, mais qu'elle voulût la donner entière en dépouillant ainsi l'un pour l'autre, ce n'était pas juste. Et la bru s'était expliquée là-dessus avec la belle-mère nettement. De ce jour, les relations entre elles avaient changé de caractère. Quand la Maman possédait la moitié de la maison de commerce, elle était une associée, et on lui devait les comptes qu'on rend à un associé. Sa part remboursée, les inventaires ne lui avaient plus été communiqués, les comptes ne lui avaient plus été rendus. Qu'eût-elle pu demander? elle n'était plus rien dans cette maison. A la vérité, son fils semblait s'entretenir aussi librement avec elle qu'autrefois, mais le fils et la bru faisaient deux; d'ailleurs, c'était sur certains sujets seulement que cette liberté se montrait; sur la marche des affaires, ils étaient avec elle aussi réservés l'un que l'autre. Quand elle insistait près de Constant, il répondait invariablement que les choses allaient aussi bien qu'elles pouvaient aller; mais l'embarras et même la réticence se laissait voir dans ses réponses. Et alors, avec inquiétude, avec remords, elle se demandait si, en enlevant douze cent mille francs à son fils, elle ne l'avait pas mis dans une situation critique : les affaires allaient si mal, on parlait si souvent de faillites; les acheteurs qu'elle était habituée à voir autrefois venaient maintenant si rarement à Elbeuf. Si encore elle avait pu rejeter sur sa bru la responsabilité de cette situation, c'eût été un soulagement pour elle. Mais, malgré l'envie qu'elle en avait, cela ne semblait pas possible. Jamais, il fallait bien le reconnaître, la fabrique n'avait été dirigée avec plus d'intelligence et plus d'ordre ; la surveillance était de tous les instants du haut jusqu'en bas, aussi bien pour les grandes que pour les petites choses ; et dans tous les services on trouvait de ces économies ingénieuses que seules les femmes savent appliquer sans rien désorgarniser et sans soulever des plaintes.

Elle n'avait pas pu insister, il avait fallu que, se contentant de ce rien, elle reprît la lecture de son journal : cependant, il était certain qu'il se passait quelque chose de grave ; jamais elle n'avait vu sa bru aussi nerveuse, et cela était caractéristique chez une femme calme d'ordinaire, qui mieux que personne savait se posséder, et ne dire comme ne laisser paraître que ce qu'elle voulait bien.

Cependant, si absorbée qu'elle voulût être dans sa lecture, elle ne pouvait pas ne pas entendre les coups de plume qui rayaient le papier ; à un certain moment, n'y tenant plus, elle risqua encore une question :

— Est-ce que vous craignez quelque nouvelle faillite ?

— MM. Bouteillier frères ont suspendu leurs payements.

Madame Adeline reprit ses comptes en femme qui

voudrait n'être pas interrompue ; mais l'angoisse de la Maman l'emporta.

— Vous êtes engagée avec eux pour une grosse somme?

— Assez grosse.

— Et elle vous manque pour votre échéance ?

— Constant doit m'apporter les fonds.

Le soulagement qu'éprouva la Maman l'empêcha de remarquer le ton de cette réponse : quand son fils devait faire une chose, il la faisait, on pouvait être tranquille. La suspension de payement des frères Bouteillier suffisait et au delà pour expliquer l'état nerveux de madame Adeline ; ils étaient parmi les meilleurs clients de la maison, les plus anciens, les plus fidèles, et leur disparition se traduirait par une diminution de vente importante. Sans doute cela était fâcheux, mais non irrémédiable ; elle avait foi dans la maison de son fils au même point que dans la fortune d'Elbeuf, et n'admettait pas que la crise qu'on traversait ne dût bientôt prendre fin ; les beaux jours qu'elle avait vus reviendraient, il n'y avait qu'à attendre. Elle demandait à Dieu de vivre jusque-là ; si après avoir sauvé l'honneur des Adeline elle pouvait voir la solidité de leur maison assurée, elle serait contente et mourrait en paix. Depuis soixante-cinq ans elle n'avait pas manqué une seule fois, excepté pendant ses couches, la messe de sept heures à Saint-Étienne, où, par sa piété, elle avait fait l'édification de plusieurs générations de dévotes, mais jamais on ne l'avait vue prier avec autant de ferveur que depuis que les affaires de son fils lui semblaient en danger. Bien qu'elle ne quittât pas son fauteuil roulant et ne pût pas se prosterner à genoux, au mouvement de ses lèvres et à l'exaltation de son regard on sentait l'ardeur de sa prière. Ses yeux ne quittaient pas la verrière où saint Roch, patron des cardeurs, tisse, avec des ouvriers, du drap sur un métier des vieux temps et c'était lui qu'elle implorait particulièrement pour son fils comme pour son pays natal.

La plume de madame Adeline continuait à courir sur son brouillon quand dans la cour on entendit un bruit de pas. Qui pouvait venir? Il semblait qu'il y eût deux personnes. Les pas s'arrêtèrent à la porte du bureau, où discrètement on frappa quelques coups.

— Ma tante, faut-il ouvrir? demanda Léonie, se levant avec l'empressement d'un enfant qui saisit toutes les occasions d'interrompre un travail ennuyeux.

— Mais, sans doute, répondit madame Adeline, bien qu'un peu surprise qu'à cette heure on frappât à cette porte et non à celle de l'appartement.

Les verrous furent promptement tirés et la porte s'ouvrit.

— Ah! c'est M. Eck et M. Michel, dit Léonie.

C'était en effet le chef de la maison Eck et Debs, le père Eck, comme on l'appelait à Elbeuf, accompagné d'un de ses neveux.

— *Ponchour, matemoiselle*, dit le père Eck avec son plus pur accent alsacien et en entrant dans le bureau, suivi de son neveu.

L'oncle était un homme de soixante ans environ, rond de corps et rond de manières, court de jambes et court de bras, à la physionomie ouverte, gaie et fine, dont les cheveux frisés, le nez busqué et le teint mat trahissaient tout de suite l'origine sémitique; le neveu, au contraire, était un beau jeune homme élancé, avec des yeux de velours, et des dents blanches qui avaient l'éclat de la nacre entre des lèvres sanguines et une barbe noire frisée.

— *Ponchour, mestames Ateline,* continua M. Eck, *ponchour, matemoiselle Perthe.*

Ce dernier bonjour fut accompagné d'une révérence.

— *Gomment,* continua-t-il, M. *Ateline* n'est *bas*-là, je *groyais* qu'il *tevait refenir te ponne* heure; et, en *foyant te* la lumière au *pureau,* j'ai *gru* que c'était lui qui *trafaillait; foilà gomment* j'ai frappé à cette *borte;* excusez-moi, *mestames.*

Ce fut une affaire de leur trouver des sièges, car le bureau était meublé avec une simplicité véritablement antique : une table en bois noir, deux pupitres, des rayons en sapin régnant tout autour de la pièce pour les registres et la collection des échantillons de toutes les étoffes fabriquées par la maison depuis près de cent ans, quatre chaises en paille, et c'était tout; pendant deux cents ans, cela avait suffi à plus de trois cent millions d'affaires.

C'était après la guerre que les Eck et Debs, établis jusque-là en Alsace, avaient quitté leur pays pour venir créer à Elbeuf une grande manufacture de « draps lisses, élasticotines, façonnés noirs et couleurs », comme disaient leurs en-têtes, où s'accomplissaient, sans le secours d'aucun intermédiaire, toutes les opérations par lesquelles passe la laine brute pour être transformée en drap prêt à être livré à l'acheteur, et tout de suite ils étaient entrés en relations avec Constant Adeline, que son caractère autant que sa position mettaient au-dessus de l'envie et de la jalousie, et auprès de qui ils avaient trouvé un accueil plus libéral qu'auprès de beaucoup d'autres fabricants. Sans arriver à l'amitié, ces relations s'étaient continuées, s'étendant même aux familles. A la vérité, madame Adeline mère n'avait point vu madame Eck mère, une vieille femme de quatre-vingts ans, aussi fervente dans la religion juive qu'elle pouvait l'être dans la sienne ; mais mesdames Eck et Debs faisaient à madame Constant Adeline des visites que celle-ci leur rendait, et les enfants, les deux frères Eck et les trois frères Debs avaient plus d'une fois dansé avec Berthe.

Les politesses échangées, le père Eck prit son air bonhomme, et, regardant le cahier sur lequel madame Adeline faisait ses chiffres :

— *Touchours à l'oufrage, matame Ateline*, dit-il, je *foutrais bien afoir* une *embloyée gomme fous* et... au même *brix*.

Et il partit d'un formidable éclat de rire, car il était toujours le premier à sonner la fanfare pour ses plaisanteries, sans s'inquiéter de savoir s'il n'était pas quelquefois le seul à les trouver drôles.

Mais ses éclats de rire se calmaient comme ils

partaient, c'est-à-dire instantanément ; il prit une figure grave, presque désolée :

— *A brobos, matame Ateline, afez-fous tes noufelles* de MM. Bouteillier frères ? demanda-t-il.

— J'en ai reçu ce matin.

— *Fous safez* qu'ils *susbendent* leurs *bayements* ?

— C'est ce qu'on m'écrit.

— Est-ce que *fous* étiez engagés *afec* eux ?

— Malheureusement. Et vous ?

— Nous ? Oh ! non. Ils auraient *pien foulu*, mais nous n'avons *bas foulu*, nous. *Tebuis* trois ans, ils ne *m'insbiraient blus gonfiance* ; c'était *tes chens* qui menaient *drop* de *drain* : *abbardement* aux Champs-Élysées, château aux *enfirons* de *Baris*, *filla* à Trouville, *séchour* à Cannes pendant l'hiver, cela ne *bouvait bas turer*.

Il y eut un silence ; le père Eck paraissait assez gêné, et madame Adeline l'était aussi jusqu'à un certain point, se demandant ce que pouvait signifier cette visite insolite ; elle voulut lui venir en aide :

— Est-ce que vous êtes satisfait de vos nouveaux procédés de teinture ? demanda-t-elle en portant la conversation sur un sujet de leur métier, qui pouvait fournir une inépuisable matière et que d'ailleurs elle était bien aise de tirer au clair.

— Oh ! *drès sadisvait.*

— Et cela vous revient vraiment moins cher que chez MM. Blay ?

Il ouvrit la bouche pour répondre, puis il la referma, et ce fut seulement après quelques secondes de réflexion qu'il se décida :

— *Matame Ateline, matame Ateline*, je ne *beux bas fous tire*, l'*infentaire* n'a *bas* été *vait*.

Cela fut répondu avec une bonhomie si parfaite qu'on aurait pu croire à sa sincérité, mais il la compromit malheureusement en se hâtant de changer de sujet.

— Quand *fous foutrez fenir* à la maison, *chaurai* le *blaisir* de *fous* montrer ça; mais ce que je *foutrais pien fous* montrer, c'est nos nouveaux métiers-fixes à *filer;* c'est *fraiment* une *pelle infention;* seulement *tepuis* un an que nous les avons installés, tous les fils cassaient, nous allions faire *bour* cinquante mille *vrancs* de *véraille*, quand mon *betit* Michel a *drouvé* un *bervectionnement* aussi simple que *barvait;* il faut voir ça; je lui ai fait *brendre* un *prefet*. Il a vraiment le *chénie* de la mécanique, ce garçon-là.

— Est-ce que M. Michel va directement exploiter son brevet?

— Il le *fentra;* tous les Eck, tous les Debs restent ensemble, *touchoure*.

— Ce qu'on appelle à Elbeuf les Cocodès, dit Michel en riant et en répétant une plaisanterie qui était spirituelle à Elbeuf.

Il y eut encore un silence, puis M. Eck se levant, vint auprès de madame Adeline:

— Est-ce que je *bourrais fous tire* un mot en *barticulier?*

Passant la première, madame Adeline le conduisit dans le salon.

IV

— Quelle mauvaise nouvelle lui apportait-on?

Ce fut la question que madame Adeline, troublée, se posa, mais qu'elle eut la force, cependant, de retenir pour elle.

Bien qu'elle n'eût aucune raison de se défier de M. Eck, qu'elle savait droit en affaires, brave homme et bonhomme dans les relations de la vie, elle avait été si souvent, en ces derniers temps, frappée de coups qui s'abattaient sur elle à l'improviste et tombaient précisément d'où on n'aurait pas dû les attendre, qu'elle se tenait toujours et avec tous sur ses gardes, inquiète et craintive.

Dans la ville, on disait que les Eck et Debs tentaient depuis longtemps des essais pour fabriquer la nouveauté mécaniquement et en grand comme ils fabriquaient le drap lisse : était-ce là la cause de cette visite étrange? Dans ces Alsaciens ingénieux qui savaient si bien s'outiller et qui réussissaient quand tant d'autres échouaient, allait-elle rencontrer des concurrents qui rendraient plus difficile encore la marche de ses affaires !

Etait-ce un danger menaçant leur maison ou la situation politique de son mari qu'il venait lui signaler dans un sentiment de bienveillance amicale?

De quelque côté que courût sa pensée, elle ne

voyait que le mauvais sans admettre le bon ou l'heureux ; et ce qui augmentait son trouble, c'était de voir l'embarras qui se lisait clairement sur cette physionomie ordinairement ouverte et gaie.

Elle s'était assise en face de lui, le regardant, l'examinant, et elle attendait qu'il commençât ; ce qu'il avait à dire était donc bien difficile ?

Enfin il se décida :

— Quand nous nous sommes expatriés *pour fenir à Elpeuf*, nous n'*afons pas drouvé* ici tout le monde bien *tisposé* à nous recevoir. On *tisait* : « Qu'est-ce qu'ils *fiennent* faire ; nous n'*afons bas pesoin t'eux* ? M. *Ateline* n'a *bas* été parmi ceux-là, au *gontraire*, il n'a obéi qu'à un sentiment patriotique pour les exilés et aussi pour sa ville où nous apportions du *trafail* ; et cela, *matame*, nous a été au cœur; *tans* la position où nous étions, quittant notre pays, recommençant la vie à un âge où beaucoup ne *bensent blus* qu'au repos, nous *afons* été heureux de *troufer* une main loyalement *ouferte*.

Ces paroles n'indiquaient rien de mauvais, l'inquiétude de madame Adeline se détendit.

— Quand l'année *ternière*, continua M. Eck, nous *afons* eu le chagrin de perdre mon *peau*-frère Debs, nous *afons* encore retrouvé M. *Ateline*. *Fous safez* ce qui s'est passé à ce moment et comment des gens se sont récusés pour ne pas lui faire des funérailles convenables ; on *tisait* : « Quel besoin d'honorer ce *chuif* qui est *fenu* nous faire concurrence ? » Toutes sortes de mauvais sentiments s'étaient élevés contre le *chuif* autant que contre le fabricant, et ceux-là

3.

mêmes qui auraient dû se mettre en avant se sont mis en arrière. M. *Ateline* était alors à *Baris*, retenu *bar* les travaux de la Chambre, et il *bouvait* très *pien* y rester s'il avait *foulu*. Mais, *aferti* de ce qui se passait ici, — peut-être même est-ce *bar fous, matame ?*

— Il est vrai que je lui ai écrit.

M. Eck se leva et avec une émotion grave il salua respectueusement :

— J'aime à *safoir*, comme je m'en *toutais*, que c'est *fous*. Enfin, *aferti*, il a quitté *Baris* et sur cette tombe, lui député, il n'a pas craint de *tire* ce qu'il pensait d'un honnête homme qui avait apporté ici une industrie faisant vivre *blus* de mille personnes, dans une ville où il y a tant de misère. Et pour cela il a trouvé des paroles qui retentissent toujours dans notre cœur, le mien et celui de tous les membres de notre famille.

Il fit une pause, ému bien manifestement par ces souvenirs ; puis reprenant :

— Ne *fous temantez* pas, *matame* pourquoi je rappelle cela ; *fous* allez le savoir ; c'est pour *fous* le *tire* que je *bous* ai demandé ce moment d'entretien *bartigulier*. Après ces *exbligations, fous gomprenez* quelle estime nous avons pour M. *Ateline* et *tans* quels termes nous *barlons* de lui : ma mère, ma sœur, ma femme, mes fils, mes *nefeux* et moi-même ; il n'est *bersonne* à *Elpeuf* pour qui nous ayons autant d'estime et, permettez-moi le mot, autant d'amitié. Ce qui vous touche nous intéresse et *pien* souvent nous nous sommes *réchouis* en apprenant une *ponne* affaire pour *fous*, comme nous nous sommes affligés en en apprenant une mauvaise : — ainsi celle de ces Bouteillier.

Peu à peu, madame Adeline s'était rassurée : tout cela était dit avec une bonhomie et une sympathie si évidentes que son inquiétude devait se calmer comme elle s'était en effet calmée ; mais à ces derniers mots, qui semblaient une entrée en matière pour une question d'argent, ses craintes la reprirent. Ces protestations de sympathie et d'amitié qui se manifestaient avec si peu d'à-propos n'allaient-elles aboutir à une conclusion cruelle que M. Eck, qui n'était pas un méchant homme avait voulu adoucir en la préparant : c'était le terrible de sa situation de voir partout le danger.

— Certainement, continua M. Eck, il n'y a *bas pésoin* d'être dans des conditions *bartigulières* pour être charmé en voyant mademoiselle *Perthe* : c'est une *pien cholic* personne... qui sera la fille de sa mère, et un jeune homme, alors même qu'il ne connaît pas sa famille, ne peut pas ne pas être séduit par elle, mais combien *blus* fortement doit-il l'être quand il partage les sentiments que je *fiens* de *fous* xprimer. C'est *chustement* le cas de mon *betit* Michel ; je *tis betit* parce que je l'ai vu tout *betit*, mais c'est en réalité un sage garçon plein de sens, un travailleur, qui nous rend les *blus* grands services dans notre fabrique, et qui est *pien* le caractère le *blus* aimable, le *blus* facile, le *blus* affectueux, le *blus* égal que je *gonaisse*. Enfin *pref* il aime *matemoiselle Perthe*, et je vous *temande* pour lui la main de *fotre* fille.

Bien des fois et depuis longtemps déjà, madame Adeline avait marié sa fille, choisissant son gendre très haut, alors que leurs affaires étaient en pleine prospérité, descendant un peu quand cette prospérité avait décliné, baissant à mesure qu'elles avaient baissé, jamais elle n'avait eu l'idée de Michel Debs. Un juif !

Sa surprise fut si vive que M. Eck, qui l'observait, en fut frappé.

— *Je fois*, dit-il, que *fous* pensez à *matame Ateline* mère, qui est une personne si rigoureuse dans sa religion. Nous aussi nous *afons* notre mère qui pour notre religion n'est pas moins rigoureuse que la vôtre. C'est ce que j'ai *tit* à mon *betit* Michel quand il m'a *barlé* de ce mariage. « Et ta grand'mère, et la grand'mère de *mademoiselle Perthe*, hein ! »

Justement après être revenue un peu de son étourdissement, c'était à ces grand'mères qu'elle pensait, à celle de Berthe et à celle de Michel.

De celle-ci, que personne ne voyait parce qu'elle vivait cloîtrée comme une femme d'Orient, tout le monde racontait des histoires que le mystère et l'inconnu rendaient effrayantes.

Que n'exigerait-elle pas de sa bru, cette vieille femme soumise aux pratiques les plus étroites de sa religion ? De quel œil regarderait-elle une chrétienne à sa table, elle qui ne mangeait que de la viande pure, c'est-à-dire saignée par un sacrificateur, ouvrier alsacien versé dans les rites, qu'elle avait fait venir exprès ?

Bien qu'elle n'eût ni le temps ni le goût d'écouter

les bavardages qui couraient la ville, madame Adeline n'avait pas pu ne pas retenir quelques-unes des bizarreries qu'on attribuait à cette vieille juive et ne pas en être frappée.

Avant l'arrivée des Eck et des Debs à Elbeuf, on s'occupait peu des usages des juifs, mais du jour où cette vieille femme s'était installée dans sa maison, son rigorisme l'avait imposée à la curiosité et aussi à la critique. C'était monnaie courante de la conversation de raconter qu'elle se faisait apporter le gibier vivant pour que son sacrificateur le saignât; — qu'elle ne mangeait pas des poissons sans écailles; qu'on faisait traire son lait directement de la vache dans un pot lui appartenant; — qu'elle avait une vaisselle pour le gras, une autre pour le maigre; — que le poisson seul pouvait être arrangé au beurre, à l'huile ou à la graisse; — que, dans les repas où il était servi de la viande, elle ne mangeait ni fromage, ni laitage, ni gâteaux; — qu'on préparait sa nourriture le vendredi pour le samedi, et, comme ce jour-là les Israélites ne doivent pas toucher au feu, on mettait une plaque de fer sur des braises, et sur cette plaque on plaçait le vase contenant les mets tout cuits, ce vase ne pouvait être pris que par des mains juives; — enfin, que ses cheveux coupés étaient recouverts d'un bandeau de velours, et qu'elle obligeait sa fille et sa belle-fille à ne pas laisser pousser leurs cheveux.

Sans doute il y avait dans tout cela des exagérations, mais le vrai n'indiquait-il pas un rigorisme de pratiques religieuses peu encourageant? Elle le connaissait, ce rigorisme dans la foi, depuis vingt ans qu'elle en avait trop souffert auprès de sa belle-mère pour vouloir y exposer sa fille. Et puis, femme d'un juif! Si bien dégagée qu'elle fût de certains préjugés, elle ne l'était point encore de celui-là. Aucune jeune fille de sa connaissance et dans son monde n'avait épousé un juif : cela ne se faisait pas à Elbeuf.

Mais M. Eck ne lui laissa pas le temps de réfléchir, il continuait :

— *Pien* entendu, Michel n'a jamais entretenu *matemoiselle Perthe* de son amour, c'est un honnête homme, un *calant* homme, croyez-le, *matame Ateline*. Je ne *tis* pas que ses yeux n'aient pas *barlé*, mais ses lèvres ne se sont pas ouvertes. Peut-être sait-elle cependant qu'elle est aimée, car les jeunes filles sont bien fines pour *teviner* ces choses, mais elle ne le sait pas par des *baroles* formelles. Michel a *foulu* qu'avant tout les familles fussent d'accord, et c'est là ce qui m'amène chez vous. J'espérais trouver M. *Ateline*; et Michel, qui ne manque pas les occasions où il peut voir *matemoiselle Perthe*, a tenu à m'accompagner, *pien* que cela ne soit peut-être pas très convenable. Le hasard a *foulu* que M. *Ateline* fût absent et j'en suis heureux, puisque j'ai pu *fous* adresser ma demande : en ces circonstances une mère vaut mieux qu'un père. Vous la transmettrez à M. *Ateline* et, si *fous* le jugez *pon*, à *matemoiselle Perthe*. Pour Michel, je *fous* prie d'insister sur son amour; c'est sincèrement, c'est *tentrement* qu'il aime et *bour* lui ce n'est pas un mariage de convenance, c'est un mariage d'inclination. *Bour* moi, je vous prie d'insister sur l'honneur que nous attachons à unir notre famille à la vôtre. Je veux vous *barler* franchement, à cœur ouvert; je n'ai pas d'*ampition* et ne recherche pas une alliance avec M. *Ateline* parce qu'il est député et sera un jour ou l'autre ministre; je suis *técoré* et n'ai rien à attendre du gouvernement; quant à la situation de nos affaires, elle est *ponne*; là où d'autres *berdent* de l'argent, nous en gagnons; les inventaires vous le *brouferont*, quand nous pourrons vous les communiquer, vous verrez, vous verrez qu'elle est *ponne*.

Il se frotta les mains :

— Elle est *ponne*, elle est *ponne*; la maison Eck et Debs est organisée pour bien marcher, elle marchera et durera tant qu'il y aura un Eck, tant qu'il y aura un Debs pour la soutenir. Et je ne crois pas que la graine en manque de sitôt. Donc, ce que nous cherchons uniquement dans ce mariage, c'est l'honneur d'être de *fotre* famille : le père Eck ne *fiffra* pas toujours; les fils, les neveux le remplaceront, et alors, est-ce que ce serait une mauvaise raison sociale : *Eck et Debs-Ateline?* La *fieille* maison continuerait; le *fieil* arbre repousserait avec des rameaux nouveaux; les enfants de Michel seraient des *Ateline*.

Sur ce mot, il se leva.

— Vous n'attendez pas mon mari? demanda madame Adeline.

— Non; je remets notre cause entre vos mains, elle sera mieux *blaidée* que je ne la *blaiderais* moi-même.

Ils rentrèrent dans le bureau, où ils trouvèrent Léonie, la figure épanouie par un éclat de rire.

— Je *fois* qu'on s'est amusé, dit le père Eck, on a taillé une *ponne pafette.*

— C'est M. Michel qui nous fait rire, dit Léonie.

— Il est *pien* heureux, Michel, de faire rire les *cholies* filles; et qu'est-ce donc qu'il vous contait?

— Il nous apprenait pourquoi les Carthaginois mettaient des gants; le savez-vous, monsieur Eck?

— Ma foi, non, *matemoiselle*; de mon temps, les sciences historiques n'étaient pas aussi avancées que maintenant, et nous ne savions pas que les Carthaginois se *cantaient.*

— Ils se gantaient parce qu'ils craignaient les Romains.

— Ah! vraiment? dit le père Eck qui n'avait pas compris.

— Pardonnez-moi, madame, dit Michel en s'adressant avec un sourire d'excuse à madame Adeline, mademoiselle Léonie faisait un devoir sur Annibal qui ne l'amusait pas beaucoup; j'ai voulu l'égayer. Je crois que maintenant elle n'oubliera plus Annibal,

— M. Michel sait trouver un mot agréable pour chacun, dit la maman.

Madame Adeline regardait sa fille dans les yeux, et à leur éclat il était évident que, pour Berthe aussi, Michel avait trouvé quelque chose d'agréable, — mais à coup sûr de moins enfantin que pour Léonie. L'aimait-elle donc?

V

L'oncle et le neveu partis, madame Adeline ne reprit pas son travail; elle n'avait plus la tête aux chiffres; et, d'ailleurs, le temps avait marché.

On quitta le bureau, Berthe roula sa grand'mère dans la salle à manger, et madame Adeline, qui, pour diriger la fabrique, n'en surveillait pas moins la maison, alla voir à la cuisine si tout était prêt pour servir quand le maître arriverait, puis elle revint dans la salle à manger attendre.

— Comment va le cartel? demanda la Maman; est-ce qu'il n'avance pas?

— Non, grand'mère, répondit Berthe, il va comme Saint-Étienne.

— Comment ton père n'est-il pas arrivé? aurait-il manqué le train?

Cela fut dit d'une voix qui tremblait, avec une inquiétude évidente, en regardant sa belle-fille, qui, elle aussi, montrait une impatience extraordinaire.

Tout le monde avait l'oreille aux aguets; on entendit des pas pressés dans la cour, Berthe courut ouvrir la porte du vestibule.

Presque aussitôt Adeline entra dans la salle à manger, tenant dans sa main celle de sa fille; tout de suite il alla à sa mère, qu'il embrassa, puis, après avoir embrassé aussi sa femme et Léonie, il se débarrassa de son pardessus, qu'il donna à Berthe, et de son chapeau, que lui prit Léonie.

Alors il s'approcha de la cheminée où, sur des vieux landiers en fer ouvragé, brûlaient de belles bûches de charme avec une longue flamme blanche.

— Brrr, il ne fait pas chaud, dit-il en passant ses deux mains largement ouvertes devant la flamme.

Sa mère et sa femme le regardaient avec une égale anxiété, tâchant de lire sur son visage ce qu'elles n'osaient pas lui demander franchement; ce visage épanoui, ces yeux souriants ne trahissaient aucun tourment.

Tout à coup, il se redressa vivement; déboutonnant sa jaquette, il fouilla dans sa poche de côté et en tira cinq liasses de billets de banque qu'il tendit à sa femme :

— Serre donc cela, dit-il.

La Maman laissa échapper un soupir de soulagement; madame Adeline ne dit rien, mais à l'empressement avec lequel elle prit les billets et à la façon dont elle les pressa entre ses doigts nerveux, on pouvait deviner son émotion et son sentiment de délivrance.

Aussitôt que madame Adeline revint dans la salle à manger, on se mit à table.

Bien entendu, ce soir-là les affaires personnelles passèrent avant la politique, et la Maman fut la première à mettre la conversation sur les frères Bouteillier :

— Comment une maison aussi vieille, aussi honorable, a-t-elle pu en arriver à cette catastrophe ?

— L'ancienneté et l'honorabilité ne sauvent pas une maison, répondit Adeline, c'est même quelquefois le contraire qu'elles produisent.

Cela fut dit avec une amertume qui frappa d'autant plus qu'ordinairement il était d'une extrême bienveillance, prenant les choses, même les mauvaises, avec l'indulgence d'une douce philosophie, en homme qui, ayant toujours été heureux, ne se fâche pas pour un pli de rose, convaincu que celui qui le gêne aujourd'hui sera effacé demain.

Il est vrai qu'il n'insista pas et qu'il se hâta même d'atténuer ce mot qui lui avait échappé : la catastrophe qui frappait les Bouteillier n'était pas ce qu'on avait dit tout d'abord : c'était une suspension de payement, non une banqueroute avec insolvabilité complète ; il paraissait même certain que les payements reprendraient bientôt et qu'on perdrait peu de chose avec eux.

Cela ramena la sérénité sur les visages et acheva ce que les cinq liasses de billets de banque avaient commencé ; la conversation, d'abord tendue et sur laquelle pesait un poids d'autant plus lourd qu'on ne voulait pas s'expliquer franchement, reprit son cours habituel.

— Quoi de nouveau ici? demanda Adeline.

— Nous venons d'avoir la visite de M. Eck et de Michel Debs, répondit madame Adeline.

— Et qu'est-ce qu'il voulait, le père Eck? dit Adeline d'un ton indifférent en se versant à boire.

Cette question fit relever la tête à la Maman, qui maintenant qu'elle était débarrassée de l'angoisse de la faillite Bouteillier, se demandait ce que signifiaient cette visite et ce tête-à-tête avec sa bru. Pourquoi le père Eck n'avait-il pas parlé devant elle ? A son âge, ce juif n'aurait-il pas pu avoir le respect de la vieillesse ?

— Je te conterai cela après dîner, dit madame Adeline.

— Si je suis de trop, je puis me retirer dans ma chambre, dit la Maman avec une dignité blessée.

— Oh ! Maman ! s'écria Adeline.

— Vous savez bien que vous n'êtes jamais de trop, dit madame Adeline sans s'émouvoir. Je demande qu'au lieu de vous retirer dans votre chambre après le dîner, vous assistiez au récit de cette visite.

Il n'était pas rare que la Maman, toujours jalouse de son autorité, fît des algarades de ce genre à sa bru, et alors Adeline, qui ne voulait pas être juge entre sa femme et sa mère, sortait d'embarras par une diversion plus ou moins adroite ; il recourut à ce moyen :

— Tu sais, fillette, dit-il à Berthe, que j'ai pensé à toi ; comme tu me l'avais recommandé, j'ai été me promener dans l'allée des Acacias mardi et vendredi, mais, quoique j'aie bien regardé toutes les femmes élégantes, je ne peux pas te dire si cette année les redingotes seront longues ou courtes : j'en ai vu qui descendaient jusqu'aux bottines et j'en ai vu qui s'arrêtaient un peu plus bas que les hanches ; tu peux donc faire la tienne comme tu voudras.

— Si j'en faisais faire trois, dit Berthe en riant, une longue, une moyenne et une courte ?

— C'est une idée. Je dois dire aussi, pour être fidèle à la vérité, que j'ai vu peu de foulé : ce qui est fâcheux pour Elbeuf, mais c'est ainsi.

Après sa fille, ce fut le tour de sa nièce : il s'était acquitté de deux commissions dont elle l'avait chargé : il avait acheté l'*Atlas* qu'elle désirait et commandé une boîte de pastels telle que la voulait papa Nourry.

— Je pense qu'il en sera content et te mettra tout de suite à dessiner ses oiseaux.

— Oh! merci, mon oncle; comme tu es gentil!

Le dîner tourna un peu plus court qu'à l'ordinaire; le dessert à peine servi, Berthe se leva de table et fit signe à Léonie de se lever aussi. Ce n'était pas la présence de la Maman qui empêchait de parler de la visite du père Eck, c'était la leur; Berthe l'avait compris et ne voulait pas retarder le moment des explications.

— Viens, dit-elle à sa cousine.

Elles montèrent à leur chambre, tandis qu'Adeline poussait le fauteuil de sa mère dans le bureau, dont madame Adeline fermait la porte.

— Eh bien? demanda-t-elle.

— Eh bien... M. Eck est venu me demander la main de Berthe pour son neveu Michel.

— Le père Eck! s'écria Adeline.

— Ce juif! s'écria la Maman en levant au ciel ses mains que l'indignation rendait tremblantes.

Comme madame Adeline ne répondait rien, la Maman reprit :

— Ce juif ! il ose nous demander notre fille ! Un Allemand !

— Il ne faut rien exagérer, dit Adeline, il est plus Français que nous, puisqu'il l'est par le choix, et qu'il a payé cet honneur d'une partie de sa fortune.

— Crois-tu donc que s'il avait trouvé son intérêt à être Prussien, il ne le serait pas ?

— Enfin, il ne l'est pas.

— Mais il est juif ; tu ne diras pas qu'il n'est pas juif !

— Assurément non.

— Et tu gardes ce calme en le voyant nous faire cette injure !

— Je suis au moins aussi surpris que vous.

— Surpris ! C'est surpris que tu es ! Tu crois que c'est la surprise qui me soulève de ce fauteuil où depuis quatre ans je reste inerte.

— Crois-tu donc que M. Eck ait voulu nous faire injure ?

— Que m'importe qu'il ait voulu ou qu'il n'ait pas voulu ; l'injure n'en existe pas moins.

— Un homme dans la position de M. Eck ne nous fait pas injure en nous demandant la main de notre fille.

— Il ne s'agit pas de sa position, il s'agit de sa religion : il est juif, n'est-ce pas ! et son neveu l'est aussi ?

— Mon Dieu, Maman, permets-moi de dire que c'est là un préjugé d'un autre âge. Le temps n'est plus où le juif était un paria, il s'en faut de tout ; il n'y a qu'à ouvrir les yeux pour voir quelle place il occupe aujourd'hui dans notre monde : la finance, le haut commerce, l'industrie.

Puis, comme il voulait enlever à cet entretien la violence passionnée que sa mère y mettait, il prit un ton enjoué :

— Si les choses marchent du même pas, il est facile de prévoir qu'avant peu ce sera le chrétien qui sera l'esclave du juif : lis le compte rendu des premières représentations : en tête des personnes citées, ce sont des juifs que tu trouveras.

Mais au lieu de calmer sa mère, il l'exaspéra.

— Je suis bien vieille, dit-elle, je suis paralysée, je n'ai plus d'initiative, je n'ai plus d'autorité, je n'ai plus la fortune qui la fait respecter, je ne suis plus rien, mais au moins je suis encore ta mère et jamais je ne te permettrai de plaisanter ma foi. Ah ! Constant, la Chambre t'a perdu ! A vivre avec ces avocats et ces journalistes habitués à discuter le pour et le contre et à trouver qu'il y a autant de bonnes raisons pour une opinion que pour une autre, tu es devenu ce qu'ils sont eux-mêmes, un incrédule ; tu ne sais plus ce qui est bien, tu ne sais plus ce qui est mal ; vous appelez cela de la tolérance ; il n'y a pas de tolérance pour le mal, il doit être écrasé.

Elle avait toujours à côté d'elle une forte canne avec laquelle elle faisait avancer ou reculer son fauteuil, quand elle ne voulait point appeler pour qu'on le roulât ; elle la prit, et, d'une main encore vigoureuse, elle frappa le parquet avec une énergie qui disait celle de sa volonté.

— Il doit être écrasé.

Et de plusieurs coups de canne elle sembla vouloir écraser un être vivant, le père Eck, sans doute, ou son neveu, plutôt qu'une chose idéale — ce mal qui l'enflammait.

Adeline aimait sa vieille mère autant qu'il la respectait; aussi, lorsqu'elle abordait la question religieuse, tâchait-il toujours, lorsqu'il ne pouvait pas céder, de laisser tomber la conversation ou de la détourner. A quoi bon discuter? il savait qu'il ne lui ferait rien abandonner de ses idées; et d'autre part, il ne voulait pas prendre des engagements qu'il ne tiendrait pas. Mais en ce moment ce n'était pas une discussion plus ou moins théorique qui était soulevée, c'était une affaire personnelle, qui pouvait être la plus grave pour sa fille — celle de sa vie même.

— Je t'en prie, Maman, dit-il avec douceur, ne te laisse pas emporter par ton premier mouvement; avant de juger la demande de M. Eck injurieuse, sachons dans quelles conditions elle se présente.

— Toujours les conditions, les circonstances atténuantes.

Sans répondre à sa mère, il s'adressa à sa femme :

— Hortense, dis-nous ce qui s'est passé dans ton entretien avec M. Eck.

Il fit un signe furtif à sa femme pour qu'elle allongeât son récit autant qu'elle le pourrait : pendant ce temps, sa mère se calmerait sans doute.

Madame Adeline comprit ce que son mari voulait

et rapporta à peu près textuellement les paroles de M. Eck.

Mais la Maman ne la laissa pas aller sans l'interrompre; aux premiers mots elle lui coupa la parole :

— Tu vois que ces juifs se rendent justice et qu'ils sentirent la répulsion qu'ils inspiraient en venant s'établir ici pour ruiner d'honnêtes gens par la concurrence.

— Je t'en prie, Maman, permets qu'Hortense continue, ou nous ne saurons rien.

Madame Adeline reprit, mais presque tout de suite la Maman interrompit encore :

— Vois-tu ta main ouverte ! qu'avais-tu besoin de leur tendre la main ! tout le mal vient de toi et de ton discours; ah ! si tu m'avais écouté !

Quand madame Adeline appuya sur l'estime que tous les Eck et tous les Debs professaient pour Adeline, la Maman secoua la tête en murmurant :

— L'estime de ces gens-là ! voilà une belle affaire vraiment ! il n'y pas de quoi se rengorger comme tu le fais.

Madame Adeline continua lentement et la Maman fit des efforts pour se contenir; mais quand sa bru répéta les paroles même qui avaient été la conclusion du père Eck : « Est-ce que ce serait une mauvaise raison sociale : Eck et Debs-Adeline ? Le vieil arbre repousserait avec des rameaux nouveaux », elle poussa un cri d'indignation :

— Et vous n'avez pas vu, vous, que ces juifs veulent s'emparer de notre maison ! la fille, ils en ont bien souci ; c'est le nom qu'ils veulent, c'est la maison qu'il leur faut.

Après cette explosion, il y eut un moment de silence : la Maman tenait les yeux fixés sur le plancher et paraissait suivre sa pensée, agitant ses lèvres sans former des mots distincts. Tout à coup elle prit la main de son fils violemment :

— Constant, la vérité : on me la cache ici, ta femme, toi-même. Maintenant il faut parler. Comment vont tes affaires ? Tu es donc bien malade que ces gens pensent pouvoir hériter de toi ?

Il hésita un moment en regardant sa femme :

— Ce n'est pas de ta femme qu'il faut prendre conseil, c'est de ton cœur, de ta conscience ; je t'interroge, ne répondras-tu pas à ta mère ?

Il hésita encore.

— C'est vrai ce que je crains ? dit-elle doucement, tendrement.

— Oui.

VI

La Maman, si exaltée quelques minutes auparavant, avait tendu la main à son fils, et comme il était venu s'asseoir près d'elle, elle tenait la main qu'il lui avait donnée entre les siennes.

— Mon pauvre garçon, répétait-elle, mon pauvre garçon !

— Tu as raison de te plaindre, dit-il, après avoir consulté sa femme d'un rapide coup d'œil, il est vrai que nous t'avons caché la vérité.

— Ah! pourquoi? Pouvais-tu avoir une meilleure confidente que ta mère, un autre soutien?

— Je ne voulais pas t'affliger, t'inquiéter. Tu as besoin de calme, de repos, et tu n'es que trop disposée à te donner la fièvre. A quoi bon te tourmenter pour des embarras qui devaient, semblait-il, être de peu de durée?

— Si vieille que je sois, je ne suis pas en enfance; je n'avais pas mérité que tu me fisses injustement ce chagrin; m'éloigner de toi, nous séparer, je ne comprends pas qu'une pareille pensée ait pu te venir.

Madame Adeline avait pour principe de ne jamais intervenir entre son mari et sa belle-mère, mais c'était à condition que d'une façon directe ou indirecte elle ne fût pas elle-même prise à partie : dans ces derniers mots elle vit une allusion à son influence et ne voulut pas la laisser passer sans répondre.

— Permettez-moi, Maman, de vous faire observer qu'il nous était bien difficile de nous plaindre de nos embarras, sans paraître en faire remonter la responsabilité à l'effort que nous nous sommes imposé pour vous rembourser votre part, car c'est à partir de ce moment même que notre gêne a commencé. Nous avions compté sur de bonnes années; nous en avons eu de mauvaises. Fallait-il à chaque perte ou à chaque inventaire vous dire : « Voilà la situation! » Cela eût-il été discret et délicat? Nous ne l'avons pensé, ni Constant ni moi; je ne l'ai pas plus influencé qu'il ne m'a influencée lui-même. Cela s'est fait tacitement, spontanément entre nous. D'ailleurs je pensais comme lui que ce n'était vraiment pas la peine de vous tourmenter pour des embarras qui, pour moi comme pour lui, semblaient ne pas devoir durer.

— Et quand vous avez vu qu'ils duraient?

— Il était trop tard pour vous porter un si gros coup.

— Enfin, quels sont-ils?

Ce fut Adeline qui, sur un signe de sa femme, reprit la parole :

— Un mot va te répondre : tu as vu les cinquante mille francs que j'ai remis à Hortense en arrivant; d'où crois-tu qu'ils viennent?

— De chez un banquier?

— De chez un ami. Encore le mot ami est-il trop fort. En réalité, de chez une simple connaissance à qui je n'aurais jamais pensé à m'adresser, qui est venue à moi et qui m'a presque fait violence pour que j'accepte ce prêt.

Sa femme le regarda avec une telle surprise qu'il voulut tout de suite la rassurer.

— C'est le vicomte de Mussidan, de qui je t'ai parlé, que je rencontre chez mon collègue le comte de Cheylus toutes les fois que j'y vais; un homme du monde, charmant, très lancé. Je dînais hier chez M. de Cheylus, et le vicomte de Mussidan comme toujours s'y trouvait. On n'a guère parlé que de la débâcle des Bouteillier, qui tenaient dans le monde parisien une place égale à celle qu'ils occupaient dans le commerce. Sans avouer l'embarras dans lequel elle me mettait, je n'ai pas caché qu'elle était un coup sensible pour nous et qui se produisait aussi mal à propos que possible. Quand je suis sorti, M. de Mussidan m'a accompagné; nous avons causé des Bouteillier, longuement causé : très galamment il s'est mis à ma disposition, en me demandant d'user de lui comme d'un ami; qu'il serait heureux de m'obliger; enfin tout ce que peut dire un homme aimable. Je l'ai remercié, mais, bien entendu, j'ai refusé. Ce matin, il est venu chez moi et a recommencé ses offres de services d'une façon si pressante que j'ai fini par accepter ses cinquante mille francs ; il se serait fâché si j'avais persisté dans mon refus.

— Voilà qui est bien étonnant, dit la Maman.

— Qui serait étonnant de la part de tout autre, mais qui l'est beaucoup moins de la sienne : c'est, je vous le répète, le plus charmant homme que j'aie rencontré, et si je ne suis pas son ami, je crois pouvoir dire qu'il est le mien ; jamais personne ne m'a témoigné autant de sympathie; s'il connaissait Berthe, je croirais qu'il veut être mon gendre.

— Peut-être veut-il être tout simplement celui de la maison Adeline, dit la Maman.

— Je crois que la maison Adeline ne dit pas grand'chose à un jeune homme lancé comme lui et vivant dans un monde où la gloire des maisons de commerce n'est pas cotée. Quoi qu'il en soit, les choses sont ainsi : c'est lui qui m'a prêté ces cinquante mille francs, et il nous rend un service dont nous devons lui être reconnaissants.

— En es-tu donc là, mon pauvre enfant, de ne pas pouvoir trouver cinquante mille francs ? s'écria la Maman.

— Non, Dieu merci ; mais j'en suis là de savoir gré à celui qui m'épargne le souci de les chercher. Au lendemain de la débâcle des Bouteillier, dans laquelle on sait que nous sommes pris, il est bon qu'on ne croie pas, dans notre monde, que je puis avoir un besoin immédiat de cinquante mille francs ; notre crédit déjà bien ébranlé s'en serait mal trouvé ; le prêt de ce brave garçon nous donne le temps de respirer et de nous retourner : n'est-ce pas, Hortense ?

— Assurément, surtout si, comme tu l'espères, les Bouteillier reprennent leurs payements.

— Mais enfin, demanda la Maman, comment cette situation s'est-elle créée ? comment en est-elle arrivée là ?

— Ah ! comment ! comment ! dit Adeline en secouant la tête d'un geste découragé.

— Pourtant, continua la Maman, il n'y a rien à dire contre Hortense, elle administre aussi bien que possible.

— Si l'administration seule pouvait faire la fortune d'une maison, la nôtre serait superbe ; malheureusement elle ne suffit pas, il faut la direction, il faut des circonstances, et la direction a été mauvaise, comme les circonstances depuis quelques années ont été désastreuses.

— La direction mauvaise ! interrompit le Maman ; mais c'est toi le directeur.

— Eh bien, j'ai été un mauvais directeur : je me suis endormi dans le succès, comme d'autres que moi se sont endormis à Elbeuf ; nous faisions bien, nous avons cru qu'il n'y avait qu'à continuer à bien faire ; que nous aurions toujours l'exportation, et que nous battrions l'importation parce que nous lui étions supérieurs : l'exportation a diminué à mesure que l'outillage des pays étrangers s'est développé, et l'importation nous bat, parce qu'en France on aime le nouveau et l'original, et que les commissionnaires comme les tailleurs ont intérêt à vendre au prix qu'ils veulent des étoffes dont on ne connaît pas la valeur vraie. Nous nous sommes spécialisés dans notre supériorité, et au lieu de développer par la science professionnelle le sens de la transformation et de la mobilité, nous avons vécu pieusement sur le passé, sur le *foulé*, sans nous apercevoir que le *foulé* ne pouvait pas être éternel, La mode n'en veut plus ; nous voilà à bas. Qu'importe que nous produisions bien, si on ne veut pas de nos produits et si nous les vendons à perte? C'est là que ma direction a été mauvaise. Fier de ma supériorité, je me suis conduit en artiste, non en commerçant.

— Tu as été un Adeline, dit la Maman.

— Peut-être ; mais tandis que j'étais un Adeline des temps passés, d'autres étaient des hommes de leur temps, marchant avec lui, au lieu de rester tranquilles comme moi. On nous oppose souvent Roubaix, et c'est quelquefois avec raison, surtout pour son flair à imiter et à perfectionner les tissus, à transformer son outillage pour lui faire produire l'article du jour. C'est là qu'a été la source de sa fortune industrielle ; c'est la souplesse, c'est l'esprit d'initiative qui lui ont fait produire l'article de Lyon pour l'ameublement et la soierie légère, l'article de Saint-Pierre-lès-Calais, en tissant sur des métiers mécaniques la dentelle et la robe en laine et en schappe, la rouennerie, la cotonnade d'Alsace, la draperie anglaise. Qu'il y ait demain de l'argent à gagner en tissant de l'emballage, et Roubaix se mettra à l'emballage qu'il tissera aussi bien que les étoffes de prix. Le jour où la mode a décidé que les vêtements de femme serait en petite draperie, Roubaix a fait de la petite draperie. Puis il a pris aux Anglais la draperie nouveauté pour hommes, et il l'a fabriqué mieux qu'eux et à meilleur marché. C'est ainsi qu'il a commencé sa concurrence contre nous, aidé par les tailleurs qui achètent le Roubaix moins cher que l'Elbeuf, et le revendent comme anglais au prix qu'il veulent ; c'est vulgaire d'être habillé en Elbeuf, c'est chic de l'être en anglais... de Roubaix. Un moment j'ai pensé à me lancer dans cette voie.

— Je te l'ai assez demandé ! interrompit madame Adeline.

La Maman jeta un regard indigné à sa bru, à laquelle elle avait plus d'une fois reproché d'être une mauvaise Elbeuvienne.

— Il est certain que, pour la nouveauté, il était possible de faire à Elbeuf ce qu'a fait Roubaix, et de développer le tissage mécanique ; c'est même là, sans aucun doute, que sera l'avenir. Mais combien de difficultés dans le présent qui m'ont inquiété ! Où trouver les ouvriers en état de conduire ces métiers ? Comment les rompre, du jour au lendemain, à ce nouveau système ? Comment affiner la délicatesse de leur toucher et de leur vue de manière à passer brusquement de nos fils d'hier aux fils ténus d'aujourd'hui ? Le métier à la main bat vingt-cinq coups à la minute, le métier mécanique en bat de soixante à soixante-dix ; il faut pour suivre la rapidité de ces métiers, une légèreté de main et une finesse d'œil que nos ouvriers n'ont pas présentement et qui ne s'acquiert pas en un jour.

— Jamais on ne fera de la belle nouveauté sur les métiers mécaniques, affirma la Maman avec conviction : du Roubaix, de l'anglais, peut-être, de l'Elbeuf, non.

Sans engager une discussion sur ce point avec sa mère, ce qu'il savait inutile, il continua :

— Une autre raison encore m'a retenu — la mise de fonds dans l'outillage : pour une production de trois millions par an, il faut cent vingt métiers prêts à battre et à remplir les ordres ; chaque métier coûtant deux mille cinq cents francs, c'est un ensemble de trois cent mille francs ; avec l'immeuble, la machine à vapeur et les outils accessoires, il faut compter deux cent mille francs ; bien entendu, je laisse de côté la teinture et la filature qui doivent s'exécuter au dehors avec avantage, mais j'ajoute l'outillage pour le dégraissage, le foulage et les apprêts, qui ne coûte pas moins de deux cent mille francs, et j'arrive ainsi à un chiffre de sept cent mille francs ; je ne les avais pas.

Cela fut dit en glissant et à voix basse, de façon à ne pas l'appliquer directement à la Maman, et tout de suite, pour ne pas laisser le temps à la réflexion de se produire, il reprit :

— Enfin une dernière raison, qui, pour être d'un ordre différent, n'a pas été moins forte pour moi, m'a arrêté. Ce qu'il y a de bon dans notre travail elbeuvien, que tu as bien raison d'aimer, Maman, c'est qu'il s'exécute en grande partie chez l'ouvrier qui n'est pas à la *sonnette*, comme on le dit si justement, qui est chez lui, dans sa maison, à la ville ou à la campagne, avec sa femme et ses enfants auxquels il enseigne son métier par l'exemple. L'individualité existe et avec elle l'esprit de famille. Au contraire, dans l'usine l'individualité disparaît comme disparaît la famille ; l'ouvrier perd même son nom pour devenir un numéro ; il faut quitter le village pour la ville où le mari est séparé de sa femme, où les enfants le sont du père et de la mère ; plus de table commune autour de la soupe préparée par la mère, on va forcément au cabaret pour manger, on y retourne pour boire. Je n'ai pas eu le courage d'assumer la responsabilité de cette transformation sociale. Je sais bien que, pour la terre comme pour l'industrie, tout nous amène à créer une nouvelle féodalité. Mais, pour moi, je n'ai pas voulu mettre la main à cette œuvre. Justement parce que je suis un Adeline et que deux cents années de vie commune avec l'ouvrier m'ont imposé certains devoirs, j'ai reculé. Sans doute d'autres feront — et prochainement — ce que je n'ai pas voulu faire, mais je ne serai pas de ceux-là, et cela suffit à ma conscience. Je n'ai pas la prétention d'arrêter la marche de la fatalité. Voilà pourquoi, revenant à notre point de départ, je trouve que la demande de M. Eck ne doit pas être accueillie par un brutal refus. Ma tâche est finie, la leur commence ; ils sont dans le mouvement.

— Dans tout ce que tu viens de me dire, rien ne prouve que tu ne peux plus marcher, interrompit la Maman ; ne le peux-tu plus?

— Je suis entravé, je ne suis pas arrêté, voilà la stricte vérité.

— Eh bien, marche lentement, petitement, en attendant que la mode change et que notre nouveauté reprenne : les jeunes gens se lasseront d'être habillés comme des grooms anglais et de s'exposer à se faire mettre quarante sous dans la main ; ce qui est bon, ce qui est beau revient toujours.

— Attendre! il y a longtemps que nous attendons ; il en est chez nous comme à Reims, où de père en fils on s'est enrichi à fabriquer du mérinos, et où l'on continue à fabriquer du mérinos, alors qu'il ne se vend plus que difficilement, on attend qu'il reprenne, et on se ruine.

— Eh bien, alors, retire-toi des affaires, et vis avec ce qui te reste, avec ce que tu sauveras du naufrage; mieux vaut que la maison Adeline périsse que de la voir passer entre les mains de ces juifs.

— Et Berthe?

— Mieux vaut qu'elle ne se marie jamais que de devenir la femme d'un juif !

VII

— Et toi ? demanda Adeline à sa femme en entrant dans leur chambre, dis-tu comme la Maman : mieux vaut que Berthe ne se marie pas que de devenir la femme d'un juif ?

— Veux-tu donc ce mariage ?

— Et toi ne le veux-tu point ?

— J'avoue que l'idée ne m'en était jamais venue.

— As-tu quelques griefs contre Michel Debs ?

— Aucun.

— Ne le trouves-tu pas beau garçon ?

— Certainement.

— Intelligent, sage, rangé, travailleur !

— Je n'ai jamais rien entendu dire contre lui.

— Et au contraire tu as entendu dire, à moi, aux autres, à tout le monde, que des enfants Eck et Debs il est celui qui semble tenir la tête dans cette belle association de frères et de cousins, et que c'est lui sans aucun doute qui prendra la direction de la maison quand le père Eck se retirera.

— C'est vrai.

— Eh bien, alors ? qui t'empêche d'admettre que sa femme puisse être heureuse ?

— Je ne dis pas cela ; et pourtant...
— Quoi ?
— Il est juif.
— Alors ne parlons plus de ce mariage ; si Maman et toi vous lui êtes opposées, cela suffit, restons-en là.
— Tu le désires donc ?
— Je n'en sais rien ; mais franchement je ne peux pas le repousser par cela seul que Michel est juif ; pour moi, un juif est un homme comme un autre, bon ou mauvais selon son caractère particulier, mais qui en sa qualité de juif est souvent plus intelligent, plus soucieux de plaire, plus aimable dans la vie, plus souple, plus prompt, plus commerçant dans les affaires que beaucoup d'autres ; je ne peux donc partager ton préjugé.
— Il s'applique beaucoup plus aux siens qu'à lui-même, ce préjugé.
— C'est déjà quelque chose.
— Je trouve, comme toi, Michel un aimable garçon, et si je le voyais pour la première fois, si l'on m'énumérait les qualités que je lui reconnais volontiers, si l'on me disait qu'il désire épouser ma fille sans m'apprendre en même temps qu'il est juif, je serais toute disposée à le considérer comme un gendre possible... et peut-être même désirable. Mais il n'est pas seul, il a les siens autour de lui, il a sa grand-mère, et quand M. Eck m'a présenté sa demande, je t'avoue que je n'ai vu qu'une chose, la vie de Berthe dans la maison de cette vieille juive fanatique.
— Et pourquoi Berthe vivrait-elle dans la maison

de madame Eck et sous la direction de celle-ci? Cela n'est pas du tout obligé, il me semble. D'ailleurs la vieille madame Eck mène une existence si retirée qu'elle ne doit pas être une gêne pour les siens. Je comprends que, si tout ce qu'on dit d'elle est vrai, cette existence est bizarre; mais tu sais comme moi que ce n'est pas du tout celle de ses enfants, qui ont nos mœurs et nos habitudes ni plus ni moins que des chrétiens.

— Ainsi, tu veux ce mariage? dit madame Adeline avec un certain effroi.

— Je ne le veux pas plus que je ne le veux point : je ne lui suis pas hostile et trouve qu'il est faisable, voilà la vérité vraie. Il y a quelqu'un qu'il touche encore de plus près que nous; c'est Berthe; aussi, avant de dire : il se fera ou ne se fera point, je trouve que Berthe doit être consultée. Pour Maman, ce mariage serait l'abomination des abominations; pour toi qui es d'un autre âge et que la tolérance a pénétrée, il serait inquiétant, sans que tu pusses cependant le repousser par des raisons sérieuses et autrement que d'instinct, sans trop savoir pourquoi. Pour Berthe il peut être désirable. C'est à voir. Si elle l'acceptait, il y aurait là un affaiblissement de préjugé tout à fait curieux, mais qui, à vrai dire, ne m'étonnerait pas.

Madame Adeline avait ravivé le feu qui s'éteignait; elle fit asseoir son mari devant la cheminée, et s'assit elle-même à côté de lui.

— Ainsi tu veux consulter Berthe? demanda-t-elle.

— N'est-ce pas la première chose à faire? Je ne veux pas plus la marier malgré elle que je ne voudrais qu'elle se mariât malgré moi.

— Et ta mère?

— A Berthe d'abord. Si elle ne veut pas de Michel il est inutile de nous occuper de Maman; au contraire, si elle est disposée à accepter ce mariage, nous verrons alors ce qu'il y a à faire avec Maman... et avec toi.

— Oh! moi, je ne voudrai que ce que tu voudras et ce que voudra Berthe : il est évident que la répugnance avec laquelle j'ai accueilli la demande de M. Eck n'était pas raisonnée ; je reconnais qu'aucun reproche ne peut être adressé à Michel et, s'il n'est pas le gendre que j'aurais été chercher, il est cependant un gendre que je ne repousserai pas; il n'y a donc pas à s'occuper de moi; mais ta mère? Tu interroges Berthe et elle te répond — je le suppose — qu'elle sera heureuse de devenir la femme de Michel. J'ai peine à croire que, jusqu'à présent, elle ait vu en lui un futur mari, et qu'elle se soit prise pour lui d'un sentiment tendre. Mais du jour où tu lui parles de ce mariage, ce sentiment peut naître et se développper vite, car je conviens sans mauvaise grâce que Michel est beau garçon, et qu'il sait mieux que personne être aimable quand il veut plaire. Alors qu'arrivera-t-il? Ou tu passes outre, et c'est le malheur de ta mère que nous faisons; à son âge, avec son despotisme d'idées, cela est bien grave, et la responsabilité est lourde pour nous. Ou tu subis le refus de ta mère, et alors nous faisons le malheur de Berthe, si ce sentiment est né.

— Je passerais outre, et j'ai la conviction que Maman, qui, comme toi, a été surprise, finirait par entendre raison.

Madame Adeline leva la main par un geste de doute : elle connaissait la Maman mieux que le fils ne connaissait sa mère, et savait par expérience qu'on ne lui faisait pas entendre raison.

— J'admets, dit-elle, que tu obtiennes le consentement de ta mère, mais tout n'est pas fini, il y a un empêchement à ce mariage qui vient de nous, de notre situation, et que ni l'un ni l'autre nous ne pouvons lever — c'est la dot. Pouvons-nous dire à M. Eck que nous marions notre fille sans la doter ! Et pouvons-nous faire cet aveu, sans faire en même temps celui de notre détresse ? Je ne veux pas revenir sur mon préjugé et dire que c'est parce que Michel est juif qu'il refusera une fille sans dot, alors surtout qu'il doit s'attendre à une certaine fortune escomptée vraisemblablement à l'avance. Mais il est commerçant, et trouveras-tu beaucoup de commerçants dans une situation égale à celle des Eck et Debs qui épouseront une fille pour ses beaux yeux ? Nous pouvons donc en être pour la honte de notre confession, et Berthe pour l'humiliation d'un mariage manqué. Est-il sage de nous exposer à un pareil échec qui, se réalisant, aurait des conséquences désastreuses, non seulement pour Berthe, mais encore pour notre crédit. Réfléchis à cela.

Ces derniers mots étaient inutiles. A mesure que

sa femme parlait et déduisait les raisons qui s'opposaient à ce mariage, Adeline, qui tout d'abord l'avait écoutée en la regardant, se penchait vers le feu, absorbé manifestement dans une méditation douloureuse.

— Tant d'années de travail, murmura-t-il, tant d'efforts, tant de luttes, de ta part tant de soins, tant de fatigues, tant d'énergie, pour en arriver là ! Pauvre Berthe ! Que ne t'ai-je écouté quand il en était temps encore !

Elle le regarda, tristement penché sur le feu qui éclairait sa tête grisonnante. Quels changements s'étaient faits en lui en ces derniers temps ! Comme il avait vieilli vite, lui qui jusqu'à quarante ans était resté si jeune ! Comme sur son visage au teint coloré les rides s'étaient profondément incrustées ; ses yeux, autrefois doux et le plus souvent égayés par le sourire, avaient pris une expression de tristesse ou d'inquiétude.

— Si encore, dit-il en suivant sa pensée et en se parlant plus encore qu'il ne parlait à sa femme, on pouvait entrevoir quand cela finira et comment ! J'ai été bien imprudent, bien coupable de ne pas t'écouter.

Madame Adeline n'était pas de ces femmes qui mettent la main sur la tête de leur mari lorsqu'il va se noyer : s'il s'attristait, elle l'égayait ; s'il se décourageait, elle le réconfortait ; de même que s'il s'emballait, elle l'enrayait.

— Je n'étais sensible qu'à l'intérêt immédiat, dit-elle, mais crois bien que j'ai compris toute la force des raisons qui t'ont retenu. A trente ans, ayant sa position à faire, on pouvait courir cette aventure, mais à ton âge et dans ta situation il était sage et naturel de ne pas oser la risquer. Ce n'est pas moi qui jamais te reprocherai de t'être abstenu.

— Tes reproches seraient moins durs que ceux que je m'adresse moi-même, car tu n'as vu que les raisons avouables qui m'ont retenu et tu ne sais pas, toi qui cependant me connais si bien, celles que j'appelais à mon aide quand je me sentais prêt à te céder. Un jour, il y a trois ans, c'est-à-dire à un moment où nous avions encore les moyens de transformer notre fabrication, j'étais décidé. J'avais tout pesé et en fin de compte j'étais arrivé à la conclusion évidente, claire comme le soleil, que c'était pour nous le salut. J'allais te l'écrire et j'avais déjà pris la plume, quand une dernière faiblesse, une sorte d'hypocrisie de conscience, m'arrêta. Au lieu de t'écrire à toi, ici à Elbeuf, j'écrivis à Roubaix, pour demander des renseignements sur le prix que nos concurrents payent le charbon, le gaz, le mètre courant de construction. La réponse m'arriva le surlendemain; le charbon que nous payons 240 francs le wagon, coûte là-bas 120 francs; le gaz, grâce aux primes de consommation, coûte 15 centimes le mètre cube; enfin la construction d'un bâtiment industriel revient à 22 francs le mètre superficiel; tu vois, sans qu'il soit besoin que je te le répète, tout ce que je me dis; et comme je ne cherchais qu'un prétexte et qu'une justification pour rester dans l'inertie, je ne t'écrivis point. Les choses continuèrent à aller pendant que je me répétais glorieusement les raisons qui me paralysaient, et elles finirent par nous amener au point où nous sommes arrivés.

Il se leva et se mit à marcher par la chambre à grands pas avec agitation :

— Heureux, s'écria-t-il, ceux qui ne voient qu'un côté des choses, ils peuvent se décider et agir, ils ont de l'initiative et de l'élan. Moi, je suis ce que l'on peut appeler un bon homme, je vous aime tendrement, toi et Berthe, je n'ai jamais voulu que votre bonheur, et je fais votre malheur. La faute en est-elle à mon caractère, à mon éducation? Est-ce le milieu dans lequel j'ai vécu pendant les belles années de ma vie, tranquille, heureux sans avoir à prendre des résolutions entraînant avec elles des responsabilités? toujours est-il que lorsque je suis en face d'un obstacle, j'y reste, comme si pendant que j'attends il allait disparaître lui-même, s'enfoncer ou s'envoler.

— Il n'y a que toi pour te plaindre d'avoir trop de conscience, dit-elle tendrement ; tu es le meilleur des hommes.

— A quoi cette bonté a-t-elle servi? Qu'ai-je fait pour vous ? Que je meure demain, quelle sera votre position ? Celle que mes parents m'avaient faite, je ne vous la laisse pas. Tu aurais été seule, tu aurais été libre, tu l'aurais améliorée cette situation; moi, le meilleur des hommes, comme tu dis, je l'ai perdue, et aujourd'hui j'ai le chagrin de ne pas pouvoir marier notre fille comme j'aurais voulu. J'avais fait de si beaux rêves quand nous étions encore les Adeline d'autrefois! C'était à peine si par le monde je trouvais assez de maris pour faire mon choix. Et maintenant !

Il fit quelques tours par la chambre ; puis revenant à sa femme et s'arrêtant devant elle :

— Eh bien, maintenant, pour le mariage qui se présente, je ne ferai point ce que j'ai fait toute ma vie, me disant : « Il est bien difficile de l'accepter, mais, d'autre part, il est bien difficile de le refuser », attendant que ces difficultés disparaissent d'elles-mêmes. Pour moi, j'ai pu me perdre dans ces hésitations malheureuses, je ne les aurai point pour Berthe. Demain, j'irai avec elle au Thuit, et là, dans la tranquilité du tête-à-tête je l'interrogerai.

Cela fut dit avec résolution, mais aussitôt le caractère reprit le dessus :

— Après tout, elle n'en voudra peut-être pas de ce mariage.

VIII

Dans une famille, la mère n'est pas toujours la confidente de ses filles ; c'est quelquefois le père qu'elles choisissent ; c'était le cas chez les Adeline, où Berthe, tout en aimant sa mère tendrement, avait plus de liberté et plus d'expansion avec son père.

Occupée, affairée, appartenant à tous, madame Adeline n'avait jamais pu perdre son temps dans les longs bavardages où se plaisent les enfants. Quand, toute petite, Berthe venait dans le bureau pour embrasser sa maman et se faire embrasser, celle-ci ne la renvoyait point, mais elle ne se laissait pas caresser aussi longtemps que l'enfant l'aurait voulu; elle ne la gardait pas dans ses bras, elle ne la dodelinait pas comme la petite le demandait, sinon en paroles franches, au moins avec des regards attendris et ces mouvements enveloppants où les enfants sont si habiles et si persévérants. Après un baiser affectueusement donné, la mère reprenait la plume et se remettait au travail; ses minutes étaient comptées.

Au contraire, Berthe avait toujours trouvé son père entièrement à elle, sans que jamais il lui répondît le mot qu'elle était habituée à entendre chez sa mère : « Laisse-moi travailler. » Il n'avait pas à travailler, lui, lorsqu'elle voulait jouer, et quoi qu'il eût à faire, il ne le faisait que lorsqu'elle lui en laissait la liberté; et bien souvent même il commençait sans attendre qu'elle vînt à lui. Avec cela s'ingéniant à lui plaire en tout; enfant, lorsqu'elle n'était qu'une enfant; jeune homme, lorsqu'elle était devenue jeune fille. Que de parties de cache-cache avec elle derrière les pièces de drap et dans les armoires! Que de visites aux quinze ou vingt poupées composant la famille de Berthe, qui toutes, avaient un nom et une histoire qu'il s'était donné la peine d'apprendre sans en rien oublier, et sans jamais confondre entre eux un seul de ses petits-fils ou une de ses petites-filles. L'âge n'avait point affaibli cette passion de Berthe pour ses poupées, et, en rentrant du couvent, elle avait repris avec elles ses jeux d'enfant aussi sérieusement, aussi maternellement que lorsqu'elle n'était qu'une gamine, ne se fâchant point des moqueries de sa grand'mère et de sa mère, mais sachant gré à son père de la prendre au sérieux et de la défendre.

— Ne la raille point, répétait-il, les petites filles qui aiment le plus tendrement leurs poupées sont les mêmes qui plus tard aiment le plus tendrement leurs enfants ; on est mère à tout âge.

Il ne s'en tenait point aux paroles et quelquefois il voulait bien encore, comme dix ans auparavant, faire le « monsieur qui vient en visite », le « médecin », et surtout le « grand-papa » qui revient de Paris les poches pleines de surprises pour les enfants de sa fille.

Dans ces conditions, il était donc tout naturel qu'Adeline se chargeât de parler à Berthe de la demande de Michel Debs ; il avait assez souvent joué le rôle du « notaire » ou de l'ami de la famille », venant entretenir la « maman » de projets de mariage à propos de Toto ou de Popo, pour remplir ce rôle sérieusement et faire pour de bon le « papa. »

Le lendemain matin, le vent de la nuit était tombé, et quand, à huit heures, le père et la fille montèrent dans la vieille calèche, le ciel était clair, sans nuages, avec des teintes roses et vertes du côté du levant comme on en voit souvent, en novembre, après les grandes pluies d'ouest. Bien que le cocher fût sur son siège, on ne partit pas tout de suite, parce qu'il fallait arrimer le déjeuner dans le coffre de derrière et c'était à quoi s'occupait madame Adeline, aidée de Léonie. Il ne restait pas de domestiques au Thuit pendant l'hiver et, lorsqu'on devait y manger, il fallait emporter les provisions qu'on voulait ajouter aux œufs frais de la fermière. Enfin le coffre fut fermé.

— Bon voyage !
— A ce soir !

Et de la rue Saint-Etienne la calèche passa dans la rue de l'Hospice pour gagner la côte du Bourgtheroulde ; comme le temps était doux, les glaces n'avaient point été fermées ; en tournant au coin de la rue du Thuit-Anger, Adeline aperçut Michel Debs qui venait en sens contraire.

— Tiens, qu'est-ce que Michel Debs fait par ici ? dit-il.

— Il faut le lui demander, répondit Berthe en riant.

— Ce n'est pas la peine.

On se salua, et pour la première fois, Adeline remarqua qu'il y avait dans le regard de Michel comme dans le mouvement de sa tête et le geste de son bras quelque chose de particulier qui ne ressemblait en rien au salut de tout le monde ; comment n'avait-il pas vu cela jusqu'alors ?

— Est-ce que Michel Debs savait que nous devions aller au Thuit ce matin ? demanda Adeline lorsqu'ils furent passés.

— Comment l'aurait-il su ?
— Tu aurais pu le lui dire hier au soir.

Berthe ne répondit pas.

Puisque le hasard de cette rencontre mettait l'entretien sur Michel, Adeline se demanda s'il ne devait pas profiter de l'occasion pour le continuer; mais il ne s'agissait plus de Toto ou de Popo, et il trouva que dans cette voiture il n'aurait pas toute la liberté qu'il lui fallait : c'était la vie de sa fille, son bonheur qui allaient se décider, l'émotion lui serrait le cœur; l'heure présente était si différente de celle qu'autrefois, dans ses moments de rêveries ambitieuses, il avait espéré !

Comme depuis longtemps déjà il gardait le silence, absorbé dans ses pensées, Berthe le provoqua à parler.

— Qu'as-tu? demanda-t-elle; tu ne dis rien; tu n'es donc pas heureux d'aller au Thuit ?

C'était une ouverture, il voulut la saisir, sinon pour l'entretenir tout de suite de Michel, au moins pour la préparer à se prononcer sur sa demande en connaissance de cause ; il ne suffisait pas en effet de lui dire : « Michel Debs, l'associé de la maison Eck et Debs, désire t'épouser »; il fallait aussi qu'elle sût à l'avance dans quelles conditions Michel se présentait et l'intérêt matériel qu'il pouvait y avoir pour elle à l'accepter; ce n'était pas du tout la même chose de refuser ce mariage alors qu'elle croyait à la fortune de ses parents, que de le refuser en sachant cette fortune gravement compromise.

— Il a été un temps, dit-il, où je n'avais pas de plus grand plaisir que d'aller au Thuit. C'est là que j'ai appris à marcher. C'est là que tu as fait tes premiers pas sur l'herbe. Dans la maison, le jardin, les terres, il n'y a pas un meuble, pas un buisson, pas un chemin ou un sentier qui n'ait son souvenir. Depuis dix-huit ans je n'ai pas planté un arbre, je n'ai pas fait une amélioration, un embellissement sans me dire que ce serait pour toi. Et maintenant... je me demande si je ne vais pas être obligé de le vendre.

— Vendre le Thuit !

— Il faut que tu saches la vérité, si pénible qu'elle puisse être pour toi : nos affaires vont mal, très mal, et si nous ne sommes pas ruinés, il faut avouer que nous sommes gênés; la crise que nous traversons et les faillites nous ont mis dans une situation difficile. J'espère en sortir, mais il est possible aussi que le contraire arrive. Quant au Thuit, hypothéqué déjà lorsque j'ai dû rembourser ta grand'maman, il l'a été depuis pour toute sa valeur, et avec la dépréciation qui a frappé la terre en Normandie, il nous coûte aujourd'hui plus qu'il ne nous rapporte; si la situation s'aggrave, il n'est que trop certain que nous ne pourrons pas le garder. Voilà pourquoi je n'ai plus le même plaisir qu'autrefois à aller dans cette terre que j'aimais non seulement pour moi, mais encore pour toi; où j'arrangeais ta vie avec ton mari, tes enfants... et nous-mêmes devenus vieux. Ne sens-tu pas combien la pensée de m'en séparer m'attriste?

Berthe prit la main de son père et l'embrassant tendrement :

— Ce n'est pas au Thuit que je pense, c'est à toi.

Ils avaient quitté la grand'route pour prendre un chemin coupant à travers des sillons de blé qui, nou-

— Tu sais bien que je ne veux que ce que tu veux.

Elle se serra contre lui.

— C'est justement pour cela qu'il faut que tu t'expliques franchement. Tu dois comprendre que ce n'est pas pour t'obliger à te confesser que je te presse ; que ce n'est pas pour lire dans ton cœur et pour te forcer, sans un intérêt majeur, à y lire toi-même. Je sens très bien que c'est un sujet délicat sur lequel une jeune fille à l'âme innocente comme l'e.. la tienne voudrait ne pas se prononcer et sur lequel un père, crois-le bien, voudrait n'avoir pas à appuyer. Mais il le faut.

— Je n'ai rien à te cacher.

— J'en suis certain et c'est ce qui me fait insister : depuis que tu as commencé à grandir, je t'ai mariée déjà bien des fois, mais jamais sans que nous soyons d'accord. C'est pour voir si maintenant cet accord existe que je te demande de me parler à cœur ouvert. Est-ce donc impossible ?

— Oh ! non.

— Qui prendras-tu pour confident, si ce n'est ton père ? Où en trouveras-tu un qui t'écoute avec plus de sympathie ?

Ils marchèrent quelques instants silencieusement et quittèrent la futaie pour entrer dans la forêt.

— Eh bien ? demanda-t-il, voyant qu'elle ne se décidait point et voulant l'encourager.

Mais ce ne fut pas une réponse qu'il obtint, ce fut une nouvelle question :

— Pour voir si l'accord dont tu parles existe, ne

Elle se mit à rire franchement :

— Et qu'est-ce que tu veux que ça me fasse qu'il soit juif?

IX

L'éclat de rire était si naturel et le mot qui l'accompagnait sortait si spontanément du cœur que la preuve était faite : l'affaiblissement de préjugé dont Adeline avait parlé à sa femme se réalisait : féroce chez la grand'mère, résistant encore chez la mère, il n'existait plus chez la fille ; il avait si bien disparu qu'elle en riait. « Qu'est-ce que tu veux que ça me fasse qu'il soit juif ? »

— Si cela ne te fait rien qu'il soit juif, dit Adeline après un moment de réflexion, il n'en est pas de même pour ta grand'mère.

— Elle est opposée à M. Debs, n'est-ce pas? demanda Berthe d'une voix qui tremblait.

— Peux-tu en douter?

— Et maman?

— Ta mère n'avait jamais pensé à ce mariage, mais elle n'y fera pas d'opposition si de ton côté tu le désires?

— Et toi, papa?

Cela fut demandé d'une voix douce et émue qui remua le cœur du père.

— C'est naïf, ce que je dis ?

Elle lui secoua le bras doucement, par un geste de mutinerie caressante.

— Si M. Debs, sachant que tes affaires ne vont pas bien, demande néanmoins ma main, c'est... qu'il m'aime.

— Ah ! j'y suis.

— Dame !

— Et cela te fait plaisir ?

— Tu demandes des choses...

— Alors tu ne soupçonnais pas qu'il t'aimât ?

— Je ne soupçonnais pas... c'est-à-dire que je voyais bien que M. Debs était très aimable avec moi ; partout où j'allais, je le rencontrais ; toujours je trouvais ses yeux fixés sur moi très... tendrement ; il avait en me parlant des intonations d'une douceur qu'il n'avait pas avec les autres, ni avec Marie qui est mieux que moi, ni avec Claire qui est dans une situation de fortune supérieure à la nôtre, ni avec Suzanne, ni avec Madeleine, mais... les choses n'avaient jamais été plus loin.

— Maintenant elles ont marché, et il dépend de toi qu'elles en restent là s'il ne te plaît point.

— Je ne dis pas cela.

— Dis-tu qu'il te plaît ?

— Il est très bien.

Devant ces réticences il revint à son idée : peut-être ne voulait-elle pas de ce mariage, et n'osait-elle pas l'avouer ; il fallait lui venir en aide.

— Il est vrai qu'il est juif.

— Fais comme si je l'avais deviné, murmura-t-elle.

— Ah ! petite fille, petite fille ! dit-il en souriant de cette réponse féminine.

Elle lui serra le bras par un mouvement d'impatience involontaire.

— Eh bien, il est venu demander ta main pour Michel Debs.

— Ah !

— C'est là tout ce que tu dis ?

— Qu'est-ce que maman lui a répondu ?

— Qu'elle m'en parlerait.

— Et toi, qu'est-ce que tu as dit à maman ?

— Que je t'en parlerais ; car avant nous et les raisons de convenance, il y a toi et les raisons de sentiment ; pour que nous répondions, ta mère et moi, il faut donc que d'abord tu répondes toi-même.

Cependant, après un moment de silence, ce ne fut pas une réponse qu'elle adressa à son père, ce fut une nouvelle question.

— Est-ce que M. Debs sait que nous sommes...., c'est-à-dire est-ce qu'il connaît la vérité sur la situation de tes affaires ?

— Je l'ignore ; cependant il est probable que s'il ne sait pas toute la vérité, il la soupçonne en partie ; dans le monde des affaires, il n'est personne à Elbeuf qui ne sache que notre situation n'est pas aujourd'hui ce qu'elle était il y a quelques années. Mais quel rapport cela a-t-il avec la réponse que je te demande ?

— Ah ! papa !

encore adoucie, ils voulaient commencer par les gâteaux.

Adeline, assis vis-à-vis de sa fille, la regardait s'occuper de ces deux gamins, et à voir les prévenances, les attentions qu'elle avait pour eux en leur disant de douces paroles à l'accent maternel, il s'attendrissait.

— Si ce mariage avec Michel Debs manquait, trouverait-elle à se marier plus tard ? Ne serait-elle pas privée d'enfants, elle qui les aimait si tendrement ?

A un certain moment, il exprima tout haut cette pensée, au moins en partie :

— Quelle bonne mère tu ferais ! dit-il.

Ce fut le mot auquel il revint lorsque, après le déjeuner, ils sortirent seuls dans le jardin, et par la futaie gagnèrent la forêt. Il avait pris le bras de sa fille, et soulevant de leurs pieds les feuilles tombées des hêtres, marchant sur le velours des mousses, ils allaient lentement côte à côte, lui ému par ce qu'il avait à dire, elle troublée et angoissée par cette émotion qu'elle sentait et qu'elle attribuait aux tourments de leur situation.

— Quand je disais tout à l'heure que tu ferais une bonne mère, te doutes-tu que ce n'était pas une allusion à un fait en l'air ?

Elle le regarda toute surprise, sans comprendre, et cependant en rougissant.

— As-tu deviné pourquoi M. Eck est venu hier soir ? continua-t-il.

Elle leva encore les yeux sur lui un court instant, puis vivement les baissant :

vellement ensemencés, commençaient à se couvrir d'une tendre verdure; à une courte distance sur la droite se détachait sur le fond sombre d'une futaie la façade blanche et rouge d'une grande maison : c'était le château du Thuit, qui, par la masse de sa construction en pierre et en brique, par ses hauts combles en ardoises, par ses cheminées élancées, écrasait les bâtiments de la ferme groupés à l'entour dans une belle cour du Roumois plantée de pommiers et de poiriers puissants comme des chênes.

— C'était bien vraiment en bon père de famille que je soignais tout cela! dit-il en promenant çà et là un regard attristé.

Ils entraient dans la cour, l'entretien en resta là. On avait vu la voiture venir de loin dans la plaine nue, et le fermier, sa femme et ses deux enfants étaient accourus pour recevoir leur maître.

Berthe, qui était la marraine de ces deux enfants, dont l'un avait quatre ans et l'autre cinq et qu'elle aimait comme des poupées, les prit par la main.

— Ils déjeuneront avec nous, dit-elle à la fermière, je leur apporte des gâteaux.

— Faut que je les *débraude*, dit la mère.

— Je les *débrauderai* moi-même, répondit Berthe, qui voulait bien parler normand avec les paysans.

En effet, avant le déjeuner, elle les débarbouilla à fond, les peigna, les attifa, et à table en plaça un à sa droite et l'autre à sa gauche, de façon à les bien surveiller — ce qui n'était pas inutile, car avec leur gourmandise naturelle que l'éducation n'avait point peux-tu me dire ce que tu penses toi-même de M. Debs?

— Je n'en pense que du bien; c'est un honnête garçon.

— N'est-ce pas?

— Travailleur.

— N'est-ce pas?

— Aimable, doux, sympathique à tous les points de vue.

— Alors il te plaît?

— Je t'ai mariée en espérance avec des maris qui ne valaient certes pas celui-là.

Elle regardait son père avec un visage rayonnant, devinant ses paroles avant qu'il eût achevé de les prononcer.

— Je sais bien que dans un mariage il n'y a pas que le mari, il y a le mariage lui-même, dit-elle.

— Et ce n'est pas du tout la même chose.

— Serais-tu aussi favorable au mariage que tu l'es à M. Debs, le mari?

— Tu m'interroges quand c'est à toi de répondre.

— Oh! je t'en prie, papa, cher petit père!

Il ne lui avait jamais résisté, même quand elle demandait l'impossible.

Elle lui sourit tendrement:

— Qui prendras-tu pour confidente, si ce n'est ta fille?

— Gamine!

— Je t'en prie, réponds-moi franchement!

— Eh bien! non! je ne suis pas aussi favorable au mariage qu'au mari.

Évidemment, elle ne s'attendait pas du tout à cette réponse ; elle pâlit et resta un moment sans trouver une parole.

— Tu as des raisons pour t'y opposer? dit-elle enfin.

— Il y a des raisons qui lui sont contraires.

— Des raisons... graves ?

— Malheureusement.

— Qui te sont personnelles ?

— Qui viennent de ta grand'mère et de notre situation.

— Mais on peut se marier, dit-elle vivement avec feu, sans abjurer sa religion ; la femme d'un juif ne devient pas juive ; un juif qui épouse une chrétienne ne se fait pas chrétien ; chacun garde sa foi.

— C'est à ta grand'mère qu'il faut faire comprendre cela, et ce n'est pas chose facile ; me le dire à moi, c'est prêcher un converti ; tu sais comme ta grand'mère est rigoureuse pour tout ce qui touche à sa foi, et, d'autre part, elle est d'une époque où les juifs étaient victimes de préjugés qui pour elle ont conservé toute leur force.

Ils étaient arrivés à un endroit où le chemin bourbeux les obligea à se séparer ; sur le sol plat et argileux, l'eau de la nuit ne s'était point écoulée et elle formait çà et là des flaques jaunes qu'il fallait tourner ou sauter.

— Et quelles sont les raisons qui viennent de notre situation ? demanda-t-elle.

— Tu les as pressenties tout à l'heure en me demandant si Michel Debs savait la vérité sur nos af-

7.

faires. S'il connaît la vérité et veut t'épouser, c'est, comme tu le dis très bien, qu'il t'aime, et qu'avant la fortune il fait passer la femme. Il t'épouse pour toi, non pour ta dot; pour ta beauté, pour tes qualités, parce que tu lui plais, enfin parce qu'il t'aime.

— Cela est possible, n'est-ce pas?

— Assurément; mais le contraire aussi est possible; c'est-à-dire que, tout en étant sensible à tes qualités, Michel Debs peut l'être aussi à la fortune qui semble devoir te revenir un jour; au lieu d'un mariage d'amour tel que nous le supposons dans le premier cas, il s'agit alors simplement d'un mariage de convenance : l'un des associés de la maison Eck et Debs trouve que c'est une bonne affaire d'épouser la fille de Constant Adeline et il la demande. Note bien, mon enfant, que je ne dis pas que cela soit, mais simplement que cela peut être. Alors que se passe-t-il quand il apprend que cette affaire, au lieu d'être bonne, comme il le croyait, est médiocre ou même mauvaise? Il ne la fait point, n'est-ce pas? et c'est un mariage manqué. Je ne voudrais pas de mariage manqué pour toi. Et je n'en voudrais pas pour nous. Pour toi ce serait humiliant; pour nous ce serait désastreux. C'est quand le crédit d'une maison est ébranlé qu'il faut de la prudence; et ce ne serait point être prudent que de nous exposer à donner un aliment aux bavardages du monde. N'entends-tu pas ce qu'on ne manquerait pas de dire: « Pourquoi Michel Debs n'a-t-il pas épousé Berthe Adeline? — Parce qu'il n'a pas voulu d'une fille ruinée. » Parler couramment de la ruine d'une maison dont les affaires sont embarrassées, c'est la précipiter. Voilà pourquoi, avant de répondre à M. Eck, j'ai voulu t'interroger et te demander de me dire franchement si tu désires ce mariage. Tu comprends que s'il t'est indifférent et que si tu ne vois en Michel Debs qu'un mari comme un autre, auquel tu n'as pas de raisons particulières pour tenir, il est sage de répondre par un refus : nous échappons ainsi à une lutte avec ta grand'mère; et d'autre part nous évitons les dangers du mariage manqué. Au contraire, si Michel te plaît, si tu vois en lui le mari qui doit assurer le bonheur de ta vie, il ne s'agit plus de se dérober, il faut aborder la situation en face, si périlleuse qu'elle puisse être pour toi comme pour nous, affronter le mécontentement de ta grand'mère, et courir aussi l'aventure d'un refus de Michel Debs ne trouvant pas la dot sur laquelle il comptait... peut-être.

— Qui dit que M. Debs est un homme d'argent?

— Ce n'est pas moi ; mais tu conviendras qu'il est possible qu'il le soit ; si tu as des raisons pour croire qu'il ne l'est pas, dis-les; tu vois que, par la force même des choses, nous voilà ramenés au point d'où nous sommes partis et que tu es obligée de répondre franchement, puisque ce sont tes sentiments qui dicteront notre conduite.

Et oui, sans doute, elle voyait que la force des choses les avait ramenés au point d'où ils étaient partis, mais la situation n'était plus du tout la même pour elle, agrandie qu'elle était, rendue plus solennelle par les paroles de son père : si un sentiment de retenue féminine et de pudeur filiale lui avait fermé les lèvres, maintenant elle devait les ouvrir loyalement et sans réticences; elle le devait pour son père, elle le devait pour elle-même.

— Certainement, dit-elle, il ne s'est jamais rien passé entre M. Debs et moi qui ressemble même de très loin à ce que j'ai lu dans les livres; il ne m'a pas sauvé la vie au bord du gave écumeux pendant notre voyage dans les Pyrénées, où il ne nous accompagnait pas d'ailleurs; il n'est jamais venu non plus soupirer sous mon balcon, puisque nous n'avons pas de balcon; il ne m'a pas fait remettre des lettres par des soubrettes dont on paye le silence avec de l'or; mais, cependant, il est vrai que, dans les projets de mariage que moi aussi j'ai faits de mon côté pendant que du tien tu en faisais d'autres, j'ai pensé à lui; tu ne sais peut-être pas qu'on se marie beaucoup au couvent, c'est même à ça qu'on passe son temps, eh bien, quand, dans le grand jardin de la rue du Maulévrier, je parlais de mon mari à mes amies, il avait les yeux noirs, la barbe frisée, les cheveux ondulés de... enfin c'était Michel. Pourquoi? Il ne faut pas me le demander; je ne le sais pas, et rien de la part de Michel ne pouvait me donner à penser qu'il voudrait m'épouser un jour. Mais moi, j'avais plaisir à me dire que je l'épouserais; on est très hardi en imagination et aussi en conversation; quand toutes vos amies ont des maris à revendre, il faut bien en avoir un aussi, et on le prend où l'on peut.

— Il ne t'avait jamais rien dit?
— Oh! papa, pense donc que je n'étais qu'une

gamine et que lui était déjà un jeune homme.

— Et quand tu es rentrée du couvent?

— Il s'est passé ce que je t'ai dit ; j'ai bien vu que je ne lui étais pas indifférente... et que je lui plaisais.

Il voulut lui venir en aide :

— Et tu en as été heureuse ?

— Dame !

— L'as-tu ou ne l'as-tu pas été ?

— Puisque c'était la continuation de ce que j'avais si souvent combiné, je ne pouvais pas ne pas être satisfaite.

— Satisfaite seulement ?

— Heureuse, si tu veux.

— Et lui as-tu laissé voir ce que tu éprouvais ?

— Peux-tu croire !

— Enfin, pour qu'il demande ta main, il faut bien qu'il pense que tu ne le refuseras point.

— Je l'espère, sans cela il ne serait pas du tout le mari que j'ai vu en lui, ce serait la fille de la maison Adeline qu'il rechercherait, ce ne serait pas moi, et c'est pour moi que je veux être épousée. Ce n'est pas à ta fortune que devaient s'adresser ces yeux tendres.

Ces quelques mots ouvraient à Adeline une espérance sur laquelle il se jeta :

— De sorte que, pour toi, si Michel ne trouvait pas la dot sur laquelle il doit compter, il ne se retirerait pas.

— Oh ! s'il était seul ! Mais il ne l'est pas ; il a sa grand'mère, sa mère, son oncle. Me laisserais-tu épouser un jeune homme qui n'aurait rien... que ses beaux yeux? Est-ce que c'est tout de suite que tu vas dire que tu ne peux pas me donner de dot?

— Il le faut bien.

— Alors, demain, Michel peut n'être plus... qu'un étranger pour moi !

Ce fut d'une voix tremblante qu'elle prononça ces quelques mots, avec un accent qui remua Adeline.

— Comme tu es émue !

— C'est qu'il n'y a pas que de l'humiliation dans un mariage manqué.

Ce cri de douleur était l'aveu le plus éloquent et le plus formel qu'elle pût faire.

Traversant le chemin, il vint à elle et, la prenant dans son bras, il l'embrassa tendrement.

— Eh bien, il ne manquera pas, rassure-toi, ma chérie.

— Comment?

— Cela, je n'en sais rien ; mais nous chercherons, nous trouverons. Est-ce que tu peux être malheureuse par nous, par moi?

— Il faut répondre.

— Certainement, certainement.

— Que veux-tu répondre?

Le Normand se retrouva:

— Il y a réponse et réponse; si je disais ce soir au père Eck que je ne peux pas te donner demain une dot, peut-être arriverions-nous à une rupture ; mais ce qui me serait impossible demain sera sans doute possible dans un délai... quelconque: les affaires n'iront pas toujours aussi mal; nous nous relèverons; ta mère a des idées; il n'y a qu'à gagner du temps.

— Oh! je ne suis pas pressée de me marier.

— C'est cela même: tu n'es pas pressée; nous gagnerons du temps; avec le temps tout s'arrange; ton mariage avec Michel se fera, je te le promets.

X

De l'endroit où ils s'étaient arrêtés en plein bois, ils apercevaient de petites colonnes de fumée bleuâtre qui montaient droit à travers les branches nues des grands arbres.

— Nous voici arrivés, dit Adeline! je vais voir où en sont les bûcherons, et tout de suite nous rentrerons à Elbeuf, de façon à ce que je puisse aller ce soir même chez M. Eck.

Sous bois on entendait des coups de hâche et de temps en temps des éclats de branches avec un bruit sourd sur la terre qui tremblait, — celui d'un grand arbre abattu.

— Il fallait faire de l'argent, dit-il en arrivant dans la vente où les bûcherons travaillaient; malheusement les bois se vendent si mal maintenant!

Il eut vite fait d'inspecter le travail des ouvriers et ils revinrent rapidement au château, où tout de suite les chevaux furent attelés. Il n'était pas trois heures; ils pouvaient être à Elbeuf avant la nuit.

Pendant tout le chemin, Adeline reprit le bilan qu'il avait fait le matin en venant ; seulement il le reprit dans un sens contraire : en allant au Thuit, tout était compromis ; en rentrant à Elbeuf, rien n'était désespéré, loin de là. Et il entassait preuves sur preuves pour démontrer qu'avec du temps il trouverait la dot qu'on offrirait au père Eck.

— Elle ne sera peut-être pas ce qu'il croit, mais enfin elle sera suffisante pour qu'il ne puisse pas se retirer. Tu verras, ma chérie, tu verras.

Et il énumérait ce qu'elle verrait. Ce n'était pas seulement la situation de la maison d'Elbeuf qui devait s'améliorer ; à Paris on lui avait proposé d'entrer dans de grandes affaires où ses connaissances commerciales pouvaient rendre des services, et il avait toujours refusé, parce qu'il voulait se tenir à l'écart de tout ce qui touchait à la spéculation ; il accepterait ces propositions ; le temps des scrupules était passé ; ces affaires étaient honorables, c'était par excès de délicatesse, c'était aussi par amour du repos et de l'indépendance qu'il n'avait point voulu s'y associer ; il ne penserait plus à lui ; il ne penserait qu'à elle ; le premier devoir du père de famille, c'est d'assurer le bonheur de ses enfants, et il n'est pas de devoir plus sacré que celui-là. A plusieurs reprises aussi on avait mis son nom en avant pour des combinaisons ministérielles, et toujours par amour du repos et de l'indépendance il s'en était retiré. Maintenant il se laisserait faire : fille de ministre, c'était un titre à mettre dans la corbeille de mariage.

Berthe écoutait suspendue aux yeux de son père, son cœur serré se dilatait, l'espérance, la foi en l'avenir lui revenaient : il ne pouvait pas se tromper; ce qu'il disait, il le ferait; ce qu'il promettait se réaliserait. Elle renaissait. Était-elle une femme d'argent, était-elle désintéressée ? Elle n'en savait rien, n'ayant jamais eu à examiner ces questions. Mais le coup qui l'avait frappée le matin l'avait anéantie, et ç'avait même été pour ne pas trahir le trouble de ses pensées qu'elle avait tenu à avoir à sa table ses deux filleuls. S'occupant d'eux, elle pouvait ne point penser à elle.

Lorsque madame Adeline les vit revenir, elle fut surprise de ce retour si prompt, ne les attendant que pour dîner.

— Déjà !

Cela ne pouvait qu'augmenter son impatience de savoir ce qui s'était dit entre le père et la fille, mais malgré l'envie qu'elle en avait, il lui était impossible d'interroger son mari, la Maman étant là dans son fauteuil.

— Comme tu es mouillé ! dit-elle en le regardant; il faut changer de chaussures, je vais monter avec toi.

Aussitôt qu'ils furent dans leur chambre, elle ferma la porte :

— Eh bien ?

— Elle l'aime.

— Elle te l'a dit ?

— Elle a fait mieux que de me le dire, elle me l'a

avoué dans un cri de douleur en voyant qu'elle pouvait ne pas devenir sa femme.

— Est-ce possible ! s'écria-t-elle avec stupeur.

— Il faut t'habituer à ne plus voir en elle une enfant, c'est une jeune fille.

Il rapporta tout ce qui s'était dit entre Berthe et lui.

— Et maintenant? demanda madame Adeline, bouleversée.

Il expliqua son plan.

— Et après ? quand nous aurons gagné du temps, le mariage sera-t-il assuré ?

— Il sera facilité.

— Je t'en prie, Constant, réfléchis avant d'abandonner la vie qui a été la tienne jusqu'à ce jour : tu n'es pas l'homme des affaires de spéculation ; tu as trop de droiture, trop de loyauté.

— Crois-tu que je m'aventurerais et ne prendrais pas toutes les garanties ?

— Et toi, crois-tu donc que les coquins ne sont pas plus forts que les honnêtes gens ? serais-tu le premier qui, malgré son intelligence et sa prudence, se laisserait tromper et entraîner.

— Faut-il donc ne rien faire ? Sois bien certaine que je n'accepterai que des affaires sûres.

— Ce ne sont pas les affaires sûres qui donnent les gros gains.

— Enfin, je te promets de ne rien entreprendre sans te consulter ; j'ai laissé passer des centaines d'occasions qui nous auraient donné une fortune considérable, je veux profiter de celles qui se présenteront maintenant, voilà tout.

— Le temps est passé des belles occasions ; tu le sais mieux que moi.

— Je vais chez le père Eck, dit-il pour couper court à ces observations, cela n'engage à rien de prendre du temps.

Adeline trouva Berthe dans le vestibule ; elle ne lui dit rien, mais en l'embrassant elle lui serra la main dans une étreinte où elle avait mis toutes ses espérances et aussi l'émotion attendrie de sa reconnaissance.

La fabrique des Eck et Debs n'est pas dans le vieil Elbeuf, mais dans le nouveau, celui qui confine à Caudebec, là, où de vastes espaces permettaient après la guerre, la libre construction d'un établissement industriel tel qu'on le comprend aujourd'hui : isolé, d'accès commode, avec des dégagements, un sol stable reposant sur une couche d'eau facile à atteindre et assez abondante pour le lavage des laines et le dégraissage ainsi que le foulage des draps en pièces. Construite en briques rouges et blanches, elle occupe entièrement un îlot de terrain compris entre quatre rues se coupant à angle droit ; sur trois de ces rues se dressent ses hautes murailles percées de larges châssis vitrés, et sur la quatrième s'ouvre, entre les bureaux et les magasins surmontés de l'appartement particulier de M. Eck, la grande porte qui laisse voir une cour carrée au fond de laquelle le balancier de la machine lève et abaisse ses deux bras.

Quand Adeline arriva à la porte, il faisait nuit noire depuis longtemps déjà, mais par les fenêtres tombaient des nappes de lumière qui éclairaient la rue au loin; les métiers battaient, les broches tournaient, de la cour montait le ronflement des machines en marche, et dans le ruisseau coulait une petite rivière d'eaux laiteuses qui fumaient.

Quand Adeline ouvrit la porte du bureau, il aperçut le père Eck travaillant avec ses deux fils et un de ses neveux autour de lui penchés sur leurs pupitres.

— Quelle force vraiment que l'association! dit-il en serrant la main au père Eck et en saluant les jeunes gens affectueusement.

— Les autres sont *tans* la fabrique, dit le père Eck, à leur poste.

Devant les jeunes gens, Adeline voulut donner un prétexte à sa visite :

— Je viens voir vos métiers fixes, ma femme m'a dit que vous en étiez satisfait.

— Très satisfait; je *fais* appeler Michel pour qu'il *fous* les montre, c'est son affaire.

Il pressa le bouton d'une sonnerie électrique et Michel ne tarda pas à arriver; en apercevant Adeline, il s'arrêta un court instant avec un mouvement de surprise et d'hésitation.

— C'est M. *Ateline* qui *fient foir* nos métiers fixes, dit le père Eck.

Tout en suivant Adeline et son oncle, Michel se demandait si c'était vraiment le désir de voir les métiers fixes qui était la cause de cette visite : ce serait bien étrange après la demande adressée la veille à madame Adeline! Mais, si anxieux qu'il fût, il ne pouvait qu'attendre.

Aussi les explications qu'il donna à Adeline sur les perfectionnements qu'il avait apportés à ces métiers manquèrent-elles de clarté : son esprit était ailleurs.

Heureusement son oncle lui vint en aide :

— *Fous foyez*, mon cher monsieur *Ateline*, avec *teux* cents broches ces métiers *broduisent* presque autant que les *renfideurs* avec quatre cents broches.

Il est vrai que si Michel était distrait en parlant, Adeline ne l'était pas moins en écoutant : l'un ne savait pas bien ce qu'il disait, l'autre ne pensait guère à ce qu'il entendait.

— Il est vraiment très bien, se disait Adeline en examinant Michel; je ne l'avais jamais vu si beau garçon.

— Il n'a pas du tout l'air mal disposé pour moi, se disait Michel en regardant le père de Berthe à la dérobée.

Et les broches tournaient toujours avec leur ronflement, tandis que le père Eck appuyait sur les *berfectionnements* de son *betit* Michel.

Enfin on quitta les métiers fixes et les renvideurs, Adeline et le père Eck marchant côte à côte, tandis que Michel restait en arrière pour se dérober : il était évident qu'on ne parlerait pas devant lui, le mieux était donc qu'il leur laissât la liberté du tête-à-tête.

Comme ils traversaient un atelier, le père Eck prit

une bande de drap divisée en petits carrés de diverses couleurs.

— Que *tites-fous* de ça? demanda-t-il.

Ça, c'était une bande d'échantillons que les fabricants de nouveautés essayent pour chercher le modèle qu'ils adopteront.

— Je dis qu'avec cela vous allez me tuer.

Le père Eck donna un coup de coude à Adeline et, se haussant vers lui en mettant une main devant sa bouche pour n'être point entendu des ouvriers auprès desquels ils passaient :

— *Fous* tuer, nous, oh non, au *gontraire*.

Ils sortirent dans la cour.

— *Fous afez* à me *barler*, n'est-ce *bas*? demanda le père Eck.

— Oui.

— Les métiers, c'était un *brétexte*; je *fais fous* conduire dans mon *pureau*.

Si Adeline était hésitant pour prendre une résolution, il ne l'était jamais pour l'exécuter.

— Ma femme m'a fait part de votre demande, dit-il aussitôt qu'ils furent installés dans le bureau particulier du père Eck, et nous en sommes fort honorés.

— C'est moi, c'est nous qui serions honorés de nous allier à *fotre* famille, madame *Adeline* a *tû fous tire* que c'est le *put* de mon *ampition*.

— J'aurais voulu vous apporter une réponse catégorique et conforme à nos sentiments, ceux de ma femme et les miens, qui sont favorables à ce mariage...

— Ah! mon cher monsieur *Ateline!*

— Malheureusement nous sommes, à cause de ma mère, obligé à de grands ménagements; vous savez quelle est la sévérité de ses principes religieux.

— Je sais par ma mère ce que *beut* être cette sévérité; et je *fous afoue* que je ne lui ai *bas* même *barlé* de ce mariage, qui pour nous n'est pas moins difficile que pour vous, car c'est la première fois que l'un *te* nous pense à épouser une chrétienne : il a fallu l'amour de Michel pour me décider moi-même; vous savez le préjugé, la tradition, la fierté!

— Vous comprenez donc que nous hésitions avant d'en parler à ma mère; il faut des précautions, des préparations, sans quoi nous nous heurterions à un refus formel.

— Je *gomprends*.

— Il est bon aussi que les jeunes gens se connaissent mieux; ma fille n'a que dix-huit ans, et j'ai toujours désiré ne pas la marier trop jeune.

— Chez nous, *fous safez*, on se marie *cheune*; ma mère s'est mariée à quinze ans.

— Enfin je vous demande du temps.

— Oh! *barfaitement*, nos *cheunes chens beuvent* attendre; moi j'ai *pien* été *viancé* avec ma femme pendant cinq ans, et quand nous nous sommes mariés j'aurais *pien* attendu encore.

Il dit cela avec son bon rire.

A ce moment on entendit une main tourner le bouton de la porte du bureau,

— *N'endrez bas, n'endrez bas!* s'écria M. Eck, *n'endrez bas*, hein!

Cependant la porte s'ouvrit devant une petite vieille vêtue de noir, avec un châle sur les épaules, le front caché par un bandeau de velours posé en avant de son bonnet d'Alsacienne; son visage tout ridé avait un air d'austérité et d'autorité corrigé par une expression affable : c'était madame Eck.

— J'ai cru que c'était un *gommis!* s'écria le père Eck, en se levant vivement pour aller au-devant d'elle avec toutes les marques du regret et du respect.

— C'est bien, dit-elle, il n'y a pas de faute.

Et tout de suite s'adressant à Adeline :

— J'ai appris que vous étiez dans la maison et je suis descendue pour vous exprimer toute ma reconnaissance au sujet des paroles que vous avez prononcées sur la tombe de mon gendre; j'aurais voulu le faire depuis longtemps déjà, mais vous savez que je ne sors pas. Pardonnez-moi de vous avoir dérangé, je vous laisse à vos affaires.

Et elle sortit, marchant avec raideur, redressant sa petite taille courbée.

— Ah! *Monsieur Ateline, Monsieur Ateline,* s'écria le père Eck quand la porte fut refermée, ma mère vient de faire pour *fous* ce que je ne lui ai *chamais fu* faire *bour bersonne; ça fa pien, ça fa pien!*

FIN DE LA PREMIÈRE PARTIE

DEUXIÈME PARTIE

I

En racontant à sa femme qu'il avait rencontré chez son collègue le comte de Cheylus, ce vicomte de Mussidan, ce charmant homme du monde qui s'était trouvé là si à propos pour lui prêter cinquante mille francs, Adeline n'avait pas tout à fait dit la vérité.

En réalité, ce n'était point chez M. de Cheylus qu'il avait fait cette rencontre, c'était chez Raphaëlle, la maîtresse de ce collègue. Mais ce petit arrangement était pour lui sans conséquence. A quoi bon parler de Raphaëlle à une honnête femme qui ne savait rien de la vie parisienne? Elle aurait pu se tourmenter, se demander dans quel monde vivait son mari! Il aurait fallu des explications, des histoires à n'en plus finir. On ne peut pas demander à une bonne bourgeoise d'Elbeuf des idées qui ne sont ni de son éducation ni de son milieu. Elle n'aurait jamais compris qu'un député invitât ses amis chez sa maîtresse, et qu'il se trouvât des amis — alors surtout que c'étaient des députés—pour accepter cette invitation; la province a sur les maîtresses et sur les députés des opinions qu'il est bon de laisser intactes. Que serait l'existence d'une femme de député restant dans sa ville, si elle pouvait supposer que son mari ne se nourrit pas exclusivement de politique; s'il fait des farces, ce ne peut être qu'à la buvette, et s'il caquette, ce ne peut être qu'avec les amies arrivant de son arrondissement pour lui demander une bonne place de tribune.

Si Adeline allait parfois chez Raphaëlle, il ne faisait qu'imiter plusieurs de ses collègues qui, pas plus que lui, ne se trouvaient embarrassés à la table d'une ancienne cocotte. Bien au contraire, on était là plus à son aise, on faisait meilleure chère, on s'amusait plus que dans beaucoup d'autres maisons. En somme, qui les invitait? Le comte. C'était donc chez le comte qu'ils dînaient. Il ne serait venu à l'idée d'aucun d'eux que ce n'était pas le comte qui payait le loyer de cette aimable maison où ils étaient si bien reçus, et qui payait aussi cette bonne chère. Le comte était veuf, il recevait chez sa maîtresse, il aurait fallu un excès de puritanisme pour s'en fâcher.

A la vérité, ceux qui connaissaient leur Paris savaient que depuis longtemps déjà le comte de Cheylus n'était pas en état d'entretenir le train de maison d'une femme comme Raphaëlle, mais tous les députés qui connaissent à fond les dessous de la politique française et étrangère n'ont pas pénétré aussi profondément les dessous de la vie parisienne : ceux que M. de Cheylus invitait, en les choisissant d'ailleurs avec soin, voyaient ce qu'on leur montrait : une maison agréable, une femme qui, pour n'être plus jeune, n'en conservait pas moins d'assez beaux restes et, ce qui valait mieux encore, une vieille célébrité, et ils n'en demandaient pas davantage : chez qui irait-on si l'on ne se contentait pas des apparences ?

D'ailleurs on ne refusait pas le comte de Cheylus, qui était l'homme le plus aimable du monde et n'avait pas d'autre souci que de plaire à tous, amis comme adversaires, et même à ses adversaires plus encore qu'à ses amis peut-être. Préfet sous l'empire, il avait administré les départements par où il avait successivement passé avec de bonnes paroles, des sourires, des promesses, des compliments, des poignées de main et des banquets à toute occasion. Et quand, après vingt années de ce régime, la chute de son gouvernement l'avait mis à bas, il s'était trouvé un de ces arrondissements où les maires, les conseillers municipaux, les curés, les pompiers, les orphéonistes, les fanfaristes, tous ceux enfin qui l'avaient approché, étant restés ses amis, l'avaient envoyé à la Chambre en dehors de toute opinion politique? Que leur importait à lui et à eux la politique, il les avait convertis à son système : « Il n'y a pas d'opinion, il n'y a que des intérêts. » A la Chambre il avait continué ses sourires, ses amabilités, ses bonnes paroles ; bien avec son parti, très bien avec ses ennemis, ce n'était pas lui qui faisait du boucan ou qui se laissait emporter par la passion : la main toujours tendue; et « mon cher collègue » plein la bouche, même avec ceux qui essayaient de le regarder du haut de leur austérité ou de leur mépris et qu'il finissait par adoucir.

« Mon cher collègue, soyez donc assez aimable pour venir dîner avec moi lundi prochain. »

Comment supposer qu' « avec moi » ne voulait pas dire chez moi, alors qu'on arrivait de province, et que jusqu'au jour bienheureux où les électeurs vous avaient envoyé à Paris, on avait été l'honneur du barreau de Carpentras ou la gloire de la fabrique elbeuvienne? On savait que depuis longtemps le comte de Cheylus était ruiné, mais puisqu'il donnait de bons dîners, c'est qu'il avait le moyen de les payer. On se disait qu'il y a ruine et ruine. Et la conclusion qu'on faisait pour les dîners, on la faisait pour la maîtresse.

Quelle surprise si un Parisien de Paris avait révélé la vérité, toute la vérité à ces honnêtes convives.

C'était vingt ans auparavant que le comte de Cheylus avait fait la connaissance de Raphaëlle, alors dans toute sa splendeur, et au mieux avec le duc de Naurouse, le prince Savine, Poupardin, de la *Participation Poupardin, Allen et C*, le prince de Kappel, en un mot avec toute la bohème tapageuse de cette époque; pour lui il n'était pas moins brillant, riche, bien en cour, en passe de devenir un personnage dans l'État. Lorsqu'ils s'étaient retrouvés, le comte avait dissipé toute sa fortune et il n'était plus qu'un simple député, sans aucune influence même dans son parti, où personne ne le prenait au sérieux ; quant à Raphaëlle, si elle n'était pas ruinée, au moins avait-elle laissé dévorer par des spéculations aventureuses la plus grosse part de ce que son âpreté célèbre dans le monde de la galanterie lui avait fait gagner, et sur elle plus encore que sur le comte ces vingt ans avaient lourdement marqué leur passage : la maigriotte Parisienne s'était alourdie et épaissie, ses yeux rieurs s'étaient durcis, sa physionomie gaie et expressive toujours ouverte, toujours en mouvement, s'était immobilisée, les teintures avaient desséché les cheveux, les blancs, les rouges, les bleus avaient tanné la peau.

Mais en fait de beauté féminine les yeux sont esclaves des oreilles, et la tradition les rend aveugles à la réalité : quand pendant dix ans on a été la belle madame X... ou la charmante mademoiselle Z... pour les journaux et le monde, on a bien des chances pour l'être pendant vingt-cinq ou trente ; il n'y a pas de raisons pour que ça finisse ; il faut des catastrophes pour casser les lunettes qu'on s'est laissé mettre sur le nez. Cela s'était produit pour Raphaëlle, en qui M. de Cheylus n'avait vu que « la charmante Raphaëlle » d'autrefois. Elle comptait encore dans « tout Paris » ; on parlait d'elle ; les journaux citaient son nom dans les soirées théâtrales, on pouvait se montrer avec elle alors surtout qu'on n'avait pas d'autre fortune que la maigre allocation d'un député. Assurément, si elle lui revenait, ce n'était point par intérêt, et cette conviction ne pouvait que chatouiller la vanité d'un vieux beau : une femme comme elle acceptant un amant de soixante-huit ans, sans le sou, montrait qu'elle se connaissait en hommes, voilà tout; et vraiment il ne pouvait que lui être reconnaissant de cette preuve de goût.

— Amant de cœur à soixante-huit ans, hé! hé! il n'était donc pas si déplumé!

Son ennui était de ne pouvoir pas le crier sur les toits; mais l'orgueil de l'homme ruiné l'emportait sur la fatuité du triomphateur; de là sa formule d'invitation à ses chers collègues — « avec moi ».

Elle était réellement une providence pour lui, cette bonne fille, et près d'elle il retrouvait dans son désastre un peu des satisfactions de son ancienne existence : un intérieur à la mode, une table bien servie et une femme, une maîtresse aussi élégante que celles qu'il avait aimées autrefois.

Et ce qu'il y avait d'admirable dans cette femme dont la réputation d'âpreté au gain s'était cependant établie sur tant de ruines, c'est qu'elle ne voulait rien accepter de lui. Deux ou trois fois il avait essayé d'employer en cadeaux les quelques louis que les chances d'un écarté heureux avaient mis dans sa poche, et elle les avait toujours refusés.

— Non, mon ami, je veux qu'entre nous il n'y ait même pas l'apparence de l'intérêt : une fleur quand vous voudrez, tant que vous voudrez, mais rien qu'une fleur.

Et il avait d'autant mieux cru à la fleur qu'une fois elle lui avait demandé quelque chose, encore ne s'agissait-il que d'une démarche, d'un acte de complaisance et de bonne amitié.

L'affaire était des plus simples et telle qu'on ne pouvait pas la refuser à son influence : elle consistait à obtenir du préfet de police l'autorisation d'ouvrir un nouveau cercle, dont le besoin se faisait vraiment sentir ; il serait facile de le démontrer.

Bien entendu, ce n'était pas pour elle qu'elle demandait cette autorisation. Qu'en ferait-elle? Dieu merci, il lui restait assez pour vivre, et elle ne tenait pas à gagner de l'argent; à quoi bon le superflu, quand on a le nécessaire? Elle était revenue de ses ambitions d'autrefois, car c'est le propre des bonnes natures de s'améliorer en vieillissant.

C'était pour un jeune homme, un fils de grande famille, le vicomte Frédéric de Mussidan, dont la sœur avait épousé Ernest Faré, l'auteur dramatique. Dans cette demande il n'y avait pas que du désintéressement, il y avait aussi un intérêt personnel qui la faisait insister : si elle obtenait cette autorisation, Faré, reconnaissant du service qu'elle aurait rendu à son beau-frère pauvre, lui donnerait un rôle dans sa pièce nouvelle ; elle rentrerait au théâtre par une création importante, et aurait ainsi la joie de voir ses anciennes amies crever d'envie. Quant à lui, comte de Cheylus, pourquoi n'accepterait-il pas la présidence de ce cercle qui serait administré avec la plus rigoureuse délicatesse? cela lui vaudrait une vingtaine de mille francs bons à prendre.

Elle n'eût point parlé de ces vingt mille francs qu'il eût fait la démarche qui lui était demandée, il lui devait bien ça, à la bonne fille; mais les vingt mille francs donnèrent à sa parole une conviction et une chaleur qui ordinairement lui manquaient ; ce n'était plus le sceptique qui se moquait de lui-même et accompagnait des discours les plus pathétiques d'un sourire railleur : « Vous savez qu'au fond tout cela m'est bien égal, qu'il ne faut pas le prendre au sérieux plus que moi, et que vous n'en ferez que ce que vous voudrez. »

Jamais il n'avait été aussi éloquent, aussi persuasif, aussi entraînant que lorsqu'il présenta la demande à son ami le préfet de police, « à son cher préfet. »

— Un cercle dont vous seriez le président, mon cher député, n'auriez-vous pas peur que votre bienveillance et votre indulgence le laissassent bien vite tourner au tripot ?

— Pas plus que les autres.

— C'est qu'il y en a déjà bien assez, de ces autres.

Malgré ses instances, son éloquence, sa diplomatie, malgré ses retours, il n'avait rien pu obtenir.

C'était alors que les sentiments de Raphaëlle s'étaient affirmés dans toute leur beauté, et que son désintéressement avait éclaté — aux yeux de M. de Cheylus. Il s'attendait à des reproches ou tout au moins à du mécontentement ; non seulement elle n'avait pas formulé le plus léger reproche, non seulement elle n'avait pas montré de mécontentement, mais encore c'était ce jour-là même qu'elle l'avait prié d'inviter quelques-uns de ses amis à venir dîner le lundi chez elle.

— Ici n'êtes-vous pas chez vous ?

C'est qu'il n'était pas dans le caractère de Ra-

phaëlle de se laisser jamais emporter par la colère
ou la fâcherie, ni de compromettre ses intérêts.

Or, il y avait intérêt pour elle — un intérêt capital
— à obtenir cette autorisation, et là où le comte de
Cheylus, sur qui elle avait eu la simplicité de compter, échouait, d'autres réussiraient, — il lui amènerait ces autres, et, en les étudiant à sa table, elle
choisirait celui qui serait en situation d'enlever de
haute main cette autorisation sans craindre de se la
voir refuser.

L'année précédente, à Biarritz, dans un cercle
qu'elle dirigeait avec un ancien lutteur appelé Barthelasse, elle avait fait la connaissance du vicomte
de Mussidan, que le malheur des temps et l'injustice
du sort avaient fait échouer là comme croupier. Il
était jeune, il était beau, il était noble, elle l'avait
aimé, et elle s'était laissé affoler par l'envie de se
faire épouser.

Vicomtesse de Mussidan! Quel rêve, quand de son
vrai nom on s'appelle Françoise Hurpin, et qu'on a
donné une notoriété vraiment trop tapageuse à
celui de Raphaëlle! Deux de ses anciennes amies
enrichies avaient épousé vieilles des jeunes gens,
mais aucune n'avait pu se payer un vicomte. Elle
avait eu des princes, des ducs, un fils de roi
pour amants, mais ils ne lui avaient pas donné leur
nom.

Dans l'état de détresse où se trouvait le vicomte de
Mussidan, il semblait qu'il dût se laisser épouser
par une femme qui le tirerait de la misère; mais
quand elle avait adroitement abordé la question du

mariage, il avait commencé par ne pas comprendre ; puis, quand elle avait précisé de façon à ce qu'il lui fût impossible de s'échapper, il avait nettement répondu par la question de fortune.

— Qu'apportait-elle en mariage?

Tout compte fait, il s'était trouvé que cette fortune ne suffirait pas à la vie qu'il entendait mener.

Elle s'était désespérée, et, comme il était bon prince, il l'avait consolée.

— Il n'y avait qu'à la doubler, qu'à la tripler, cette fortune ; le moyen était en somme, assez facile : elle avait des relations ; qu'elle obtînt pour lui l'autorisation d'ouvrir un cercle à Paris, et ils ne tarderaient pas, associés elle et lui, tous deux dans la coulisse, à gagner ce qui leur manquait. Alors ils se marieraient comme deux honnêtes fiancés qui ont travaillé pour leur dot.

II

C'était dans les dîners auxquels l'invitait « son cher collègue » qu'Adeline avait fait la connaissance du vicomte de Mussidan, l'homme du monde le plus affable et le plus aimable qu'il eût jamais rencontré. Comment, dans ce jeune homme élégant et distingué, d'une politesse exquise, de grandes manières, reconnaître « Frédéric », l'ancien croupier de Barthelasse ? Personne n'en aurait eu l'idée, alors même qu'on l'aurait entendu prononcer les mots sacramentels : « Messieurs, faites votre jeu ; le jeu est fait », qui d'ailleurs ne lui échappaient point, car on ne jouait pas chez Raphaëlle.

Ils étaient fort agréables, ces dîners, où, à l'exception du vicomte de Mussidan et du père de la maîtresse de la maison, un ancien militaire de belle prestance et décoré, on ne rencontrait que des collègues avec lesquels on continuait les conversations commencées au Palais-Bourbon ; aussi était-il rare que les invitations de M. de Cheylus ne fussent pas acceptées avec empressement : c'était avenue d'Antin, à deux pas de la Chambre, que demeurait Raphaëlle ; en sortant après la séance, on était tout de suite chez elle ; et le soir, après le dîner, une promenade sous les arbres des Champs-Elysées, avant de rentrer chez soi, aidait la digestion des bonnes choses qu'on avait mangées et des bons vins qu'on avait bus.

Car on mangeait de bonnes choses dans cette maison hospitalière, et même on n'y mangeait que de très bonnes choses. Pendant qu'il était préfet de la Gironde, M. de Cheylus s'était fait de nombreux amis dans son département, et ceux-ci se rappelaient de temps en temps à son souvenir par l'envoi d'une caisse de ces vins de propriétaire qu'on ne trouve pas dans le commerce. De son côté, Raphaëlle qui pendant son passage à travers la haute noce avait appris à apprécier la bonne chère, savait quelle lassitude éprouvent ceux que les invitations accablent, en s'asseyant tous les soirs devant le même dîner — celui qui sort des quatre ou cinq grandes cuisines où un certain monde fait ses commandes, comme un autre fait les siennes au Bon Marché ou à la Belle Jardinière — et ce n'était point ce menu banal qu'elle offrait à ses convives. Pendant huit jours à l'avance, quand elle avait décidé de donner un dîner, elle faisait essayer par son cordon bleu, qui était une femme de mérite, les mets qu'elle voulait servir à ses hôtes ; et ceux-là seuls qui étaient supérieurement réussis paraissaient sur sa table.

Que demander encore?

Plus d'un convive, en s'en allant le soir, confessait sa satisfaction à son compagnon de route, par un mot qui bien souvent avait été répété :

— Décidément on dîne bien chez les gueuses.

Et comme il n'était pas rare que celui qui s'exprimait ainsi fût un bon provincial, c'était avec une pointe de vanité libertine qu'il lâchait son mot ; à Carpentras on ne faisait pas de ces petites débauches même quand on était l'honneur du barreau de cette ville célèbre, et à Elbeuf non plus, quand même on était la gloire de la fabrique elbeuvienne.

Quelquefois, il est vrai, un convive dyspeptique insinuait que M. Hurpin, le père de la maîtresse de maison, qui se carrait à table avec une si belle prestance, était bien vulgaire, et que sa manie de présenter son épaule gauche décorée du ruban rouge, quand on parlait d'honneur, était insupportable ; que ses observations, lorsqu'il en lâchait, ce qui d'ailleurs était rare, car il n'ouvrait guère la bouche que pour manger, étaient stupides ou grossières, mais ces critiques ne portaient pas.

— Vous avez beau dire, mon cher, on dîne très bien chez les gueuses ; et ce coquin de Cheylus est bien heureux !

Quant au vicomte de Mussidan, il n'y avait qu'un mot sur son compte : Charmant ! Il était la joie et la jeunesse de ces dîners. Il en était le champagne — le mot avait été dit par l'honneur du barreau de Carpentras, qui se connaissait en esprit. Si le comte de Cheylus avait un inépuisable répertoire d'anecdotes curieuses et salées sur le monde du second Empire, le vicomte de Mussidan en avait un qu'il renouvelait tous les jours sur le monde actuel ; il savait tout, il disait tout, et vous révélait un Paris qu'on ne soupçonnait même pas. Avec cela bon enfant, discret, modeste, ne se vantant jamais de sa fortune ni de ses aïeux. Si quelquefois le hasard de la conversation amenait le nom d'Ernest Faré, l'auteur dramatique qui était son beau-frère, il ne s'en parait point davantage, malgré les brillants succès que celui-ci avait obtenus en ces dernières années ; tout au contraire, il laissait entendre, mais à demi-mot et discrètement, qu'il avait espéré un autre mariage pour sa sœur, héritière d'une des belles fortunes du Midi.

Évidemment, si ces convives avaient connu la bohème parisienne, ils auraient su que ce vieux militaire, qui tenait si bellement sa place à la table de sa fille, était simplement un ancien garde municipal, décoré à l'ancienneté, et non officier, comme ils l'avaient entendu dire ; de même ils auraient su que le vicomte de Mussidan avait d'autres raisons que la modestie et la discrétion pour ne point parler de sa fortune ; mais ils ne la connaissaient point, cette bohême, et s'en tenaient à ce qu'ils voyaient, à ce qu'ils entendaient, n'ayant pas d'intérêt à chercher s'il se cachait quelque choses de mystérieux sous les apparences.

— On dîne bien chez les gueuses.

Il y avait là un fait, et il était inutile d'aller au delà : de quoi se seraient-ils inquiétés? Si quelquefois on se demandait qu'elle était la situation vraie du comte de Cheylus et du vicomte de Mussidan dans la maison, on traitait la question en riant comme en un pareil sujet il convient à des gens qui voient clair.

— Pauvre comte de Cheylus !

— Dame, mon cher, que voulez-vous? à son âge!

Et l'on se faisait un plaisir de demander « au cher collègue » des nouvelles du jeune vicomte.

Le soir où le jeune vicomte avait reconduit Adeline rue Tronchet, en parlant de la faillite des frères Bouteillier, il était revenu vivement avenue d'Antin, après avoir mis le député chez lui, et il avait trouvé Raphëlle l'attendant devant le feu.

— Comme tu as été longtemps! s'écria-t-elle en venant à lui. Est-ce fini, au moins?

— Non.

— Parce que?

— Ah! parce que!

— Tu n'as pas fait ce que je t'ai dit?
— Exactement.
— Eh bien, alors?
— Il s'est défendu.
— L'imbécile!
— C'était gros.
— Il fallait profiter de l'occasion; c'est pour cela que je t'ai tout de suite lâché sur lui.
— Sans doute, mais peut-être aurait-elle gagné à être préparée.
— C'est quand j'ai compris, à son air plus encore qu'à ses paroles, combien cette faillite l'atteignait gravement, que l'idée m'en est venue. Si nous attendions, il pouvait se tourner d'un autre côté et nous trouvions la place prise.
— Je ne dis pas que tu as tort, mais l'affaire n'en était pas moins délicate.
— Enfin, comment la chose s'est-elle passée? Que lui as-tu dit? Que t'a-t-il répondu?

Il s'était approché du feu et il présentait un pied à la flamme.

— Comme tu es mouillé! dit-elle.
— Il fait un temps à ne pas mettre un chien dehors, et pourtant je l'ai accompagné comme si j'avais conduit un aveugle; j'ai eu toutes les peines du monde à l'empêcher de prendre une voiture.
— Je vais te donner tes pantoufles.

Elle ouvrit une armoire et resta assez longtemps penchée, cherchant.

— Ne te trompe pas, dit-il.

Elle se retourna, et le regardant avec l'air qu'on

prend au théâtre pour traduire la dignité outragée :

— Crois-tu qu'il a les siennes ici? répliqua-t-elle.

— Enfin, il y a trop longtemps qu'il est ici, ce préfet déplumé.

— Sois tranquille, il n'y restera pas longtemps quand nous n'aurons plus besoin de lui.

Elle avait trouvé les pantoufles, elle revint à lui, et l'ayant fait asseoir, elle s'agenouilla pour le déchausser.

— Maintenant, raconte, dit-elle, en s'asseyant contre lui sur une petite chaise basse.

— En sortant, j'ai tout de suite mis la conversation sur les faillites, et à ce propos, je lui ai dit les choses les plus éloquentes sur l'infamie des commerçants qui font faillite tranquillement pour ne pas payer leurs dettes, alors que nous, gens du monde, nous nous brûlons la cervelle. Le sujet prêtait, j'ai démanché là-dessus.

— Et notre homme?

— Tu ne devinerais jamais ce qu'il m'a répondu : il s'est mis à m'expliquer qu'on ne faisait pas faillite tranquillement, qu'il n'y avait pas de plus grande douleur pour un commerçant, etc., etc. Alors voyant ça, je me suis retourné et j'ai dit comme lui, — le contraire de ce que je disais.

— Es-tu gentil?

Elle lui baisa la main.

— J'ai compris cette douleur, je l'ai partagée. Quel drame que celui qui se joue dans le crâne d'un commerçant faisant ses additions! Quelle situation! J'avais mon pont. Une faillite en entraîne dix autres, et, par le fait d'un seul commerçant, dix autres sont menacés, alors même qu'ils sont les plus solides. Tu vois la scène sans que je te la file. C'est à ce moment que j'ai mis à profit les leçons de Barthelasse et que je me suis rappelé l'exemple de ce vieux coquin, qui, sans avoir jamais prêté un sou à personne, a passé sa vie à offrir tout ce qu'il possède à tout le monde. Je n'ai pas offert tout ce que je possède à notre homme, c'eût été trop.

— Tu es adorable.

— ... Mais j'ai été heureux de mettre à sa disposition une cinquantaine de mille francs... et même plus s'il en avait besoin.

— Et il a refusé?

— Parfaitement.

— Tu n'as pas insisté?

— Tant que j'ai pu; je me suis même fâché; ce refus était une offense à ma sympathie, à mon amitié, enfin tout ce qu'on peut dire.

— Il n'en a donc pas besoin?

— Crois-tu que mon enquête à Elbeuf a été mal menée? il est gêné, très gêné; s'il marche encore, il ne peut pas tarder à s'arrêter. Tandis que ses concurrents, les fabricants moins haut placés que lui, se sont conformés aux exigences du commerce et ont produit ce qu'on leur demandait, il s'est entêté à fabriquer le genre de sa maison, et on n'en veut plus, du genre de sa maison; il faisait bien, il veut continuer à bien faire; c'est grand, c'est noble, c'est sublime, seulement ça l'a mené où il est arrivé.

— Alors comment n'a-t-il pas accepté ton offre?

— Affaire de dignité; un homme comme lui n'accepte pas un prêt qu'il n'a pas demandé : il aurait fallu qu'à mon éloquence s'ajoutât la musique des *fafiots*.

Elle réfléchit un moment :

— Il faut recommencer.

— Toi?

— Non, toi.

— J'en arrive.

— Tu y retourneras, et dès demain matin; seulement cette fois tu pourras jouer du *fafiot*. Je vais te signer un chèque de cinquante mille francs; tu iras le toucher demain matin, à l'ouverture des bureaux, et aussitôt tu courras chez Adeline. Tu lui diras que tu as pensé à lui toute la nuit et que tu lui apportes les cinquante mille francs que tu lui as proposés, que c'est te fâcher de les refuser, enfin tout ce qui te passera par la tête.

— Il aura de la défiance.

— De quoi et pourquoi? tu ne lui as jamais rien demandé; quand plus tard il verra qu'on lui demande quelque chose, il sera si bien pris qu'il ne pourra plus se dépêtrer. Tu disais qu'il t'aurait fallu la musique des *fafiots*; tu l'auras; à toi d'en jouer de manière à réussir. Le moment est décisif, profitons-en. Jamais nous ne retrouverons un homme comme ce brave provincial qui, tout naïf qu'il soit, n'en a pas moins de l'influence à la Chambre et, ce qui vaut mieux, auprès des gens du gouvernement. Ce n'est pas à lui qu'on pourra répondre comme à ce pauvre Cheylus.

— Pourquoi diable l'as-tu pris, celui-là ?

— On se sert de qui on peut ; j'avais celui-là, je l'ai pris. Nous avons Adeline, ne le laissons pas nous échapper des mains. Où retrouver son pareil? Il n'entend rien au jeu; il ne connaît pas la vie parisienne, il n'a que des relations politiques; il a des amis à la Chambre; on le croit riche; tout le monde l'estime; il a de l'honorabilité à revendre et à couvrir dix mauvaises affaires, c'est une perle. Le hasard fait qu'il se trouve dans une position embarrassée, où nous pouvons l'aider. Prenons-le de force. Fais-moi un reçu de cinquante mille francs, je signe le chèque.

Il ne se montra pas offusqué de cette demande de reçu, et tout de suite il l'écrivit sur une petite table volante qu'elle lui apporta pour qu'il n'eût pas à se déranger.

— Maintenant, tu peux dormir tranquille, dit-elle, je me charge de te réveiller à temps.

En effet, le lendemain, elle le réveilla à huit heures, et, après s'être habillé, il partit pour aller toucher les 50,000 francs au Crédit lyonnais, où, depuis un certain temps déjà, ils attendaient l'occasion d'être employés.

Au bout de deux heures, il revint : sa physionomie toute différente de celle de la veille, disait qu'il avait réussi.

Elle lui prit les deux mains follement :

— Alors, nous pouvons danser le pas des fiançailles ; nous le tenons.

Et elle l'entraîna.

III

Pour être risquée, la combinaison de Raphaëlle n'en était pas moins assez simple : Adeline, embarrassé dans ses affaires, aurait de la peine à rendre les cinquante mille francs, et alors on exploitait adroitement sa situation.

Mais pour que cette exploitation fût possible, il fallait qu'elle fût menée d'une main légère, sans quoi il regimberait, et, en voyant où on voulait le conduire, il se déroberait. Pour le prêt on avait pu le prendre de force ; mais ce moyen aventureux, qui avait réussi une fois, échouerait infailliblement si on l'employait de nouveau : ce serait folie de vouloir encore jouer le même jeu ; sans la faillite Bouteillier, qui lui avait forcé la main, elle n'eût assurément pas procédé de cette façon ; cela n'était pas dans sa manière ; quand elle avait réussi une affaire, ç'avait toujours été par la douceur, par l'enveloppement, en prenant son temps, ses précautions et ses distances, et ceux dont elle avait triomphé étaient plus forts que ce bon bourgeois. Il est vrai qu'alors elle opérait elle-même ; tandis que maintenant elle était bien forcée de s'en remettre aux autres qui, eux, n'avaient point une main de femme : on serait vraiment bien venu de proposer à cet honnête provincial une association avec une ex-comédienne! Il fallait qu'elle se tînt dans la coulisse et que Frédéric seul parût en scène. Heureusement, elle pouvait lui faire répéter son rôle et au besoin le souffler; il était intelligent; ce qui valait mieux encore, il était féminin, félin; il irait.

Depuis que Frédéric lui avait mis en tête cette idée de fonder un cercle à Paris, ils n'avaient pas laissé passer un jour sans travailler à son organisation. L'appartement même où ils l'installeraient était choisi et dans des conditions à assurer le succès de l'entreprise, comme s'il s'agissait d'un restaurant ou d'un magasin quelconque : avenue de l'Opéra, en plein Paris, de façon qu'on n'eût que quelques pas à faire, lorsqu'on sortait le matin des grands cercles, pour venir y tenter sa dernière chance; superbe avec ses vingt fenêtres de façade au premier étage sur l'avenue; luxueux à éblouir un étranger, et en même temps assez sévère pour disposer à la confiance le naïf qui monterait son escalier sonore. Il importait de ne pas laisser échapper cette occasion unique, car, malgré son désir de louer à un cercle, c'est-à-dire à un locataire qui ne marchande pas, le propriétaire se lasserait d'attendre et de sacrifier à un avenir douteux un présent certain. Ils avaient bien essayé sur lui le système de la participation mis en œuvre par eux avec tous ceux qui devaient prendre part à leur affaire : tapissiers, marchands de tableaux, cuisiniers, marchands de vins; c'est-à-dire qu'en plus de son loyer, il toucherait un tant pour cent sur les vertigineux bénéfices de la cagnotte ; mais ce mirage irrésistible pour des fournisseurs plus ou moins gênés avait échoué avec ce bourgeois de Paris assez riche pour ne pas spéculer sur la chance et assez défiant pour n'avoir pas une foi aveugle dans la probité de ceux qui gardent les clefs de cette cagnotte.

Il fallait donc se hâter, ne pas perdre un jour, ne pas perdre une heure.

A son retour d'Elbeuf, Adeline avait trouvé chez lui un billet « du charmant vicomte » le prévenant que, le lendemain, aurait lieu aux Français une première représentation qui serait une des grandes premières de la saison, celle d'une comédie de son beau-frère Faré, et que, pour cette représentation, il était heureux de mettre un fauteuil d'orchestre à sa disposition.

« Au moins n'allez pas vous imaginer, cher monsieur, que j'ai eu de la peine à obtenir ce billet, si courus qu'ils soient. J'aurais voulu me donner le plaisir de vaincre des difficultés pour vous; mais la vérité m'oblige à déclarer que je ne les ai point rencontrées. Au premier mot que j'ai adressé à mon beau-frère pour le prier d'ajouter un fauteuil à celui qu'il me donnait, il a cependant répondu nettement par un refus, mais quand j'ai prononcé votre nom, ce refus s'est changé en la plus gracieuse des offres. — Dites bien à M. Adeline — ce sont les propres paroles de mon beau-frère que je vous rapporte — que je considérerai comme un honneur qu'il veuille bien assister à ma pièce; avec un public composé d'hommes comme lui, on aurait de l'originalité et l'on oserait aller jusqu'au bout de son originalité. »

Adeline n'était point un habitué des premières, et s'il voyait une pièce c'était ordinairement lorsque le chiffre de la centième lui permettait de s'aventurer sans trop de risques, de même que, s'il allait au Salon de peinture, c'était après que les médailles étaient données et affichées; mais comment refuser cette invitation qui, faite dans cette forme, était vraiment flatteuse? Il avait raison, cet auteur dramatique. Si les théâtres, au lieu de se laisser envahir par les filles, composaient mieux leur salle de première représentation, le niveau de l'art ne tarderait pas à s'élever, — c'était une observation qu'il avait présentée lui-même plus d'une fois à la commission du budget lors de la discussion de la subvention des théâtres, et il lui plaisait de la retrouver dans la lettre du « cher vicomte », — qui, bien évidemment, répétait les paroles mêmes de Faré.

La salle était brillante, c'était bien une grande première, comme l'avait annoncé Frédéric, qui, placé à côté d'Adeline, lui nomma le Tout-Paris qu'ils avaient devant les yeux. Le député n'était pas assez provincial pour ne pas connaître les noms que Frédéric dévidait comme un montreur de figures de cire, mais c'était la première fois qu'il voyait la plupart de ces célébrités, vraies ou fausses, et qu'il entendait les histoires qu'on racontait sur elles à demi-mot.

Tous ces noms et toutes ces histoires défilaient sur les lèvres de Frédéric, légèrement; pour deux seulement il insista : sa sœur, madame Faré, cachée au fond d'une baignoire, et le colonel Chamberlain, le riche Américain, qui occupait une avant-scène avec sa femme.

Bien qu'on aperçût difficilement madame Faré, Adeline cependant la vit assez pour remarquer la grâce et le charme de sa physionomie; il en fit compliment à Frédéric, qui répondit aussitôt :

— Cette physionomie n'est pas trompeuse, on ne peut la voir sans se laisser gagner par elle; ma sœur est réellement une charmeuse, et je le sais mieux que personne, puisque l'expérience en a été faite à mes dépens. Mon frère et moi, nous étions les héritiers d'une tante que nous avons dans le Midi, à Cordes, et qui devait nous laisser à chacun quelque chose comme deux millions; sans que nous ayons rien fait pour lui déplaire et sans que notre petite sœur ait rien fait de son côté pour nous nuire, ma tante a, par contrat de mariage, fait donation de toute sa fortune... à sa nièce, simplement parce que celle-ci l'a charmée. Cela est vif, n'est-ce pas? mais ce qui l'est bien plus encore, c'est que ni mon frère ni moi nous n'avons eu un seul instant un mauvais sentiment contre notre sœur, l'aimant après comme nous l'aimions auparavant. Il est vrai que dans notre famille nous avons le malheur de ne jamais nous inquiéter des choses d'argent. Pour moi, ce que je regrette dans cet héritage, c'est une vieille maison, construite par notre aïeul Guillaume de Puylaurens, qui fut ministre du dernier comte de Toulouse; laquelle maison, par un miracle, est restée telle qu'elle était du temps de notre aïeul; j'avoue que j'aurais aimé à passer un mois de villégiature dans une maison du treizième siècle, meublée de meubles de l'époque.

Adeline avait déjà entendu quelques allusions à cet héritage perdu, mais c'était la première fois qu'on lui en faisait l'histoire complète, et la présence de l'héroïne la rendait plus saisissante : vraiment le vicomte était bon enfant de n'en avoir pas voulu à sa sœur, et aussi bien désintéressé : il fallait, comme il le disait, que les choses d'argent eussent peu d'intérêt pour lui, et comme son frère était dans le même cas, il y avait là sans doute une disposition héréditaire.

L'histoire du colonel Chamberlain occupa l'entr'acte suivant, mais celle-là ne touchait en rien Frédéric, et s'il la raconta, ce fut évidemment pour le plaisir de conter et pour amuser son voisin.

— Vous ne savez peut-être pas que c'est chez Raphaëlle que ce colonel, maintenant si connu, a fait pour la première fois parler de lui à Paris. C'était il y a quelques années.

Il se garda de préciser l'année — 1867 — ce qui eût un peu trop vieilli Raphaëlle.

— C'était il y a quelques années, Raphaëlle, qui était déjà une comédienne de grand talent, donnait une soirée. Le colonel, qui arrivait d'Amérique, fut conduit chez elle, où il se rencontra avec un joueur dont vous avez sûrement entendu parler : Amenzaga, célèbre pour avoir fait sauter les banques du Rhin.

Quand Amenzaga était quelque part, on jouait, qu'on en eût ou qu'on n'en eût pas envie. On joua donc, et en quelques minutes le colonel avait perdu trois cent mille francs, ou plutôt Amenzaga lui avait volé trois cent mille francs. Naturellement le colonel ne s'était aperçu de rien, mais un curieux avait vu le tour d'Amenzaga, qui opérait au moyen de portées ou de séquences, c'est-à-dire de cartes préparées à l'avance et ajoutées au talon. On se jeta sur Amenzaga, on lui déchira ses vêtements, et on lui reprit l'argent qu'il avait volé ; enfin un scandale épouvantable. Depuis ce jour on ne joue plus chez Raphaëlle, car, en femme d'expérience, elle sait que partout où il y a des joueurs il peut se glisser des filous, si sévère qu'on soit sur les invitations. Le soir où ce scandale est arrivé, elle avait, à l'exception d'Amenzaga, l'élite du monde parisien, la fine fleur du panier, et cependant... l'histoire du colonel. Je n'en sais pas de plus instructive et qui prouve mieux l'urgence qu'il y a à rétablir les jeux, ou tout au moins à ouvrir des cercles dans lesquels les joueurs puissent jouer avec une sécurité complète. Si j'étais député, ce serait une question qui m'occuperait.

— Rétablir les jeux ! c'est bien grave !

— C'est plus grave encore de les interdire. Je comprends que l'entrée des maisons de jeu ne soit pas libre, et là-dessus je suis d'accord avec vous. Mais comme le jeu est une passion que la loi ne peut pas plus supprimer que les autres passions, je voudrais qu'on offrît à ceux qui en sont affligés d'honnêtes lieux de réunion où ils seraient assurés de n'être pas volés. C'est une question de moralité, de salubrité publique. Songez donc que dans les cercles autorisés ou tolérés la police n'a rien à voir et ne pénètre pas, de sorte que, si les directeurs de ces cercles ne sont pas honnêtes, les joueurs y sont volés comme dans un bois, sans que personne vienne à leur secours. Or, ces directeurs sont-ils honnêtes?

Le rideau en se levant coupa court à ce discours, qui ne recommença pas ce soir-là, car Adeline s'était laissé prendre à l'intérêt de la pièce, et il se donnait à elle tout entier, heureux d'applaudir au succès du beau-frère de son ami. Quand de longs applaudissements saluèrent le nom de Faré, il se passa cela de caractéristique dans le cœur d'Adeline que sa sympathie et son amitié pour Frédéric de Mussidan s'en trouvèrent augmentés.

Deux jours après, comme Adeline sortait de chez lui un soir pour faire une courte promenade avant de se coucher, il se trouva face à face avec Frédéric, qui par hasard passait rue Tronchet, se promenant aussi, et tous deux bras dessus bras dessous, ils s'en allèrent flâner sur les boulevards : le temps était doux, les passants se montraient assez rares, on pouvait causer librement.

Cette rareté des passants fournit à Frédéric le point de départ pour ce qu'il voulait dire :

— N'êtes-vous point frappé, mon cher député, de la transformation qui s'opère à Paris? Il n'est pas dix heures, et nous avons déjà vu je ne sais combien de magasins qui ont fermé leur devanture et éteint leur gaz. Certainement il y a du monde sur les trottoirs, mais vous voyez qu'on n'est plus coudoyé et bousculé comme autrefois. Il y a là un changement qui, me semble-t-il, doit inquiéter un homme de gouvernement comme vous.

— Que voulez-vous que le gouvernement fasse à cela ?

— Il pourrait faire beaucoup : c'est un fait, n'est-ce pas, que Paris perd de son élégance, de son mouvement, de son bruit, et qu'il n'est plus l'auberge du monde qu'il a été ? On ne s'amuse plus. Il n'y a plus personne pour donner le ton, et dans notre monde de plus en plus bourgeois, il n'y a plus que des bourgeois qui s'ennuient bourgeoisement et qui ennuient les autres. Cela est grave, très grave, pour la prospérité du pays et pour la fortune publique, car c'est une des causes de la crise commerciale dont tout le monde souffre, les riches comme les pauvres. Pour la crise que traverse votre industrie, les explications ne vous manquent point, n'est-ce pas ? c'est le remède que vous n'avez point. Eh bien, un des remèdes à ce mal serait de rendre à Paris son animation d'autrefois. Que se passait-il quand des quatre parties du monde les étrangers affluaient à Paris pour s'y amuser et y faire la fête ? c'est que pendant leur séjour ici ils achetaient tous les objets de luxe dont ils avaient besoin chez eux : leurs meubles, leurs bijoux, leurs vêtements. C'était du drap d'Elbeuf que nos tailleurs employaient pour ces vêtements, c'était avec des soieries et des velours de Lyon que nos couturières habillaient leurs femmes. Rentrés dans leurs pays, ils y exhibaient fièrement leurs achats, et, pour les imiter, leurs compatriotes demandaient à la France des produits français. D'où la fortune d'Elbeuf, de Lyon et des autres villes de fabrique. Voilà pourquoi il faut ramener les étrangers à Paris; et pour cela il n'y a qu'un moyen efficace : en faire une ville de plaisir, où chacun trouve à s'amuser selon ses goûts plus que partout ailleurs, — afin de ne pas aller ailleurs. Pour moi, j'ai des idées là-dessus, dont je vous ferai part un jour ou l'autre, quand elles seront mûres. Assurément mon nom, ma famille, mes ancêtres, mon éducation, mes convictions, mes principes devraient m'empêcher de travailler à la consolidation du gouvernement, — mais l'intérêt de la France avant tout.

IV

En rentrant d'Elbeuf à Paris, Adeline avait tout de suite visité quelques-uns de ceux qui autrefois lui avaient proposé des affaires; mais ce n'est pas du jour au lendemain qu'on s'improvise faiseur, surtout si l'on entend se réserver la liberté de choisir. Naguère, on était venu le chercher, le prier; quand à son tour il s'était offert, on l'avait écouté avec une certaine défiance. Que signifiait ce changement? Il n'était donc plus l'homme qu'on avait cru? Alors?

L'occasion manquée, il fallait laisser au temps d'en amener de nouvelles et les attendre.

Cela était trop conforme à la logique des choses pour qu'Adeline s'en étonnât; il n'avait jamais eu la naïveté de s'imaginer qu'il n'aurait qu'à se présenter pour que toutes les portes s'ouvrissent devant lui et pour que ceux qui étaient à table fussent heureux de lui faire sa part au gâteau. Ce n'était pas à date fixe que devait se faire le mariage de Berthe, et quelques mois, quelques semaines de plus ou de moins n'avaient pas d'importance; le mot du père Eck, qu'il ne se rappelait qu'en riant, était là pour le rassurer : « J'ai été fiancé avec ma femme pendant quatre ans, et quand nous nous sommes mariés j'aurais bien attendu encore. »

Les cinquante mille francs du vicomte l'avaient débarrassé des échéances pressantes qui menaçaient sa maison; avant qu'il en revînt d'autres il avait le temps de se retourner, et d'ici là la probabilité était, et même la certitude, pour que l'affaire Bouteillier s'arrangeât. Alors il rembourserait ces cinquante mille francs, car le payement d'une dette de cette espèce ne devait pas traîner. Assurément cet argent ne lui pesait pas, tant il avait été galamment offert, mais cependant, par une bizarrerie d'impression qu'il ne s'expliquait pas lui-même, il éprouverait du soulagement à ne plus le devoir.

Malheureusement, de ce côté, les choses ne marchèrent point comme il l'avait espéré: l'affaire Bouteillier ne s'arrangea pas, tout au contraire, et, après plusieurs réunions, qui se succédèrent de plus en plus orageuses, la faillite fut prononcée à la requête de quelques créanciers que le luxe des Bouteillier avait trop longtemps humiliés.

Le coup avait été cruel pour Adeline, qui, mieux que personne, connaissait la procédure des faillites : de combien serait le premier dividende et quand le toucherait-on?

Il fallait donc se retourner d'un autre côté, ce qui, dans sa position, était difficile, car, bien que le vicomte n'eût jamais fait la plus légère allusion à son prêt, il était évident que ce prêt ne pouvait pas être considéré comme un placement à échéance plus ou moins longue dans lequel le créancier aussi bien que le débiteur trouvent un égal intérêt; c'était un service rendu, et rien que cela.

Comme il se demandait par quel moyen il sortirait à bref délai de cet embarras, il crut remarquer que le vicomte était moins à l'aise avec lui, moins libre, moins gai, moins ouvert. La cause de ce changement n'était que trop facile à deviner : il s'étonnait de n'être pas encore remboursé, et il s'en fâchait.

Quand on a tout jeune lutté contre la misère, on a appris à ne pas s'inquiéter des dettes et à manœuvrer avec les créanciers de façon à les payer, quand l'argent manque, en bonnes paroles qui les font patienter. Mais ce n'était pas le cas d'Adeline, qui, entré dans la vie avec de la fortune, était arrivé à près de cinquante ans sans devoir un sou à personne. Si le vicomte était gêné avec lui, de son côté il était confus avec le vicomte, ne sachant quelle contenance tenir, ne trouvant pas un mot à dire, honteux de son silence même. N'aurait-il donc pas la force d'aborder nettement la question et de s'expliquer franchement : « Ne croyez pas que je vous oublie, seulement les rentrées sur lesquelles je comptais ne s'effectuent pas, mais bientôt... » C'était ce bientôt qui lui fermait les lèvres, Il n'avait jamais pris un engagement sans le tenir, comme il n'avait jamais fait une promesse qui ne fût sincère. Quel engagement pouvait-il prendre, quelle promesse pouvait-il donner quand il ne savait pas lui-même à quelle époque il serait en état de payer ces cinquante mille francs; bientôt sans doute, d'un jour à l'autre peut-être; mais ce bientôt, il ne pouvait pas encore le traduire par une date précise.

Il en était là quand un soir, en sortant de dîner chez Raphaëlle, le vicomte lui prit le bras, et, comme le jour où il lui avait offert ces cinquante mille francs, il voulut le reconduire rue Tronchet.

— Ne vous détournez pas de votre chemin, dit Adeline qui aurait voulu échapper à l'entretien dont il se sentait menacé; il fait froid ce soir.

— J'ai affaire par là.

— Alors, marchons vite, dit Adeline.

Puis, voulant donner une explication à ce mot qui était sorti de ses lèvres sans qu'il eût le temps de le retenir :

— Nous nous réchaufferons.

Le vicomte marchait près d'Adeline, la tête basse, silencieux, dans l'attitude d'un amoureux qui n'ose pas risquer sa déclaration, ou plutôt d'un fils respectueux qui a une confession délicate à faire à son père.

Enfin, il se décida :

— Vous me voyez bien embarrassé, mon cher député.

Il fallait bien qu'Adeline répondît quelque chose :

— Avec moi?

— Précisément parce que c'est à vous que je m'adresse. Ah! si c'était un autre! Mais avec vous, pour qui j'ai une si haute estime, tant d'amitié, permettez-moi le mot, je suis tout confus.

— Mais parlez donc, je vous en prie... mon cher ami.

Cependant, malgré cet encouragement, il y eut encore un silence :

— Pardonnez à ma fierté, dit-il; c'est elle qui souffre, honteuse de risquer une chose qui n'est pas correcte, et rien n'est moins correct que de rappeler un service qu'on a eu le plaisir de rendre à un ami. En un mot, il s'agit des cinquante mille francs que vous avez bien voulu me faire l'honneur d'accepter il y a quelque temps et dont j'aurais besoin...

Il y eut une pause :

— Oh! pas ce soir, se hâta-t-il d'ajouter en riant, pas demain, mais dans un délai que vous fixerez vous-même, si toutefois cela ne vous gêne point.

L'embarras et l'humiliation d'Adeline étaient cruels, et bien qu'il eût souvent pensé au moment où cette question se poserait, il n'avait point imaginé qu'il serait aussi pénible.

— C'est à vous de me pardonner, dit-il ; j'aurais dû, depuis longtemps, vous rendre cet argent, mais certaines circonstances se sont présentées... j'ai compté sur des affaires qui ne se sont point réalisées... sur des rentrées qui ne se sont point effectuées; bref, j'ai attendu ; mais puisque vous en avez besoin...

Le vicomte lui coupa la parole :

— Je ne serais pas sincère, je ne serais pas digne de votre amitié si je ne vous disais pas comment ce besoin se produit, — c'est mon excuse, si tant est que je puisse en avoir une.

— Je vous en prie.

— C'est moi qui vous prie de m'écouter; vous savez combien je suis peu homme d'argent, cela tient peut-être à ce que je n'ai pas de fortune, ce qui s'appelle une fortune assise; mon père en a dévoré trois ou quatre, et moi-même j'ai fortement entamé celle qui m'est venue de ma mère. Je comptais sur celle de ma tante du Midi, mais vous savez comment elle est passée à ma sœur. Je vis de ce qui me reste, et il m'arrive assez souvent de me trouver à court; ce qui est mon cas présentement. Dans ces conditions, je serais bien aise d'augmenter mon revenu ; et comme justement une occasion se présente, en mettant quelques fonds dans une affaire excellente, de le tripler, de le quadrupler, l'idée m'est venue de m'adresser à vous.

— Demain vous aurez vos fonds, répondit Adeline décidé à se procurer ces cinquante mille francs à quelque prix que ce fût.

— Demain, cher monsieur ! Et qui parle de demain? Croyez-vous que je sois homme à user de pareils procédés? L'affaire dont je vous parle n'est pas faite, elle n'est qu'à l'étude, et il me suffit de savoir qu'à une date précise, celle que vous prendrez, j'aurai mes fonds. C'est là tout ce que je vous demande. Et jamais, faites-moi l'honneur de me croire, je n'aurais demandé davantage.

Adeline respira.

— Je vais étudier mes échéances, demain je vous donnerai cette date, ou, ce qui est mieux, je vous enverrai un billet.

Mais le vicomte ne voulut pas de billet; est-ce que dans son monde on faisait des billets? un simple mot, cela suffisait; puis, tout à coup, s'arrêtant et changeant de sujet :

— Une idée me vient, s'écria-t-il : pourquoi ne feriez-vous pas vous-même cette affaire?

— Quelle affaire?

— La mienne.

— Je n'ai pas de fonds libres.

— Pour vous, il ne s'agirait pas d'une mise de fonds, au contraire.

— Je n'y suis pas du tout.

— Je vous ai entretenu plusieurs fois de la nécessité de fonder un nouveau cercle, et je vous ai démontré de quelle utilité sera cette fondation à tous les points de vue; cette idée ne m'est pas personnelle : elle est dans l'air, et bien d'autres que moi, l'ont eue, comme il arrive toujours pour les choses à point. Mais c'est une si grosse affaire que la fondation d'un cercle à Paris, que je ne pouvais pas l'entreprendre tout seul. D'abord, il faut une autorisation, et je ne veux rien demander au gouvernement. Ensuite, il faut un gros capital que je n'ai pas. Vous imaginez-vous un peu quelle doit être l'importance de ce capital ?

— Pas du tout ; vous savez que je ne connais rien à ces choses.

— Eh bien, il faut près d'un million ; savez-vous que le Jockey a 130,000 francs de loyer, le Cercle agricole 90,000 francs, le Cercle impérial 200,000 francs, la Crémerie 45,000 francs, les Mirlitons 70,000 ? Au Jockey, les gages du personnel coûtent 60,000 francs, aux Ganaches 50,000 francs ; au Jockey, la perte sur la table se chiffre par 40,000 francs, à l'Union par 15,000 francs. Les frais de premier établissement ne reviennent pas à moins de 300.000 francs ; et cette somme ne suffit pas en caisse, car il faut que cette caisse ait un capital respectable sur lequel on puisse prêter aux joueurs ; le succès est là. Un joueur qui a 500,000 francs au Comptoir d'escompte ou ailleurs ne tire pas un billet de mille francs de sa poche pour jouer ; il emprunte à la caisse du Cercle ; il ne faut donc pas que cette caisse reste jamais à sec, ou la partie ne marche pas ; et on ne va que là où elle marche... follement. J'avoue sans honte que je n'ai pas ce million. Alors j'apportais à ceux qui veulent faire l'affaire et qui ne l'ont pas non plus, ce million, les fonds dont je pouvais disposer. C'est pour cela que je vous ai adressé ma demande. Mais maintenant je la retire, et je la remplace par une autre : prenez la direction de la fondation du Cercle tel que je le comprends, celui qui doit moraliser le jeu et pour sa part rendre à Paris sa vie brillante, présentez la demande d'autorisation qui ne peut pas être refusée à un homme tel que vous, soyez son président.

— Moi !

— Parfaitement, vous, Constant Adeline, connu par son honorabilité et la haute position qu'il occupe dans l'industrie, dans le commerce, dans la politique, et vous groupez autour de votre nom cinq cents personnes... (il hésita un moment cherchant son mot...) fiers de votre initiative. Vous parliez l'autre jour de grandes affaires que vous vouliez entreprendre, par le seul fait de votre présidence elles viennent à vous, et vous n'avez pas à aller à elles. Dans la politique vous êtes un centre; et on doit compter avec votre influence.

— Mais je n'ai rien de ce qu'il faut pour présider un cercle parisien, moi, le plus provincial des provinciaux.

— C'est chez les provinciaux que se trouve maintenant la première qualité qu'il faut pour présider un cercle à Paris.

— Laquelle ?

— L'honnêteté. Ce qui écarte bien des gens des cercles, c'est la crainte d'être volé ; quand on se met à une table de jeu pour son plaisir, on n'aime pas à faire le métier d'agent de police et à surveiller ses voisins ; avec un président comme vous à la tête d'un cercle, on aurait toute sécurité, et par cela seul le succès de ce cercle serait assuré ; au jeu, on ne vole guère que là où l'on trouve des complices.

— Si j'ai celle-là, il me manquerait toutes les autres ; quand ce ne serait que le temps.

— Il est certain que cette présidence vous prendrait un certain temps, mais pas autant que vous pouvez le croire ; d'ailleurs, si on vous demandait quelques heures, ce ne serait pas sans vous offrir des avantages en échange : ces fonctions sont rémunérées : il y a des présidents qui touchent trois mille francs par mois, c'est quelque chose.

Ils étaient arrivés devant la maison d'Adeline.

— Adieu ! dit celui-ci.

Mais le vicomte ne lui permit pas de se dégager :

— Donnez-moi encore quelques instants, dit-il, la proposition, je vous assure, mérite d'être examinée sérieusement.

V

Ils revinrent sur la place de la Madeleine.

— Ce n'est pas à vous qu'il est besoin de dire, reprit le vicomte, que tout avantage se paye. Un cercle est une affaire comme une autre ; elle donne des produits qui doivent servir, avant tout à rémunérer ceux qui les procurent. Quand vous apportez à une société une concession quelconque que vous avez obtenue par votre intelligence ou votre influence, cet apport s'estime en argent, n'est-ce pas ? Et je suis certain que l'autorisation qui donnerait naissance à notre cercle ne serait pas comptée pour moins de soixante à soixante-quinze mille francs ; c'est le prix courant ; de sorte que les rôles seraient changés : vous ne seriez plus mon débiteur, c'est-à-dire que la société serait le vôtre.

La scène que le vicomte jouait avec Adeline avait été longuement répétée avec Raphaëlle, et il avait été convenu qu'en cet endroit il se ferait un silence de façon à laisser à la réflexion le temps d'agir. Ils connaissaient la situation d'Adeline comme il la connaissait lui-même, et savaient quel soulagement serait pour lui la perspective de n'avoir pas à payer à cette heure ces cinquante mille francs. Ils avaient très bien prévu que l'offre d'un traitement de trois mille francs ne suffirait pas, par cette raison qu'elle était à terme, tandis que le non-payement des cinquante mille francs, qui donnait un résultat immédiat, serait ce qu'on appelle au théâtre un effet sûr.

Les choses s'exécutèrent comme elles avaient été réglées, et ce fut seulement après un moment de silence que Frédéric reprit :

— Je vais au-devant d'une objection que je vois sur vos lèvres : vous ne voulez pas, vous ne pouvez pas administrer un cercle.

— Et cela pour beaucoup de raisons dont une seul suffit : on ne peut administrer que ce que l'on connaît, et je ne connais rien aux affaires d'un cercle.

— Aussi n'est-il jamais entré dans mon idée de vous donner cette administration : vous êtes président de notre cercle, comme le comte de Mortemart l'est du Cercle agricole, le marquis de Biron, du Jockey, le duc de la Trémoille, du cercle de la rue Royale, mais vous n'êtes que président, c'est-à-dire quelque chose comme un président de la République ou un roi constitutionnel, l'honneur de notre cercle, à qui vous assurez la stabilité, vous régnez, mais vous ne gouvernez pas ; à côté de vous, sous vous, il y a des ministres : autrement dit la gestion financière du cercle s'exerce par une société en commandite représentée par un gérant responsable. Vous et votre comité, composé de hautes notabilités, vous avez la direction du cercle et seul vous votez sur les admissions — ce qui est une garantie absolue de choix irréprochables. Les questions financières ne vous regardent en rien et n'entraînent pour vous aucune responsabilité — ce qui est le grand point ; vous touchez, vous ne payez pas.

Pour ce couplet, Raphaëlle ne s'en était pas plus rapportée à l'improvisation de Frédéric que pour le précédent ; il avait été répété aussi, car il importait qu'il fût débité rapidement, « enlevé avec feu », de façon à étourdir Adeline et à empêcher toute objection. Si son assimilation aux présidents des grands cercles devait agir sur lui, — et ils n'en doutaient pas, — c'était à condition qu'on ne lui laissât pas le temps de réfléchir et de comprendre par conséquent qu'il n'y avait aucun rapport entre ces grands cercles s'administrant eux-mêmes, ne faisant pas de bénéfices, n'ayant pas de présidents payés, et celui qu'on lui proposait de fonder, qui vivrait de sa cagnotte, en enrichissant ses gérants avec l'argent prélevé sur les joueurs. Pour quelqu'un qui aurait connu les cercles, cette assimilation aurait été grossière et ridicule, mais pour ce provincial elle pouvait passer ; c'était un argument comme ceux qu'emploient les avocats, au hasard. Il y avait des chances pour que sa vanité bourgeoise se laissât griser par ces grands noms qu'il se répéterait.

— Pour vous rassurer complètement, continua Frédéric, et pour que vous dormiez sur vos deux oreilles, j'accepterais la gestion administrative ; mais pas en mon nom ; vous comprenez que je ne veuille pas le mettre en avant dans les affaires, non seulement par respect pour moi-même, mais aussi pour mon père, pour ma famille ; et puis il y a encore une autre raison... politique celle-là, et sur laquelle il est inutile d'insister.

Comme Adeline ne répondait rien, et ne paraissait point enlevé par cette offre cependant si tentante, Frédéric lança son dernier argument, celui qui devait briser les dernières résistances.

— Il est bien certain que vous ne rencontrerez pas les objections qui ont été opposées à M. de Cheylus.

— Ah ! Cheylus s'est occupé de cette création ?

— Il devait demander l'autorisation de notre cercle dont il serait le président, et il l'a demandée en effet ; mais on la lui a refusée — vous devinez pour quelles raisons, affaires de parti tout simplement ; on n'a pas voulu le laisser créer un centre de réunion qui devait lui donner une influence dangereuse. Tout d'abord, j'avoue que nous avons été irrités de ce refus, car, pour l'amabilité, le charme des manières, l'esprit, l'entrain, nous ne pouvions pas souhaiter un meilleur président que le comte. Mais, en réfléchissant, cette irritation s'est calmée, et j'avoue — mais tout bas entre nous — que je suis bien aise aujourd'hui que M. de Cheylus n'ait pas réussi. Toute chose a sa contre-partie : l'amabilité du comte eût dégénéré en faiblesse, il n'aurait rien su refuser, et notre cercle eût perdu le caractère de respectabilité sévère qu'il gardera avec vous.

Ils étaient revenus rue Tronchet, devant la porte d'Adeline. Sur ce dernier mot, et sans rien ajouter, le vicomte se sépara de « son cher député ».

— Ouf! se dit-il en retournant avenue d'Antin, si l'affaire n'est pas dans le sac, j'y renonce ; voilà un bonhomme qui certainement dormira moins bien que moi.

En cela, il avait raison, car Adeline ne dormit guère, tandis que lui-même fut bercé par le bon et calme sommeil que donne le travail accompli.

De tout le flot de paroles qui l'avait enveloppé, un fait se dégageait pour Adeline, si menaçant qu'il ne voyait que lui : l'échéance immédiate de ces cinquante mille francs. Elle avait enfin sonné, cette heure qui, tant de fois, avait tinté à ses oreilles ; ce n'était plus : « J'aurai à payer » qu'il se disait, c'était : « J'ai à payer ».

Comment ?

Depuis deux ans il avait plus d'une fois accompli le tour de force des commerçants aux abois, de trouver vingt ou vingt-cinq mille francs du jour au lendemain pour ses échéances ; et c'était là ce qui précisément le rendait difficile à recommencer ; les sources où il avait puisé s'étaient taries ; il ne pourrait leur demander quelque chose qu'en compromettant plus encore son crédit déjà si ébranlé, et encore sans être certain à l'avance d'obtenir les cinquante mille francs qu'il lui fallait.

Assurément, si le vicomte ne lui avait pas parlé de la fondation de son cercle, il n'aurait pensé qu'aux moyens de trouver cette somme ; il fallait payer, et à n'importe quel prix il s'exécutait.

Mais Raphaëlle avait calculé juste en comptant que le mirage de cette fondation produirait une diversion favorable ; tant de difficultés d'un côté pour se procurer de l'argent, de l'autre tant de facilités pour en gagner !

Un mot à dire, un oui, et c'était tout ; non seulement il s'acquittait, non seulement il gagnait un traitement de trente-six mille francs par an ; mais encore il se trouvait en position de réaliser son plan, de faire des affaires qui viendraient à lui sans qu'il eût à prendre la peine d'aller les chercher.

En dehors de ceux qui vivent de la vie des clubs, on ne sait guère quelle différence il y a entre le cercle qui s'administre lui-même et celui dont la gestion financière s'exerce par un gérant ; entre celui qui n'a pas d'autre but que l'agrément de ses membres, et celui, au contraire, qui n'a pas d'autre raison d'être que de gagner de l'argent par la cagnotte ; entre celui qui est une association d'amis, et celui qui est une exploitation industrielle. Mais pour le gros public ce sont là des nuances ; rien de plus : un cercle est un cercle pour lui, tous se valent ou à peu près.

Là-dessus Adeline était gros public, comme il l'était d'ailleurs pour bien d'autres points de la vie parisienne, et Raphaëlle avait deviné juste en pensant qu'on pouvait effrontément lui citer quelques grands noms qui l'éblouiraient.

— Si ceux qui portaient de grands noms acceptaient d'être présidents, pourquoi, lui, refuserait-il ?

Ce qui pour lui faisait l'honorabilité d'un cercle, c'était celle de ses membres et aussi celle de son président : puisque les admissions seraient prononcées par lui et par le comité qu'il aurait composé, il n'avait rien à craindre, il saurait leur garder le caractère de respectabilité sévère dont parlait le vicomte : entre honnêtes gens il ne se passe rien que d'honnête ; il n'y aurait donc pas à redouter que son cercle — il disait déjà *son* cercle — devînt un tripot comme ceux dont il avait vaguement entendu parler.

Les arguments dont le vicomte l'avait en ces derniers temps accablé, lui rebattant les oreilles jusqu'à l'en étourdir, se représentaient à son esprit, prenant, par cela seul qu'ils devenaient personnels, une importance qu'ils n'avaient pas eue jusqu'alors.

Comme c'était vrai, ce que le vicomte lui avait dit du rôle que Paris jouait dans la crise commerciale, et comme il serait patriotique de s'associer à tout ce qui pourrait faire cesser cette crise ! Sans doute ce serait naïveté de s'imaginer que la fondation de *son* cercle pût produire à elle seule ce résultat ; mais si une hirondelle ne fait pas le printemps, au moins l'annonce-t-elle; d'autres efforts se joindraient au sien; l'exemple serait donné; il en aurait l'honneur.

Les étapes de Raphaëlle à travers la vie lui avaient appris à la connaître pratiquement, et elle savait que le meilleur moyen d'entraîner les gens dans une faiblesse ou une faute est de leur montrer au delà un but noble ou désintéressé. Adeline ne se fût peut-être pas laissé prendre par le non-payement des 50,000 francs qu'il devait et par l'appât du traitement de 36,000, mais il devait être enlevé par l'argument commercial. « Quand on est fier de la bêtise qu'on fait, avait-elle dit à Frédéric, on la pousse jusqu'au bout, alors même qu'on voit que c'est une bêtise. »

Cependant, malgré la fierté qu'il éprouvait et toutes les raisons personnelles qui s'ajoutaient à ce sentiment, Adeline ne s'était point décidé à accepter les propositions du vicomte, pas plus d'ailleurs qu'à les refuser; il fallait voir, attendre, s'éclairer, prendre avis de ceux qui savaient ce que lui-même ignorait.

De ceux qu'il pouvait consulter à ce sujet, personne n'était plus autorisé pour lui répondre que son collègue le comte de Cheylus, si bien au courant de la vie parisienne. Puisque la présidence de ce cercle lui avait été proposée, il connaissait l'affaire et l'avait pesée avec ses bons et ses mauvais côtés. Il fallait donc l'interroger; ce qu'il fit le lendemain même.

— Et vous hésitez? s'écria M. de Cheylus, quand il lui eut rapporté la proposition du vicomte. J'avoue que je n'ai pas eu vos scrupules, et que, quand l'affaire m'a été proposée, j'ai tout de suite demandé l'autorisation au préfet de police... qui tout de suite me l'a refusée.

— Est-il indiscret de vous demander les raisons qu'il vous a données pour expliquer son refus?

— Pas du tout; il m'a dit qu'avec moi pour président, ce cercle deviendrait en quelques mois un tripot; que j'étais trop faible, trop indulgent, trop aimable: que je serais trompé, débordé, en un mot tout ce qu'on peut trouver quand on ne veut pas donner les raisons vraies d'un refus.

— Et ces raisons vraies?

— Vous les devinez sans peine. On ne voulait pas donner un moyen d'influence à un adversaire; et, d'autre part, on ne voulait pas se faire accuser d'accorder à un ennemi une faveur qu'on refusait à des amis.

— Alors?

— Si vous voulez me prendre dans votre comité, j'accepte. Que vous dire de plus?

Ce que M. de Cheylus ne voulait pas dire de plus, c'est que, sans être jaloux de Frédéric, — il n'avait jamais eu la naïveté d'être jaloux, — il commençait à trouver que le vicomte tenait beaucoup trop de place dans la maison de Raphaëlle, et que le meilleur moyen de se débarrasser de lui était de lui faire avoir un cercle où il passerait ses journées et... ses nuits.

VI

C'était un grand point pour Raphaëlle et Frédéric d'avoir un président en situation d'obtenir du préfet de police l'autorisation d'ouvrir leur cercle, mais ce n'était pas tout : il fallait que la demande qu'on adresserait au préfet fût signée par vingt membres fondateurs, et il était de leur intérêt de ne pas laisser le choix de ces membres à Adeline, qui ne saurait où les chercher, et qui, les trouvât-il, les choisirait mal. A la vérité, il devait avoir la haute direction dans la composition du cercle, mais, en manœuvrant adroitement, on lui ferait prendre, sans qu'il se doutât de rien, ceux-là mêmes qu'on voudrait qu'il prît.

Raphaëlle voulait des noms chics.

Frédéric voulait des noms sérieux.

Mais, malgré cette divergence, ils ne se querellaient point là-dessus ; en bons associés qu'ils étaient, ils se faisaient des concessions.

— Mêlons les noms chics aux noms sérieux.

Et constamment ils faisaient cette salade, mais en l'épluchant sévèrement : on n'était jamais assez chic pour Frédéric, et pour Raphaëlle on n'était jamais assez sérieux, — au moins en théorie, car dans la pratique, c'est-à-dire au moment où s'agitait la question de savoir s'ils pourraient avoir réellement ces noms sur leur liste, ils étaient bien obligés d'abaisser leurs prétentions et de se faire mutuellement des concessions.

— Il est vrai qu'il n'est pas très chic, mais à la rigueur il peut passer.

— Je t'accorde qu'il n'est pas trop sérieux, mais, si nous sommes trop difficiles, nous finirons par n'avoir personne.

Chez Raphaëlle, cette composition de sa liste était une véritable obsession, elle en rêvait, et plus d'une fois le matin elle avait réveillé Frédéric pour l'entretenir des idées qui lui étaient venues dans la nuit.

— Tu ne dors pas, chéri?

— Si, je dors.

— Non, tu ne dors pas. Ecoute un peu... écoute donc.

— Eh bien, qu'est-ce qu'il y a?

— Nous n'avons pas de duc.

— Pourquoi faire un duc?

— Pour notre liste ; il nous en faut au moins deux ; le *Jockey* en a trente-six.

— Les *Ganaches* n'en ont pas.

— La *Crémerie* en a bien un.

— Eh bien, cherche-les, laisse-moi dormir; en même temps tâche de trouver un lord, ça serait plus sérieux: on en a bien abusé, des ducs; d'ailleurs si tu y tiens tant, je t'en fournirai un; seulement il est espagnol; le duc d'Arcala, un ami de mon père.

Si Raphaëlle avait pu chercher dans son ancien monde, elle se serait composé un petit Gotha; malheureusement, ses relations avec ceux dont elle s'était séparée ou qui plutôt s'étaient séparés d'elle ne lui permettaient point de s'adresser à eux ; elle eût été bien accueillie vraiment ! et cependant il y en avait qui pour elle avaient fait les folies les plus extravagantes, qui s'étaient ruinés, déshonorés, avaient été jusqu'au crime; mais ces temps étaient loin, et le souvenir qu'ils en avaient conservé n'était ni doux ni attendri.

En ne se montrant pas trop difficiles dans leur choix, ils avaient fini par former une liste dont les noms de tête ne manquaient pas d'une certaine apparence décorative.

Le comte de Cheylus d'abord, ancien conseiller d'Etat en service extraordinaire, ancien préfet, député, commandeur de Légion d'honneur, grand-croix de cinq ou six ordres étrangers ; — un général qu'à Nice et à Cannes on avait surnommé le général Epaminondas, ce qui, dans le monde des grecs, était caractéristique ; — un commodore américain ; — un musicien et un statuaire affamés de notoriété, toujours en quête de relations, comme si chaque relation nouvelle allait donner des commandes à l'un et faire jouer les cinq ou six opéras que l'autre gardait en portefeuille depuis vingt ans ; un journaliste qui exerçait autant d'influence dans la presse que dans le gouvernement, disait-il, et par là devenait un personnage utile, avec qui il était prudent de prendre les devants.

Ce n'était pas seulement parmi les gens en vue, sur lesquels ils avaient des raisons personnelles de compter, qu'ils recrutaient leur troupe, c'était encore parmi les connaissances de leurs amis. Ainsi

Barthelasse, autrefois directeur de cercles à Biarritz, à Pau et en Provence, où il avait gagné une fortune de deux à trois millions et chez qui Frédéric avait été croupier, avait offert un ancien ambassadeur qu'on pourrait exhiber tous les soirs dans les salons du cercle, moyennant le *suif*, c'est-à-dire le dîner de la table de l'hôte, et un jeton d'un louis qu'il perdrait d'ailleurs conciencieusement : à la vérité, Barthelasse avait, pendant plusieurs années, promené cet ancien ambassadeur dans le Midi, mais ces représentations en province ne l'avaient pas encore tout à fait usé, et à Paris, où son nom seul était connu, il ferait encore assez bonne figure.

Quand Raphaëlle aurait son duc, on laisserait à Adeline le soin de trouver les autres comparses nécessaires à la représentation parmi les gros commerçants parisiens avec lesquels il faisait des affaires et aussi parmi ses collègues. Plusieurs de ceux qui avaient honoré de leur présence les dîners de l'avenue d'Antin seraient suffisants pour cet emploi, et particulièrement l'un d'entre eux qu'ils caressaient pour être président au moment même où la faillite des frères Bouteillier leur avait livré Adeline. Ce Nivernais, plus provincial encore que l'Elbeuvien, était à coup sûr le plus travailleur des députés, et il n'y avait guère de projet de loi d'intérêt local qui ne fût rapporté par lui: « L'ordre du jour appelle la discussion du rapport de M. Bunou-Bunou. » Il était si souvent imprimé dans les journaux, ce nom de Bunou-Bunou, qu'il était connu de la France entière, et que par là aux yeux de Raphaëlle il avait une certaine valeur, celle de la notoriété. Il est vrai que cette notoriété, il la devait pour beaucoup au rapport fameux dans lequel il avait traité de la vaine pâture et de la divagation des animaux domestiques dans les rues de Paris, qui pendant six mois avait fait la joie des journaux; mais cela importait peu; car, en fait de notoriété, ce qui compte, c'est la notoriété même, et, la dût-on au ridicule, ce qui reste au bout d'un an ce n'est pas le ridicule, c'est le bruit qu'il a fait autour d'un nom que le public n'oublie plus; Bunou-Bunou connu, très connu; oubliée la vaine pâture. D'ailleurs le meilleur et le plus honnête homme du monde, toujours à son banc où il écrivait, écrivait, écrivait, penchant sa tête blanche sur son pupitre, ne s'interrompant que pour voter. Au cercle il continuerait ses écritures, mieux éclairé et chauffé que dans sa chambre d'hôtel où, comme il le disait lui-même, « le bois coûtait diantrement plus cher qu'à Château-Chinon. »

Ainsi préparés, il n'y avait qu'à presser Adeline; ce fut ce que Raphaëlle demanda, exigea même, tandis que Frédéric se montrait disposé à laisser à la réflexion le temps d'agir.

— C'est un irrésolu, ton Normand : décidé aujourd'hui, il ne le sera plus demain; il pèse le pour et le contre comme un pharmacien pèse ses drogues.

— Avoue que la pilule est dure à avaler.

— Qu'est-ce que ça nous fait? ce n'est pas nous qui l'avalons; d'ailleurs il n'y a qu'à la lui dorer, et c'est ton affaire.

— Je suis à bout.

— Alors c'est bien vrai? tu ne vois plus rien à dire et tu ne vois plus rien à faire?

Il haussa les épaules.

— Ne te fâche pas contre ta petite femme, si elle te montre qu'il y a encore à dire et à faire; écoute-la, et souviens-toi plus tard, quand nous serons mariés, que tu as eu intérêt à la consulter, alors que tu restais à bout dans une affaire d'où dépendait notre fortune, et qu'elle est bonne à quelque chose.

— Je t'écoute.

— Ce qu'il faut, n'est-ce pas, c'est pousser notre homme?

— Sans doute, répondit-il avec une certaine impatience.

Il s'agaçait de la voir tant insister pour lui démontrer qu'elle était bonne à quelque chose, quand lui n'était bon à rien; trop souvent elle avait insisté sur la supériorité de sa finesse et l'ingéniosité de ses ressources, croyant ainsi se faire valoir, tandis qu'en réalité elle se faisait plutôt prendre en grippe : elle n'avait jamais eu la main douce avec ses amants, et ne savait pas que les hommes se laissent d'autant plus facilement conduire qu'ils ne sentent pas les ficelles qui les tiennent.

— C'est à l'intérêt d'Adeline que nous nous sommes adressés, dit-elle, à son orgueil, à sa gloriole, et tout ce que tu lui as dit, il le roule dans son esprit, parce que c'est à son esprit seul que tu as parlé.

Il la regarda sans comprendre où elle voulait arriver.

— Eh bien, maintenant, c'est par les yeux qu'il faut le prendre, c'est à ses yeux qu'il faut parler.

— Les yeux? Quoi, les yeux?

— Tu le conduiras avenue de l'Opéra et tu lui feras visiter le local en détail. Ce n'est pas difficile, ça.

— J'y suis; il sera ébloui.

— Je te crois. Te mets-tu à la place de ce bon bourgeois se promenant dans ces salons qui vont lui jeter toute leur poudre d'or aux yeux et qui va se mirer en se rengorgeant dans ces marbres imposants? crois-tu qu'il ne va pas se sentir fier en se disant qu'il sera le maître dans ce palais?

— Es-tu canaille!

— En sortant, tu le conduiras chez Lobel et tu lui feras montrer le mobilier, surtout les tapis et les tentures; il doit être sensible aux couleurs, ce fabricant de drap; les ouvrages en laine, c'est son affaire. Je ne dis pas que ça le fichera les quatre fers en l'air comme les salons, mais ça lui inspirera confiance : sérieuse, l'impression du mobilier; tu le conduiras aussi chez le tailleur pour qu'il voie la livrée; si en revenant tu ne me dis pas que l'affaire est enlevée, j'avoue comme toi que je suis à bout.

Frédéric n'apporta qu'un changement à l'exécution de ce programme; il en intervertit l'ordre : au lieu de finir par le tailleur, il commença par là : il y aurait progression.

Aux premiers mots, Adeline se défendit :

— Il sera temps si je me décide, mais je vous avoue que je balance : je vous assure que je ne suis pas du tout celui qu'il vous faut; un bon bourgeois comme moi serait déplacé dans ce rôle de président, je n'en ai aucune des qualités, et j'y serais l'homme le plus emprunté du monde; je compromettrais le succès de l'entreprise; on se moquerait de moi... et, ce qui est plus grave, de vous.

Frédéric protesta poliment, mais sans se lancer pourtant dans une réfutation en règle :

— Nous reviendrons plus tard à la question de savoir si vous acceptez ou si vous n'acceptez point, dit-il; pour le moment, ce que je vous demande simplement, c'est vos conseils dans le choix de notre livrée; nous ne fondons pas une œuvre d'un jour, et nous ne prenons pas cette livrée pour qu'elle dure un mois ou deux; pour moi, gérant de l'affaire, il faut qu'elle soit solide; c'est au fabricant de drap que je demande de m'assister.

Evidemment Adeline ne pouvait pas refuser ses conseils à son ami. Il se laissa donc conduire chez le tailleur, où il choisit un drap solide, un bon drap français, comme le demandait Frédéric, qui devait durer longtemps.

Puis il se laissa aussi mener chez le tapissier Lobel; dans tout ce qui était travail de la laine, il avait des connaissances spéciales qu'il ne pouvait pas ne pas mettre à la disposition de son ami : là, il n'eut qu'à admirer les tapis de Smyrne, de Perse et de l'Inde qu'on lui montra et qui étaient vraiment superbes, les portières magnifiques; il passa plus de deux heures à se griser de l'enchantement de leurs couleurs.

Mais où « il se ficha les quatre fers en l'air »,

comme disait Raphaëlle, ce fut en visitant les salons de l'avenue de l'Opéra.

— Comment trouvez-vous ça? demandait Frédéric dans chaque pièce.

Et partout il faisait la même réponse :

— C'est beau, c'est grandiose; c'est vraiment digne de Paris.

— Pour quatre-vingt mille francs, il faut bien nous donner quelque chose.

Comme ils redescendaient l'escalier tout en marbres de couleur où leurs pas sonnaient comme sous la voûte d'une église, Adeline eut un mot qui trahit le travail de son esprit et la progression des sentiments par lesquels il avait passé.

Ils s'étaient arrêtés devant une niche ouverte sur le palier et faisant face à la porte d'entrée.

— Nous mettrons là un buste de la République, dit-il, comme s'il se parlait à lui-même.

— Nous! Oui, vous, si vous voulez, mon cher président, car vous serez maître chez vous; mais si c'est moi qui suis maître ici, je ne mettrai point ce buste, car, en dehors de certaines raisons personnelles qui me retiendraient, j'estime qu'un cercle est un terrain neutre où tout le monde doit pouvoir se rencontrer.

Adeline hésita un moment :

— Alors, nous le mettrons ensemble, dit-il.

VII

C'était la première fois qu'Adeline avait quelque chose à demander pour lui-même.

Comme tous les députés, il avait passé bien des heures de sa vie dans les antichambres des ministres et usé de nombreuses paires de bottines sur le carreau poussiéreux des corridors des bureaux à la Guerre, aux Finances, à la Justice, à la Marine, au Commerce, à l'Agriculture, aux Travaux publics, à l'Instruction publique, aux Affaires étrangères, aux Postes, à l'Intérieur, à la Préfecture de la Seine, à la Préfecture de police, aux ambassades, aux consulats, partout où il y a à solliciter et à faire sortir des cartons les paperasses qui s'obstinent à y rester, mais toujours c'avait été dans l'intérêt des villes ou des communes de sa circonscription, pour les affaires de ses électeurs, jamais dans le sien et pour les siennes; le gouvernement ne pouvait rien pour lui, il n'avait pas de parents à placer, pas de combinaisons financières à appuyer, pas de concessions à obtenir; quand on l'avait décoré, on était venu à lui et il n'avait eu qu'à accepter ce qu'on lui offrait.

Maintenant, il ne s'agissait plus de rester tranquillement chez soi en attendant, il fallait demander.

De là son embarras.

A la vérité, s'il se faisait demandeur, c'était dans

un intérêt général, supérieur à toutes considérations personnelles: mais enfin il n'en devait pas moins résulter pour lui certains avantages qui gênaient sa liberté; il se fût senti plus allègre, il eût porté la tête plus haut s'il avait été dégagé de toute attache.

Il s'y prit à trois fois avant d'aborder le préfet de police, comme s'il n'osait point sauter le pas.

Aux premiers mots, le préfet de police, qui, depuis qu'il était en fonctions, avait cependant appris à écouter en se faisant une tête de circonstance, laissa échapper un mouvement de surprise:

— Vous, mon cher député!

Ce n'était pas sans que la leçon lui eût été faite à l'avance par Frédéric, qu'Adeline s'adressait à « son cher préfet ». Il savait que sa demande pouvait provoquer une certaine surprise, et même il en attendait la manifestation : « Vous comprenez que le préfet ne sera pas sans éprouver un certain étonnement en vous entendant lui demander une autorisation pour ouvrir un cercle, vous qui avez toujours vécu en dehors des cercles. Et puis, à son étonnement se mêlera probablement une certaine contrariété : le nombre de ces autorisations n'est pas illimité; il en est d'elles comme des cinq ou six louis qu'un homme ruiné a encore dans sa poche : quand il en dépense un, il compte ceux qui lui restent et fait le calcul qu'il sera bientôt à sec. Et personne n'aime à être à sec. D'autant mieux que ces autorisations peuvent être une monnaie commode pour payer certains services. Je ne dis pas que votre préfet se serve de cette monnaie, mais il a eu des prédécesseurs qui l'ont employée. » Et Frédéric avait raconté l'histoire d'un préfet aimable et vert-galant qui avait payé les dépenses d'une liaison demi-mondaine avec une de ces autorisations; que celle à qui il l'avait donnée l'avait tout de suite vendue cent vingt mille francs, en plus d'un tant pour cent sur les produits de la cagnotte. Puis, à cette histoire, il en avait ajouté d'autres, afin qu'Adeline eût un dossier bien préparé et ne restât pas court. Si on avait accordé ces autorisations à des gens plus ou moins véreux, comment en refuser une à un honnête homme, entouré de l'estime publique, dont le nom seul était une garantie?

Ce dossier et ces histoires avaient donné à Adeline une assurance que, sans eux, il n'eût certes pas eue.

— Et pourquoi pas, mon cher préfet?

C'était un homme fin que cet préfet, et peut-être même trop fin, car bien souvent, dans son besoin de tout comprendre et de tout deviner, il allait au delà de ce qu'on lui disait, jugeant les autres d'après lui-même.

Devant l'assurance d'Adeline, il se retourna vivement.

— Au fait, dit-il, pourquoi pas? Vous avez raison de vous étonner de ma surprise, qui n'a pas d'autre cause, croyez-le bien, que l'idée où j'étais que vous viviez en dehors des cercles, — en bon père de famille.

— C'est à Elbeuf que je suis père de famille. A Paris, je n'ai pas ma famille; je suis seul; les soirées sont longues. Et elles ne le sont pas seulement pour moi; elles le sont aussi pour un grand nombre de mes collègues, qui, comme moi, seraient heureux d'avoir un centre de réunion, où nous aurions plaisir et intérêt même à nous retrouver dans l'intimité, sans avoir à craindre une promiscuité gênante.

— Et c'est un cercle s'administrant lui-même que vous voulez fonder?

— Oh! non; nous avons à côté de nous, derrière nous, une société représentée par un gérant qui aura la responsabilité de la question financière; sans quoi, vous comprenez bien que je n'aurais pas accepté les fonctions de président.

Cette fois le préfet ne laissa échapper aucune exclamation de surprise, mais il regarda Adeline en homme qui se demande si on se moque de lui.

Adeline n'était-il pas le bon provincial qu'il avait cru jusqu'à ce jour? était-il au contraire un roublard qui s'enveloppait de bonhomie? ou bien encore était-il plus profondément provincial qu'on ne pouvait décemment l'imaginer pour un collègue?

Il fallait voir.

— Et quel est ce gérant?

— Un ancien notaire de province.

— Il se nomme?

— Maurin.

C'était là un nom qui n'apprenait rien au préfet, il y a tant de gens qui s'appellent Morin ou Maurin?

— J'ai eu les meilleurs renseignements sur lui, dit Adeline, allant au-devant d'une nouvelle question.

— Je n'en doute pas; sans quoi vous ne l'auriez pas accepté, car ce n'est pas à un homme comme vous qu'il est utile de faire remarquer qu'un gérant... un mauvais gérant, peut entraîner loin et même très loin le président et les administrateurs d'un cercle; vous savez cela comme moi.

Cela ne fut pas dit sur le ton d'une leçon, ni comme un avertissement direct; mais, cependant, il y avait dans l'accent une gravité qui devait donner à réfléchir.

— Nous n'aurons rien à craindre de ce côté, dit Adeline en pensant à son ami le vicomte, qui serait le véritable gérant sous le nom de Maurin, beaucoup plus qu'à l'ancien notaire, qu'il connaissait à peine.

Évidemment, s'il avait pu nommer le vicomte de Mussidan, le préfet aurait gardé son observation pour lui, ou plutôt elle ne lui serait pas venue à l'esprit, mais c'eût été une indiscrétion : le vicomte avait des raisons respectables pour vouloir rester dans la coulisse, il convenait de l'y laisser.

— Et quels sont avec vous les membres fondateurs ? demanda le préfet.

— Voici les noms de ceux qui ont signé la demande avec moi, répondit Adeline en tirant une feuille de papier de sa poche.

Le préfet lut les noms :

— Duc d'Arcala, comte de Cheylus, Bunou-Bunou, général Castagnède...

A ce nom, il fit une pause, car ce général était celui-là même qu'on appelait le général Epaminondas dans le Midi, et il le connaissait.

Il en fit une aussi au nom de l'ancien ambassadeur, dont l'existence besoigneuse ne lui était pas inconnue.

Mais pour les autres, Bagarry, le compositeur de musique, Fastou, le statuaire, il lut couramment, de même pour les notables commerçants dont Adeline avait obtenu lui-même les signatures.

A l'exception du général Epaminondas et de l'ancien ambassadeur, il n'y avait rien à dire sur ces noms; encore ce qu'on aurait pu opposer à ceux qui n'étaient pas nets manquait-il de précision : on accusait le général de tricher, mais il n'avait jamais été chassé d'aucun cercle; l'ancien ambassadeur vivait dans les tripots, cela était certain, mais en vivait-il réellement comme on le racontait? Barthelasse et les directeurs de casinos qui l'avaient employé s'étaient bien gardés de publier leurs mémoires avec pièces justificatives à l'appui; combien d'autres aussi haut placés que lui étaient comme lui des déclassés!

— Vous voyez, dit Adeline, qui était fier de sa liste, que je ne vous présente que des noms en qui on doit avoir pleine confiance.

— Évidemment.

— Et je crois que plus d'une fois on a accordé des autorisations à des gens qui ne présentaient pas les garanties que nous offrons.

— Malheureusement; mais c'est qu'alors nous avons été trompés. Nous ne sommes pas infaillibles. Il est arrivé, j'en conviens, qu'on nous a présenté des listes de noms aussi honorables que ceux de la vôtre, avec un gérant offrant toutes les garanties de moralité, de solvabilité, et que cependant le cercle que nous avons autorisé s'est changé, au bout de quelques mois, en un tripot et un coupe-gorge, avec *bourrage* de la cagnotte et *étouffage* des jetons. Mais est-ce notre faute? N'est-ce pas plutôt celle des fondateurs qui se sont laissé tromper et par qui nous avons été trompés nous-mêmes? Voilà ce qu'il faut examiner et le point sur lequel j'appelle toute votre attention, en insistant, si vous le permettez, sur l'estime que vous m'inspirez.

Si Adeline était un naïf et un ignorant qui se laissait duper par des coquins assez adroits pour se cacher, il y avait dans cette tirade de quoi lui ouvrir les yeux et lui donner à réfléchir.

Mais ce n'était pas seulement en son ami le vicomte qu'Adeline avait foi, c'était aussi en lui-même, en son honnêteté, en sa clairvoyance; il ne serait pas un président qui laisserait aller les choses au hasard; il lui donnerait son temps, à son cercle, il le surveillerait, il le gouvernerait d'une main ferme,

— Si ces cercles sont devenus des tripots, dit-il, c'est que leurs administrateurs ne les ont point administrés, c'est que leurs présidents ne les ont point présidés; pour moi, je puis vous donner ma parole que je serai un président sérieux et que le tableau que vous venez de m'esquisser ne se réalisera point pour nous.

Était-il réellement sourd, ou bien ne voulait-il pas entendre? Le préfet voulut faire une dernière tentative ; affectueusement il lui prit le bras et le passant sous le sien :

— Voyons, mon cher député, franchement est-ce que vous croyez que la fondation d'un nouveau cercle est bien urgente, et que vous et vos amis vous ne trouveriez pas dans un des cercles déjà existants le centre de réunion intime que vous voulez? n'y a-t-il pas déjà assez de cercles?

— Non, mon cher préfet, et, puisque l'occasion s'en présente, laissez-moi vous dire que le gouvernement ne favorise pas assez le développement de la vie mondaine à Paris. Quand le luxe va à Paris, la fabrication va en province.

Et, presque dans les mêmes termes que Frédéric, Adeline répéta ce thème qui lui avait été soufflé, sans avoir conscience qu'il était un écho.

— Évidemment c'est un point de vue, dit le préfet, quand Adeline fut arrivé au bout de son morceau.

Et il en resta là. A quoi bon aller plus loin? il avait dit ce qu'il avait pu pour éclairer cet aveugle inconscient ou conscient, il n'était ni prudent ni politique d'insister davantage. Qui pouvait savoir ce qu'il adviendrait de ce collègue? Pour être préfet de police, on n'est pas professeur de morale. Et il n'était pas du tout dans son caractère de mettre les points sur les i.

— Je ferai faire l'enquête d'usage, dit-il en terminant l'entretien.

Elle fut confiée à un agent de la brigade des jeux qui, après avoir visité le local de l'avenue de l'Opéra et constaté qu'il n'avait pas deux escaliers, ce qui est le grand point dans ce genre de recherches, se rendit chez les vingt membres fondateurs qui avaient signé la demande, se bornant à une seule question : celle de savoir si la signature mise au bas de cette demande était bien la leur, puis il fit son rapport, qu'il transmit à son chef, lequel à son tour en fit un second corroborant le premier, qu'il transmit au chef de la police municipale, qui en fit un troisième corroborant le second.

Tout était en règle : le préfet n'avait qu'à donner ou à refuser l'autorisation.

Pouvait-il la refuser quand elle était demandée par un homme dans la position d'Adeline ?

Il la donna.

— Après tout, on verra bien.

Il en avait assez dit pour se garder : si Adeline sombrait, il l'avait averti; si, au lieu de faire naufrage, il arrivait un jour au ministère, ce service rendu lui donnerait droit à son bon souvenir.

VIII

L'autorisation obtenue, le cercle ne pouvait pas ouvrir ses salons dès le lendemain, malgré l'envie qu'en avaient Raphaëlle et Frédéric : si le personnel était engagé à l'avance, si le mobilier était prêt, il fallait laisser le temps aux tapissiers de clouer les tapis et de poser les tentures, aux sommeliers de meubler la cave, au tabletier de bien graver sur les jetons et les plaques la marque du nouveau cercle, de façon à ce que la caisse n'en ait pas trop de faux à rembourser aux joueurs qui se servent de cette monnaie, plus facile, plus productive et moins dangereuse à contrefaire que les billets de banque. Il y a en effet des plaques en nacre qui valent dix mille francs, et si l'un de ces industriels est pincé au moment où il tâche d'en écouler quelques-unes, il est aussi simplement que discrètement expulsé du cercle, sans encourir les travaux forcés que la vignette des billets de banque promet aux contrefacteurs.

D'ailleurs, à côté des travaux matériels à accomplir pour la parfaite organisation du cercle, il y en avait d'un autre genre qui devaient tout autant et plus encore que ceux-là, peut-être concourir à sa prospérité — c'étaient ceux de la publicité : un cercle de ce genre ne pouvait pas ouvrir ses portes sans tambour ni trompette, et il y avait longtemps que Raphaëlle avait engagé son orchestre.

Il avait commencé : *pianissimo*, il était vaguement question d'un nouveau cercle; — *piano*, il ne ressemblerait en rien à ceux qui avaient existé jusqu'à ce jour; — *adagio*, on y trouverait un luxe et un confort inconnus en France, en même temps qu'une sécurité absolue contre les tricheries; à l'avance les joueurs seraient certains de n'avoir pas à se surveiller les uns les autres, ce qui supprime tout le plaisir du jeu; — *andante*, ses salons seraient avenue de l'Opéra, dans la plus belle maison que Paris ait vu construire en ces dernières années ; — l'attention étant alors suffisamment éveillée, les trompettes avaient enfin donné son nom : *maestoso ma non troppo*, c'était le « Grand International ; — *largo*, il avait pour fondateurs l'élite du monde de la diplomatie (l'ancien ambassadeur aux gages de Barthelasse), de l'armée (le général Épaminondas), de la politique (le comte de Cheylus, Adeline, Bunou-Bunou), de l'aristocratie (le duc d'Arcala), des arts (Bagarry et Fastou), de l'industrie, de la finance, du commerce parisien, représentés par une kyrielle de noms sérieux bien faits pour inspirer confiance ; — *fortissimo*, ce n'était pas une spéculation louche comme tant d'autres ; *con calore*, c'était une affaire nationale, *con fuoco*, qui dans l'esprit de ses fondateurs devait concourir, *tempo di marcia*, au relèvement de la fortune publique.

Pendant que se jouait cette symphonie, Adeline, dont la présence à Paris n'était pas utile, puisque l'aménagement du cercle ne le regardait en rien, avait été passer quelques jours à Elbeuf.

Comme toujours il était arrivé le soir, et il avait trouvé sa famille dans la salle à manger, l'attendant devant le couvert mis.

Comme toujours il vint à sa mère, qu'il embrassa respectueusement.

— Comment vas-tu la Maman ?

— Bien, mon garçon, et toi ? Sais-tu que je commençais à être inquiète de toi ?

— Pourquoi donc ?

— Tu es marqué parmi ceux qui se sont abstenus à la Chambre, et depuis plusieurs jours tu n'as pas dit un mot, pas même une interruption.

— Tu sais bien que je n'interromps jamais.

— Tu as tort ; quand on a son mot à dire, on le dit : ça fait plaisir aux électeurs, qui voient que leur député est à son banc.

— J'étais pris par le travail des commissions.

En réalité, c'avait été par le travail de la fondation de son cercle qu'Adeline avait été pris ; mais il ne pouvait pas le dire à sa mère, puisqu'il n'en avait pas encore parlé à sa femme, attendant, pour le faire, qu'il eût obtenu son autorisation : ce serait ce soir-là qu'il lui annoncerait cette grande nouvelle.

Mais il ne put pas aborder ce sujet tout de suite après le souper ; car en quittant la table, la Maman, au lieu de se retirer dans sa chambre comme tous les soirs, lui demanda de la rouler dans le bureau, — ce qui ne se faisait que dans les circonstances extraordinaires.

Que voulait-elle donc? Qu'avait-elle à dire?

Avec elle il n'y avait jamais longtemps à attendre ; les paroles ne se figeaient point sur ses lèvres, et ce qu'elle avait dans le cœur ou dans l'esprit elle s'en débarrassait au plus vite ; aussitôt que Berthe et Léonie se furent retirées, elle commença :

— Mon fils, il se passe ici d'étranges choses.

Adeline regarda sa femme avec inquiétude, s'imaginant qu'une difficulté ou une querelle s'était élevée entre sa mère et elle, ce qu'il redoutait le plus au monde.

— Je m'en suis plainte à ma bru, continua la Maman, mais comme elle n'a pas tenu compte de mes observations, il faut bien que je te les fasse à toi-même, quoiqu'il m'en coûte d'*affaiter* ton retour de querelles, quand tu rentres chez toi pour te reposer.

Madame Adeline voulut épargner à son mari l'impatience de chercher où tendait ce discours.

— Il s'agit de Michel Debs, dit-elle doucement.

— Justement, il s'agit de ce Michel Debs qui ne démarre pas d'ici.

— Oh! Maman! interrompit madame Adeline.

— Je suis *fiable* peut-être; quand je dis quelque chose on peut me croire : bien sûr que ce *clampin* ne reste pas ici du matin au soir, je ne prétends pas ça, mais il cherche toutes les occasions pour y venir et pour voir Berthe. Qu'est-ce que cela signifie?

— Tu sais bien qu'il aime Berthe; il est tout naturel qu'il cherche à la rencontrer.

— Alors tu autorises ces visites?

Ce n'est pas pour rien qu'on est Normand.

— Je ne trouve pas mauvais que Berthe connaisse mieux ce garçon; il me semble que c'est toujours ainsi qu'on devrait procéder dans un mariage.

— Et s'il lui plaît?

— Dame!

— Tu l'accepterais pour gendre?

— Voudrais-tu faire le malheur de ta petite-fille?

— C'est justement pour n'avoir pas à faire son malheur que j'ai demandé à ta femme de fermer notre porte à ce garçon; elle ne m'a pas écoutée; il a continué à venir et on a continué à lui faire bonne figure; je me suis tenue à quatre pour ne pas le mettre moi-même à la porte; c'est un scandale, une abomination; tout Elbeuf sait qu'il vient chez nous pour Berthe; à la messe on me regarde.

Il était vrai que tout Elbeuf s'occupait du mariage de Michel Debs avec Berthe Adeline. Des discussions s'étaient engagées sur ce sujet. On ne parlait que de cela. Et comme ni les Eck et Debs, ni les Adeline n'avaient fait de confidence à personne, on se demandait si c'était possible. Pour tâcher de deviner quelque chose, les dévotes de Saint-Étienne dévisageaient la vieille madame Adeline, et devant ces regards elle s'exaspérait, elle s'indignait, non pas tant parce qu'elle était un objet de curiosité que parce qu'elle devinait les hésitations de celles qui l'examinaient : comment pouvaient-elles la croire capable d'accepter un pareil mariage !

— Maintenant, reprit-elle, tu vas me répondre franchement et décider entre ta femme et moi : autorises-tu ces visites? Parle.

Si Normand que fût Adeline, il lui était difficile de ne pas répondre à une question posée en ces termes et avec cette solennité; cependant il l'essaya.

— Je t'ai dit que c'était une sorte d'épreuve.

— Alors tu les autorises?

— Mais...

— Oui ou non, les autorises-tu? Autrement consens-tu à ce que je fasse comprendre à ce jeune homme... poliment qu'il ne doit plus se présenter ici?

Cette fois, il n'y avait plus moyen de reculer.

14.

— C'est impossible, dit-il.

Il allait expliquer et justifier cette impossibilité, elle lui coupa la parole.

— Roule-moi dans ma chambre.

— Mais, Maman.

— Je te demande de me rouler dans ma chambre. Si je pouvais me servir de mes jambes, je serais déjà sortie. Je t'ai déjà dit ce que je pensais de ce mariage : mieux vaut que Berthe ne se marie jamais que de devenir la femme d'un juif. Je te le répète. Je sais bien que tu n'as pas besoin de mon consentement pour faire ce mariage, mais réfléchis à ce que je te dis : Il n'aura jamais ma bénédiction.

— Mais, Maman...

— Roule-moi dans ma chambre.

Il n'y avait pas à discuter, il fit ce qu'elle demandait, et, tristement, il revint auprès de sa femme.

— Tu vois, dit celle-ci.

— Et justement au moment où j'apportais de bonnes nouvelles, où je croyais qu'un pas décisif était fait pour assurer ce mariage.

— Quelle bonne nouvelle ? demanda-t-elle avec plus d'appréhension que d'espérance, comme ceux que le sort a frappés injustement et qui n'osent plus croire à rien de bon.

Il raconta comment par son ami le vicomte de Mussidan, qui l'avait si gracieusement obligé au moment de la crise provoquée par la faillite Bouteillier, il avait été amené à s'occuper de la fondation d'un cercle, dont le but était le relèvement de la fortune publique ; il expliqua la situation qu'on lui faisait, situation honorifique et situation matérielle ; enfin, il dit avec quel empressement on lui avait accordé l'autorisation qu'il demandait.

— Et tu ne m'avais parlé de rien ! s'écria-t-elle.

— Tout était subordonné à l'autorisation administrative, c'est d'avant-hier que je l'ai.

Ce n'était pas la joie que donne une bonne nouvelle qui se peignait sur le visage de madame Adeline, tout au contraire.

— Comme tu accueilles cela ! dit-il. Dans notre position ce n'est donc rien qu'un gain de soixante-quinze mille francs et un traitement de trente-six mille ?

— C'est parce que c'est beaucoup que j'ai peur.

— De quoi ?

— Je ne sais pas.

— Eh bien, alors ?

— Je n'entends rien à ces choses, tu n'y entends rien toi-même ; comment me rassurerais-tu ? Ce que je comprends, c'est qu'il s'agit de jeu, et que c'est sur les produits du jeu que votre cercle doit marcher.

— Comme tous les cercles : un joueur joue chez nous, il nous paye pour jouer comme un spéculateur paye un agent de change pour jouer à la Bourse.

— Crois-tu ? Moi je n'aime pas cet argent. La source où on le prend me... (elle allait dire : me dégoûte, elle se reprit :)... me répugne.

— C'est celle où puisent tous les cercles ; sois sûre qu'il n'y a que les joueurs qui trouvent immoral de payer un tant pour cent sur les sommes qu'ils risquent ; le public serait plutôt disposé à trouver que ce tant pour cent n'est pas assez élevé.

— Mais si tu allais devenir joueur toi-même! A vivre avec les gens, on prend leurs défauts.

— Moi, joueur! à mon âge! dit-il en riant. Quand je n'ai qu'un souci, celui de vous gagner de l'argent, j'irais m'exposer à en perdre! Tu ne crois pas ce que tu dis.

— Enfin, si tu étais trompé par ces gens : tout ce monde qui vit par le jeu n'a pas bonne réputation.

— Crois-tu que je n'aurai pas les yeux ouverts? Je ne suis pas président à vie : le jour où je verrais la plus petite irrégularité compromettante, si petite qu'elle fût, je me retirerais!

— Et si tu ne la vois pas?

— As-tu le moyen de me donner cinquante mille francs demain pour rembourser le vicomte? Non, n'est-ce pas? As-tu, d'autre part, le moyen de me faire gagner trente-six mille francs par an, que nous pouvons mettre de côté? Non, n'est-ce pas? Eh bien! alors, ne repoussons pas l'occasion qui se présente, même si elle nous expose à un risque. Tu conviendras, au moins, que ce risque est bien petit. A nous deux, nous nous en garerons bien.

Que dire de plus? C'était son instinct qui protestait, et encore vaguement, sans avoir rien de précis à opposer aux réponses de son mari. Elle ne pouvait que subir le fait accompli, — au moins pour le moment. Mais s'il promettait d'ouvrir les yeux, elle, de son côté, se promettait de les ouvrir aussi.

Auprès de Berthe, sa bonne nouvelle reçut, le lendemain matin, un meilleur accueil.

— Alors, cela assure notre mariage ! s'écria-t-elle quand il lui eut expliqué la situation.

— Au moins cela l'avance-t-il.

— Si tu savais comme je suis heureuse ! Je peux bien te dire maintenant que, depuis notre promenade dans les bois du Thuit, je ne vis pas ; plus je trouvais Michel aimable et charmant, plus je reconnaissais de qualités en lui, plus il me plaisait, plus je... l'aimais, plus je me tourmentais, me désespérais, en me disant que peut-être il faudrait renoncer à lui. Alors, maintenant, nous allons nous voir librement, n'est-ce pas ?

— Pas encore. Il faut ménager ta grand'mère et la sienne. Mais voici une idée qui me vient et qui va te consoler. Nous donnons une fête pour l'ouverture de mon cercle. Tout Paris y sera. Tu y viendras avec ta mère, et j'inviterai Michel.

— Décidément, tu es le roi des pères !

— Comme les rois doivent offrir des toilettes royales à leurs filles, tu vas me dire quelle robe je dois commander à madame Dupont.

— Ce n'est pas la peine d'en commander une ; j'ai ma robe de tulle rose que je n'ai mise qu'une fois : elle me va très bien, elle suffira, puisque Michel ne la connaît pas et... que ce sera pour lui que je m'habillerai.

IX

Ç'avait été une grosse affaire de dresser le programme de la fête que le *Grand International*, ou le *Grand I*, comme on disait déjà en abrégeant son nom, devait donner pour son ouverture.

Il fallait quelque chose d'original, de neuf, de brillant, surtout de tapageur qui frappât l'attention. Et en un pareil sujet le neuf est difficile à trouver. On a tant fait d'ouvertures de n'importe quoi, qui devaient être tapageuses, que toutes les combinaisons, même absurdes, ont été épuisées ; il est terriblement blasé sur ce genre de fêtes, le public parisien et surtout le public boulevardier.

Bagarry avait proposé un acte inédit de sa composition, mondain, léger et piquant ; Fastou avait suggéré l'idée d'exposer quelques-unes de ses dernières œuvres ; des pianistes avaient assiégé Frédéric, Raphaëlle, M. de Cheylus et même Adeline ; des guitaristes espagnols s'étaient offerts ; un Américain célèbre dans son pays pour jouer des airs variés en faisant craquer ses bottes s'était mis à la disposition de Frédéric, qui avait refusé avec autant d'indignation que de mépris : son cercle servir à de pareilles exhibitions ! C'était quelque chose d'artistique, de distingué, de noble qu'il lui fallait, en un mot, un programme caractéristique qui montrât bien à tous dans quelle maison on se trouvait.

Un moment il avait eu la pensée d'obtenir de son beau-frère Faré un petit acte inédit, dont la représentation eût été un « événement parisien »; mais le beau-frère avait obstinément refusé, et ce qui était plus indigne encore (le mot était de Raphaëlle), la sœur elle-même n'avait pas voulu s'interposer entre son frère et son mari pour amener celui-ci à donner cet acte. Il avait eu beau prier, supplier, s'indigner, se fâcher, invoquer la solidarité de la famille, elle avait résisté aux prières comme aux reproches et aux menaces :

— De l'argent s'il t'en faut, oui, encore comme autrefois ; le nom de mon mari, jamais.

— Ton mari ne peut-il pas m'aider, quand une occasion se présente?

— Non, quand elle se présente mal.

— On dirait vraiment que M. Faré nous a fait un honneur en entrant dans notre famille.

— Au moins ferait-il honneur à votre maison de jeu en lui donnant son nom, et c'est pour cela que je ne le lui demanderai point.

— Nous nous en passerons.

Ils s'en passèrent en effet, mais, si le programme manqua de cette attraction, il en eut d'autres : d'abord un dîner pour les invités sérieux, ceux qui devaient largement le payer en services rendus ; puis une soirée réunissant une élite de comédiens et de chanteurs comme on n'en voit que dans les grandes représentations à bénéfices, et à laquelle des femmes seraient invitées, ce qui serait une originalité, une innovation que l'influence du président ferait tolérer, — pour une fois ; enfin un souper. Quand les nappes blanches auraient été remplacées par des tapis verts et qu'il ne resterait plus que des joueurs dans les salons, la vraie fête commencerait. Adeline aurait voulu qu'on ne jouât point ce jour-là, mais il avait dû céder aux réclamations de son comité : tout le monde s'était mis contre lui, même les honnêtes commerçants ses amis qui jusqu'à ce jour n'avaient fait parti d'aucun cercle ; et c'était précisément ceux-là qui avaient montré le plus d'empressement à jouir des plaisirs qu'ils pouvaient enfin s'offrir en toute sécurité : ce ne serait pas chez eux qu'il y aurait à observer son voisin pour voir s'il ne triche pas.

Le dîner était pour huit heures ; dès sept heures et demie les invités commençaient à monter le grand escalier, si bien rempli de plantes vertes et de camélias que le buste de la République, placé dans sa niche, disparaissait sous le feuillage et qu'il était impossible de distinguer si on avait devant les yeux une tête de saint ou d'empereur romain. Dans le vestibule, qui, par les dimensions, était un véritable hall, se tenaient les valets de pied en grande livrée : souliers à boucles d'argent, bas de soie, habit à la française fleur de pêcher, galonné d'argent. A tous les invités, le secrétaire remettait le programme, et pour quelques-uns, à ce programme il ajoutait discrètement une petite enveloppe contenant quelques jetons de nacre : c'était une attention délicate dont Raphaëlle avait suggéré l'idée ; avec quelques milliers de francs, on pouvait donner de la gaieté au dîner... et, plus tard, de l'animation au jeu.

Dans le salon, les membres du comité recevaient leurs hôtes, qu'ils ne connaissaient pas pour la plupart ; Adeline, adossé à la cheminée, souriant et accueillant, avait près de lui le comte de Cheylus, le général Epaminondas et l'ancien ambassadeur qui, pour cette solennité, avaient cru devoir sortir toutes leurs décorations : M. de Cheylus en était si haut cravaté, qu'il se tenait raide comme s'il souffrait d'un torticolis ou d'un lumbago.

Le plus souvent, les dîners d'inauguration sont écœurants par leur banalité, mais celui du *Grand I*, était exquis, ayant été préparé dans les cuisines mêmes du cercle par un chef de talent. Il importait, en effet, au succès de l'entreprise, qu'on parlât de la cuisine du *Grand I* et qu'on sût dans Paris qu'elle était supérieure, de beaucoup supérieure, à celle que pour le même prix on pouvait trouver ailleurs. Au premier abord, une spéculation consistant à donner pour deux francs cinquante, avec le vin, un déjeuner qui en vaut cinq, et pour quatre francs un dîner qui en vaut huit, peut paraître détestable ; cependant elle est en réalité excellente, bien qu'elle se traduise par une allocation de vingt ou trente mille francs au cuisinier. Parmi les gens qui fréquentent les cercles, il en est qui savent compter, et qui se disent que deux francs cinquante d'économie sur le déjeuner, quatre francs sur le dîner, donnent deux cents francs par mois, soit deux mille quatre cents francs par an, ce qui en vaut vraiment la peine. Il est vrai qu'ils pourraient se dire aussi qu'il n'est peut-être pas très délicat de faire ce bénéfice ; mais sans doute ils n'y pensent pas : la cagnotte payera ça. Et en effet elle le paye sans murmurer, car cette perte de vingt ou trente mille francs sur la table est une bonne affaire pour elle : c'est par le dîner que bien des joueurs sont attirés et retenus ; et c'est par le déjeuner que plus d'une cagnotte a été sauvée des justes sévérités de la police. Si bien fondées que soient les plaintes contre un cercle, l'administration y regarde à deux fois avant de le fermer, quand son déjeuner est fréquenté par des gens ayant un nom honorable : des commerçants, des artistes, des médecins, des avocats qui levés avant midi pour s'asseoir à la table du restaurant ne sont pas des joueurs de profession ; ceux-là font du cercle ce qu'il doit être, un lieu de réunion ; et ce paratonnerre vaut plus qu'il ne coûte.

La bonne chère d'un côté, de l'autre l'attention de Raphaëlle, combinant leurs effets, le dîner fut très gai, et l'on arriva à l'heure des toasts sans avoir conscience du temps écoulé.

Ce fut Adeline qui se leva le premier et porta la santé des représentants de l'armée, de la diplomatie, de la politique, des lettres, des arts, du commerce et de l'industrie qu'il avait la fière satisfaction de voir réunis autour de lui dans un but patriotique.

A ce mot, plus d'un convive avait ouvert les

oreilles, ne se doutant guère qu'en mangeant ce bon dîner, dans cette salle luxueuse, au milieu de ces belles tentures et de ces fleurs, il concourait à un but patriotique et accomplissait un devoir : vraiment doux, le devoir du cimier de chevreuil, et aussi celui du Château-yquem.

Mais Adeline était trop absorbé dans son discours, qu'il disait et ne lisait pas, pour rien voir ; il continuait et développait la pensée sur laquelle il vivait depuis qu'il s'était décidé à demander l'autorisation de son cercle, et sur ses lèvres voltigeaient les grands mots de Paris-lumière, de ville de toutes les élégances et de tous les génies, de relèvement de la fortune publique par le luxe, de travail français, de production nationale.

Si les convives à l'intelligence alerte avaient été un peu surpris d'entendre parler du devoir patriotique qu'ils accomplissaient à cette table, ils ne le furent pas moins quand ils comprirent que l'ouverture de ce cercle n'avait pas d'autre but que de travailler au relèvement de la fortune publique.

— En voilà une bonne ! murmura l'un d'eux.

Mais les commentaires ne purent pas s'échanger ; Bunou-Bunou venait de se lever pour répondre au président, et aussitôt le silence avait succédé aux applaudissements : c'était un régal qu'un toast de Bunou-Bunou, qui dépensait des trésors de lyrisme dans ses rapports pour ériger une commune en chef-lieu de canton, et dont le choix d'adjectifs étonnants était affiché dans les bureaux des journaux.

— Je parie deux louis que nous allons entendre la

fameuse phrase : « J'ignore si je m'abuse », dit un journaliste parlementaire ; qui tient mes deux louis ?

Mais personne ne lui répondit, et ce fut avec raison, car le premier mot qui sortit de la bouche inspirée du député fut précisément la fameuse phrase qui planait sous la coupole du palais Bourbon :

— Messieurs, j'ignore si je m'abuse...

Le rire étouffa la reconnaissance de l'estomac, et parmi ceux qui avaient déjà entendu cette phrase célèbre, il y en eut plus d'un qui se cacha la figure dans sa serviette ; d'autres se fâchèrent et déclarèrent qu'au lieu de les obliger à écouter ces jolies choses, « on ferait bien mieux d'en tailler une petite. »

Heureusement les discours tournèrent court ; il fallait enlever les tables pour la soirée, et il n'y avait pas de temps à perdre.

En sortant de la salle à manger, Adeline se rendit dans son cabinet, où il trouva sa femme et Berthe qui venaient d'arriver avec Michel Debs.

Ils étaient venus d'Elbeuf dans l'après-midi, — ce qui avait donné à Michel et à Berthe la joie de se trouver pendant trois heures dans le même compartiment en face l'un de l'autre, les yeux dans les yeux, — et ils n'avaient pas encore visité les salons du cercle.

— Voulez-vous offrir votre bras à ma fille ? dit Adeline à Michel ; en attendant que la soirée commence, nous ferons un tour dans les salons ; il faut que je vous montre *mon* cercle.

C'était de la meilleure foi du monde qu'il disait

« mon cercle » : n'était-ce pas lui qui avait obtenu l'autorisation de l'ouvrir, n'en était-il pas le président, ne décidait-il pas des admissions, tout le monde n'était-il pas chapeau bas devant lui : Frédéric se tenait si discrètement à l'écart qu'il n'avait pas paru au dîner; il se montrerait seulement à la soirée, comme bien d'autres.

Ils avaient commencé leur tour, Adeline donnant le bras à sa femme, Michel conduisant Berthe ; à mesure qu'ils avançaient, l'impression n'était pas la même chez la mère que chez la fille : madame Adeline se montrait effrayée du luxe qu'elle voyait, Berthe en était émerveillée; quant à Michel, il n'avait d'yeux que pour Berthe, et s'il ne pouvait être toujours tourné vers elle, il la regardait venir dans les glaces, et par cela seul qu'il la voyait s'appuyer sur son bras, il la sentait plus à lui : à la douceur du contact de la main s'ajoutait le ravissement des yeux : qu'elle était charmante dans sa toilette rose!

Ils arrivèrent à la salle de baccara, dont Adeline ouvrit la porte, et ils se trouvèrent dans une grande pièce, plus longue que large et très haute, puisque de deux étages on en avait fait un seul en supprimant le plancher; le plafond était à caissons dorés et les murs étaient tendus de belles tapisseries tombant sur des boiseries sombres.

— Comment trouvez-vous ça? demanda Adeline avec fierté.

— On dirait une chapelle, répondit Berthe.

En rentrant dans le grand salon, M. de Cheylus et

Frédéric vinrent au-devant d'eux, et les présentations eurent lieu :

— Mon cher président, on vous réclame, dit Frédéric ; si ces dames veulent bien m'accepter à votre place, je vais les installer ; je resterai avec elles pour leur nommer vos invités ; il faut bien qu'elles les connaissent, puisqu'elles sont les maîtresses de la maison.

Et ce fut réellement en maîtresses de la maison qu'il les traita : on ne pouvait être plus respectueux, plus aimable, plus Mussidan ; madame Adeline, qui avait pour lui une répulsion instinctive, fut gagnée. C'était vraiment l'homme que si souvent son mari lui avait dépeint.

Les salons s'emplirent « *et la fête commença* ». Comme le programme en avait été très habilement composé, ce fut au milieu des applaudissements qu'il s'exécuta ; de tous côtés partaient des exclamations enthousiastes, et les compliments accablaient Adeline, qui ne savait à qui répondre, un peu grisé de ce triomphe.

Cependant tout le monde n'applaudissait point, et dans les coins se manifestaient de sourdes protestations et des impatiences.

— Ça ne finira donc jamais, leur bête de fête ?

— On n'en taillera donc pas une petite ?

Si Raphaëlle avait été présente, elle aurait vu que, parmi ces mécontents se trouvaient quelques-uns de ceux à qui elle avait eu la prévenance de faire remettre des jetons de nacre.

Enfin la fête s'acheva, et le souper, bien que trainant un peu en longueur, se termina aussi : les invités peu à peu se retirèrent, au moins ceux qui étaient venus avec leurs femmes.

Quand il ne resta plus que des hommes, on envahit la salle de baccara, et, quoiqu'elle fût vaste, on s'y entassa si bien que ce fut à peine si ceux qui s'étaient assis à la table purent remuer les coudes.

— Messieurs, faites votre jeu ; le jeu est fait ; rien ne va plus.

Le lendemain, les journaux racontaient cette fête, mais, ce qui valait mieux, le bruit se répandait dans Paris, se colportait, se répétait qu'il y avait une caisse sérieuse au nouveau cercle et qu'elle s'ouvrait facilement.

Le *Grand I* était fondé.

TROISIÈME PARTIE

I

Le *Grand I* n'était ouvert que depuis quelques mois et déjà Adeline se demandait comment, pendant tant d'années il avait pu vivre à Paris ailleurs que dans un cercle.

Elles avaient été si longues pour lui, si vides, si mortellement ennuyeuses, les soirées qu'il passait à tourner dans son petit appartement de la rue Tronchet, ou à se promener mélancoliquement tout seul autour de la Madeleine, allant du boulevard à la gare Saint-Lazare et de la gare au boulevard en gagnant ainsi l'heure de se coucher! Que de fois, en entendant les sifflets des locomotives, avait-il eu la tentation de monter l'escalier de la ligne de Rouen et de s'asseoir dans le wagon qui l'emmènerait jusqu'à Elbeuf! Il manquerait la séance du lendemain, eh bien! tant pis, il se trouverait au moins, parmi les siens; il embrasserait sa fille à son réveil; quelle joie dans la vieille maison de l'impasse du

Glayeul! Là étaient la liberté, la gaieté, le repos; Paris n'était qu'une prison où il faisait son temps, et ce temps était si dur, si morne, que, plus d'une fois, il avait pensé à se retirer de la politique pour vivre tranquille à Elbeuf, dans sa famille, avec ses amis, pendant la semaine surveillant sa fabrique, taillant ses rosiers du Thuit le dimanche, heureux, l'esprit occupé, le cœur rempli, entouré, enveloppé d'affection et de tendresse, comme il avait besoin de l'être.

Mais du jour où le *Grand I* avait été ouvert, cette existence monotone du provincial perdu dans Paris avait changé : plus de soirées vides, plus de dîners mélancoliques en tête à tête avec son verre, plus de déjeuners hâtés au hasard des courses et des rendez-vous d'affaires; il avait un chez lui, un nid chaud, capitonné, luxueux, joyeux, — *son* cercle, où toutes les mains se tendaient pour serrer la sienne, où les sourires les plus engageants accueillaient son entrée, où il était, pour tous « Monsieur le président. »

A *sa* table, qui ne ressemblait en rien à celle des restaurants médiocres qu'il avait jusque-là fréquentés avec la prudente économie d'un provincial, il était un vrai maître de maison; on l'écoutait, on le consultait, on le traitait avec une déférence dont les premiers jours il avait été un peu gêné, mais à laquelle il n'avait pas tardé à si bien s'habituer que ce n'était plus seulement pour les valets, empressés à lui prendre son pardessus et son chapeau, qu'il était « monsieur le président », il l'était devenu pour lui-même, croyant à son titre, le prenant au sérieux, s'imaginant « que c'était arrivé »; président! ne le fût-on que de la Société des bons drilles, on est toujours « Monsieur le président » pour quelqu'un et conséquemment pour soi.

Mais bien plus encore que les satisfactions de la vanité, celles de la camaraderie et de l'amitié l'avaient attaché à son cercle. En sortant de la Chambre il n'était plus seul sur le pavé de Paris, comme pendant si longtemps il l'avait été, il ne s'arrêtait plus sur le pont de la Concorde pour regarder l'eau couler en se demandant de quel côté il allait aller, à droite, à gauche, sans but, au hasard.

Il était rare que maintenant il sortît seul de la Chambre, presque tous les soirs Bunou-Bunou l'accompagnait, chargé d'un portefeuille bourré de paperasses, et toujours régulièrement M. de Cheylus, qui, mis à la porte par Raphaëlle le jour même où elle n'avait plus eu besoin de lui, était heureux de trouver au cercle un bon dîner qui ne lui coûtait rien, — le *suif*.

D'autres collègues aussi se joignaient à eux quelquefois, invités par Adeline, ou bien s'invitant eux-mêmes, quand ils étaient en disposition de s'offrir un dîner meilleur et moins cher que dans n'importe quel restaurant.

— Je vais dîner avec vous.

On partait en troupe, et par les Tuileries quand il faisait beau, par les arcades de la rue de Rivoli quand il pleuvait, on gagnait l'avenue de l'Opéra, en causant amicalement. Lorsqu'à travers les glaces de la porte à deux battants, le valet de service dans le vestibule avait vu qui arrivait, il se hâtait d'ouvrir en saluant bas, et par le grand escalier décoré de fleurs en toute saison, Adeline faisait monter ses invités devant lui ; si quelqu'un, par déférence d'âge ou pour autre raison, voulait lui céder le pas, il n'acceptait jamais :

— Passez donc, je vous prie, je suis chez moi.

C'était chez lui qu'il recevait ses amis ; c'était à lui les valets qui dans le hall s'empressaient autour de ses invités ; à lui ces vitraux chauds aux yeux, ces tableaux signés de noms célèbres.

A vivre sous ces corniches dorées, à marcher sur ces tapis doux aux pieds, à s'engourdir dans des fauteuils savamment étudiés, à n'avoir qu'un signe à faire pour être compris et obéi, il s'était vite laissé gagner par le besoin de la vie facile et confortable qui exerce un attrait si puissant sur certains habitués des cercles qu'ils se trouvent mal à leur aise partout ailleurs que dans leur cercle. Et pour lui cette attraction avait été d'autant plus envahissante qu'il avait toujours vécu au milieu d'une simplicité patriarcale : point de tapis, point de vitraux à Elbeuf, et des domestiques qui ne comprenaient pas à demi-mot.

Mais ce qu'il n'avait jamais eu à Elbeuf, et ce qu'il avait trouvé dans son cercle, c'était la conversation facile et légère de *ses* dîners qui, en une heure, lui apprenait la vie de Paris avec ses dessous, ses scandales, ses histoires amusantes ou tragiques, ses drôleries ou ses douleurs. Bien qu'habitué aux propos graves et lourds de la province, qui partent de rien pour arriver à rien, il aimait cependant la raillerie fine et le mot vif, et quand il avait à *sa* table — ce qui d'ailleurs, arrivait souvent — des gens d'esprit à la langue aiguisée ou à la dent dure, aussi capables d'inventer ce qu'ils ne savaient point que de bien dire ce qu'ils répétaient, c'était pour lui un régal de les écouter. Un jour celui-ci, le lendemain celui-là, tous venaient lui donner leur représentation sans qu'il eût à se déranger; il n'avait qu'à leur sourire, qu'à les applaudir, ce qu'il faisait du reste avec une amabilité pleine de bonhomie.

Comme la nature l'avait doué de l'esprit de justice en même temps que d'une âme reconnaissante, il ne pouvait pas jouir de cette existence agréable sans se dire que c'était à Frédéric qu'il la devait.

Parfait le vicomte. Il avait rencontré en lui le collaborateur le plus zélé en même temps que le plus discret, deux qualités qui ordinairement s'excluent l'une l'autre.

Bien qu'il surveillât tout, bien qu'il fît tout, et ne quittât guère le cercle, jamais Frédéric ne se mettait en avant : Maurin, qui avait toujours le titre de gérant, était, il est vrai, bien effacé, mais ce qui importait à Adeline, c'était que lui, président, ne le fût point; c'était que la gestion financière n'empiétât point sur la direction morale, et, après dix mois d'exercice, il se sentait aussi maître de cette direction qu'au jour où, pour la première fois, il avait pris la présidence.

Pour les admissions, lui et son comité étaient restés les maîtres absolus, et jamais le gérant n'avait essayé de leur faire admettre des membres douteux, comme il arrive dans tant de cercles, où le souci de faire marcher la partie passe avant tout; et, comme il devait arriver au *Grand I*, lui avait-on prédit charitablement en l'avertissant de se bien tenir de ce côté; mais ces cercles avaient pour gérant un Maurin, non un vicomte de Mussidan!

D'autre part, jamais il ne lui était venu à lui ni à son comité des plaintes, ou simplement des réclamations, tant la machine administrative fonctionnait avec régularité.

C'était bien le cercle modèle dont le vicomte avait parlé dans leurs entretiens du soir sur les boulevards, et que, grâce à la sévérité de sa surveillance, ils avaient pu réaliser.

— Où diable a-t-il appris l'administration? demandait parfois Adeline en faisant son éloge aux membres du comité.

A quoi M. de Cheylus, feignant d'ignorer les liens qui attachaient Raphaëlle à Frédéric et aussi la part que celui-ci avait prise à son expulsion, répondait qu'on ne fait bien que ce qu'on n'a pas appris à faire; mais cette réponse, il l'accompagnait d'un sourire railleur qui démentait ses paroles. Venant de tout autre, ce sourire énigmatique eût inquiété Adeline : chez M. de Cheylus il n'avait aucune importance; c'était simplement la vengeance d'un... battu.

Et quand M. de Cheylus était absent, Adeline riait avec les autres membres du comité de cette petite traîtrise.

— Il n'en prend pas son parti, le comte.

— Dame ! il y a de quoi !

— J'ignore si je m'abuse, mais il me semble qu'à la place de M. de Cheylus, au lieu d'en vouloir au vicomte, je lui en saurais gré. Peut-être trouverez-vous que ce que je dis là a l'air d'une naïveté ; je vous affirme que c'est profond.

Cependant, devant la persistance du sourire de M. de Cheylus, Adeline, par excès de conscience plutôt que par curiosité, avait voulu savoir ce qu'il cachait, mais inutilement; M. de Cheylus n'avait rien répondu aux questions les plus pressantes ; il n'avait rien voulu dire de plus que ce qu'il avait dit ; il ne savait rien de plus sur le compte de « ce jeune homme » que ce que tout le monde savait.

Adeline eût eu le plus léger soupçon sur Frédéric qu'il eût cherché, au delà de ces sourires et de ces propos vagues, mais comment pouvait-il en avoir quand chaque jour se renouvelait sous ses yeux la preuve que le *Grand I* était le modèle des cercles?

On sait que l'été fait le vide dans les cercles comme dans les théâtres : avec la chaleur, la vie mondaine de Paris s'endort : on est à Trouville, à Dieppe, « en déplacement de sport ou de villégiature » ; plus tard on chasse, on ne va pas à son cercle, et plus ce cercle est d'un rang élevé, plus il est abandonné par ses membres. Cependant tous ces membres ne restent pas sans venir à Paris pendant cinq ou six mois, et ceux qui n'y sont pas ramenés pour une raison quelconque de sentiment ou d'affaires, le traversent en se rendant du nord dans le midi, ou de l'est dans l'ouest. Où passer ses soirées ?

au théâtre? ils sont fermés; à son cercle! la partie y est morte faute de combattants. Ne pourrait-on donc pas en tailler une? Il y a longtemps qu'on n'a pas joué; les doigts vous démangent. Si alors on entend parler d'un cercle où la partie a gardé un peu d'entrain, on y court; qu'il soit de second ou de troisième ordre, qu'importe, puisqu'on n'y entre qu'en passant? deux parrains vous présentent, et l'on s'assied à la table du baccara.

C'était ainsi que, pendant la belle saison, alors que les autres cercles chômaient, Adeline avait eu la satisfaction de voir venir au *Grand I* les membres les plus connus des grands cercles. Frédéric ne manquait pas d'en faire la remarque, sans y insister plus qu'il ne fallait, d'ailleurs.

— Vous voyez comme on vient à nous.

Adeline était ébloui par les noms des ducs, des princes, des marquis qui défilaient sur les lèvres de son gérant, et quand il allait à Elbeuf il ne manquait pas de les répéter à sa femme.

— Tu vois comme on vient chez nous : nous sommes un centre, un terrain neutre, celui de la fusion, le trait d'union entre la France qui travaille et la France qui s'amuse, entre la bourgeoisie républicaine et le monde élégant.

Mais cela ne rassurait point madame Adeline; ce qu'elle voyait de plus clair, c'est que son mari venait moins souvent à Elbeuf; c'est que, quand il était chez lui, il ne se montrait plus aussi sensible qu'autrefois aux joies du foyer, rudoyant ses domestiques, boudant sa cuisine, blaguant son vieux mobilier qui, pour la première fois depuis quarante ans, lui semblait aussi peu confortable que ridicule.

II

Si grande que fût la satisfaction d'Adeline, elle n'était pourtant pas sans mélange.

Quand il se disait que Son Altesse le prince de... le duc de..., le marquis de..., étaient venus perdre quelques milliers de francs chez lui, il éprouvait un sentiment de vanité dont il ne pouvait se défendre; et quand il se disait aussi que le cercle qu'il présidait servait de trait d'union entre la bourgeoisie républicaine et le monde élégant, c'était un sentiment de juste fierté qui le portait et auquel il pouvait s'abandonner franchement, avec la conscience du devoir accompli.

Mais quand, d'autre part, il se disait qu'il devait près de cinquante mille francs à la caisse de *son* cercle, qui n'était pas *sa* caisse, par malheur, c'était un sentiment de honte qui l'anéantissait.

Comment avait-il pu se laisser entraîner à jouer?

C'était avec bonne foi, avec conviction qu'il avait rassuré sa femme lorsqu'elle avait manifesté la crainte qu'il ne devînt joueur.

— Moi, joueur!

Il se croyait alors d'autant plus sûrement à l'abri,

qu'il avait joué dans sa jeunesse et que par expérience il connaissait les dangers du jeu.

Ce n'est pas quand on a été entraîné une première fois et qu'on a eu la chance de se sauver, qu'on se laisse prendre une seconde. A vingt ans on a une faiblesse et une ignorance, des emportements et des vaillances qu'on n'a plus à cinquante après avoir appris la vie.

Qu'il eût joué et perdu de grosses sommes en voyageant en Allemagne, il y avait eu alors toutes sortes de raisons et même d'excuses à sa faiblesse : sa maîtresse était joueuse; les casinos étaient devant lui avec leurs portes ouvertes et leurs tentations; l'argent qu'il risquait et qu'il n'avait point eu la peine de gagner ne lui coûtait rien, pas même un regret bien profond s'il le perdait, puisque cette perte était légère pour la fortune de ses parents.

Dans ces conditions, il avait pu jouer. Sa faute était simplement celle d'un jeune homme riche, d'un fils de famille qui s'amuse, sans faire grand mal à personne, ni à sa famille, ni à lui-même ; c'avait été une épreuve salutaire ; s'il était entré dans la fournaise, il s'y était bronzé, et si complètement que depuis vingt-cinq ans il n'avait plus joué. Pourquoi eût-il joué? Il n'avait jamais eu le goût des cartes; s'asseoir pendant des heures devant un tapis vert, sous la lumière d'une lampe, rester immobile, ne pas parler, l'ennuyait; il était assez riche pour que l'argent gagné au jeu ne lui donnât aucun plaisir, et il ne l'était pas assez pour que celui perdu ne lui fût pas une cause de regret et de remords. Pendant vingt ans il n'avait cessé de répéter cette maxime aux jeunes gens qu'il voyait jouer :

— Que faites-vous là, jeunes fous ? Voulez-vous bien vous sauver ? Amusez-vous tant que vous voudrez, ne jouez pas.

Et voilà que lui, vieux fou, avait fait ce qu'il reprochait aux autres.

Comme il était sincère, pourtant, dans ses remontrances ; comme il les trouvait misérables, ceux qui succombaient à la passion du jeu !

Encore ceux-là étaient-ils jusqu'à un point excusables, puisqu'ils étaient des passionnés, c'est-à-dire des êtres inconscients et par là des irresponsables ; mais lui, quand pour la première fois il s'était assis à la table de baccara de son cercle, il n'avait pas été poussé par la main irrésistible de la passion.

C'était même cette absence de passion pour le jeu, cette certitude que les cartes l'ennuyaient acquise dans sa première jeunesse, et confirmée pendant plus de vingt-cinq ans par une abstention absolue, qui lui avaient inspiré une complète sécurité lorsqu'il avait discuté dans sa conscience la question de savoir s'il accepterait ou s'il refuserait les propositions de Frédéric.

Qu'il se décidât, et il était assuré à l'avance de n'avoir rien à craindre pour lui-même : on ne devient pas joueur parce qu'on vit au milieu des joueurs et qu'on voit jouer ; le jeu n'est pas une maladie contagieuse qui se gagne par les yeux, alors surtout qu'on plaint ou qu'on méprise ceux qui ont le malheur d'en être infectés.

Comme ces fiévreux et ces agités lui paraissaient ridicules ou pitoyables : sur leurs visages convulsés, rouges ou pâles, selon le tempérament, dans leurs mouvements saccadés, dans leurs regards ivres de joie ou navrés de douleur, dans leur exaltation ou leur anéantissement, il s'amusait à suivre les sensations par lesquelles ils passaient.

Et avec la satisfaction égoïste de celui qui, du rivage, jouit de l'horreur d'une tempête, il se disait qu'heureusement pour lui il était à l'abri de ce danger.

— Qu'irait-il faire dans cette galère ?

Mais comme l'égoïsme justement ne faisait pas du tout le fond de sa nature, comme il était au contraire bonhomme, et compatissait d'un cœur sensible à la douleur et au malheur, plus d'une fois il avait cru devoir adresser des avertissements à quelques-uns de ceux qui, pour une raison ou pour une autre, l'intéressaient plus particulièrement.

Et dans les premiers temps, amicalement, cordialement, en leur prenant le bras et en le passant sous le sien comme on fait avec un camarade, il leur avait dit ce qu'il croyait propre à leur ouvrir les yeux, les grondant, les chapitrant. Quelquefois même, dans des cas graves, il les avait fait comparaître dans son cabinet de président, et là, entre quatre yeux, il les avait sérieusement avertis : « Vous jouez trop gros jeu, mon jeune ami, et, permettez-moi de vous le dire, un jeu qui n'est pas en rapport avec vos ressources. »

Mais il ne lui avait pas fallu longtemps pour reconnaître que ses discours les plus affectueux étaient aussi peu efficaces que les semonces les plus vertes; tendres ou dures, ses paroles ne produisaient aucun effet.

Alors il avait renoncé aux discours, avec regret il est vrai, mais enfin il y avait renoncé, n'étant point homme à persister dans une tâche dont il reconnaissait lui-même l'inutilité.

— Ils sont trop bêtes ! s'était-il dit.

Mais pour ne plus faire le Mentor, il ne renoncerait pas à faire le président : c'était lui qui avait la charge de l'honneur de son cercle, et l'honneur du *Grand I* était que le jeu y fût contenu dans des limites raisonnables.

Il veillerait à cela; il protégerait les joueurs malgré eux et contre eux : son cercle ne deviendrait pas un tripot.

Alors on l'avait vu rester tard au cercle et quelquefois même y passer la plus grande partie de la nuit : continuellement il circulait dans les salons, rôdant autour des tables, regardant le jeu comme s'il avait eu mission de le surveiller; parfois, on l'apercevait endormi dans un fauteuil, surpris par la fatigue; mais, aussitôt qu'il s'éveillait, il reprenait ses promenades en cherchant à savoir ce qui s'était passé pendant qu'il sommeillait.

Plus d'une fois il était arrivé que pendant qu'il se tenait debout, les mains dans ses poches à côté de la table de baccara, un joueur lui avait dit :

— Et vous, mon président, n'en taillez-vous donc pas une ?

Et alors il avait répondu en haussant les épaules :

— Le baccara ! mais c'est à peine si je sais les règles de ce jeu, si simples cependant.

— C'est si facile.

— Plus facile qu'amusant : il y a des présidents dont c'est la force de ne pas toucher une carte... et je suis de ceux-là.

Jusqu'alors Frédéric, qui avait assisté aux tentatives que son président faisait pour détourner du jeu quelques jeunes joueurs, n'était jamais intervenu entre eux et lui, bien que cette campagne ne fût pas du tout pour lui plaire, puisqu'elle ne tendait à rien moins qu'à diminuer les produits de la cagnotte : il importait de le ménager, et d'ailleurs les probabilités n'étaient pas pour qu'il réussît dans ces tentatives. Qui a jamais empêché un joueur de jouer ? c'était ce qu'il avait pu répondre à Raphaëlle furieuse contre Adeline. — Laissons-le faire, laissons-le dire ; cela n'est pas bien dangereux, et, d'autre part, cela peut nous être utile ; il est bon qu'on sache dans Paris que le président du *Grand I* éloigne les joueurs au lieu de les attirer ; ça vous pose bien. — Et s'il les détourne ? — Je te promets qu'il n'en détournera pas un seul, tandis qu'il détournera peut-être quelqu'un que nous avons intérêt à éloigner de chez nous. — Le préfet de police ? — C'est toi qui l'as nommé ; comment veux-tu qu'on prenne jamais un arrêté de fermeture contre un cercle où le jeu est combattu par son président ? — Ce n'est pas en discourant contre le jeu qu'il arrivera à jouer lui-même, et tu sais bien que nous ne le tiendrons que quand il sera endetté à la caisse ; jusque-là j'ai peur qu'il ne nous manque dans la main ; qui mettrions-nous à sa place ? — Sois tranquille, il jouera, et il s'endettera... peut-être plus que tu ne voudras. — Pousse-le.

Le jour où Adeline s'était félicité de ne pas toucher aux cartes, Frédéric, cédant comme toujours à l'impulsion de Raphaëlle, avait relevé ce mot :

— Croyez-vous, mon cher président, dit-il de son ton le plus doux et avec ses manières les plus insinuantes, que l'homme qui a le plus d'influence sur un joueur soit celui qui ne joue pas lui-même ? Savez-vous ce que j'ai entendu dire à un de ceux que vous avez dernièrement catéchisés — je vous demande la permission de ne pas le nommer — c'est que vous n'entendez rien au jeu.

— C'est parfaitement vrai.

— Très bien ; mais vous comprenez que cela enlève beaucoup d'autorité à vos paroles ; on ne voit dans votre intervention qu'une opposition systématique ; ce n'est point pour celui qui joue que vous prenez parti, c'est contre le jeu lui-même ; c'est de la théorie, ce n'est pas de la sympathie.

— J'ai joué autrefois.

— Alors il est bien étonnant que vous ne vous soyez pas remis au jeu ; qui a joué jouera...

— Jamais de la vie.

— ... Ce qui est aussi vrai que : qui a bu boira. Enfin je n'insiste pas ; je dis seulement que vos paroles auraient plus d'influence si on voyait en vous un ami au lieu de voir un adversaire.

En effet, il n'insista pas, laissant au temps et à la réflexion le soin d'achever ce qu'il avait commencé : il connaissait son Adeline et savait avec quelle sûreté germait le grain qu'on semait en lui.

Avec l'expérience qu'il avait du monde et des choses du jeu, il savait combien sont rares les guérisons radicales chez les joueurs, et combien, au contraire, sont fréquentes les rechutes : que d'anciens joueurs qui étaient restés dix ans, vingt ans sans jouer, retournaient au jeu dans leur âge mur, alors que toute passion semblait morte en eux et que celle-là se réveillait d'autant plus forte qu'elle était seule désormais !

III

Autrefois Adeline eût ri de cet axiome : « qui a joué jouera », comme de tant d'autres qu'on répète sans trop savoir pourquoi, parce qu'ils sont monnaie courante, par habitude, sans y attacher la moindre importance, mais à cette heure il en était jusqu'à un certain point frappé.

Qui avait formulé ce proverbe ? l'expérience évidemment, et comme les proverbes vont rarement seuls, il lui en était venu un autre qui s'imposait, dans les circonstances particulières où il se trouvait, et celui-là c'était « qu'il n'y a pas de fumée sans feu »; pour que l'expérience populaire se fût formulée en cette petite phrase : « qui a joué jouera », il fallait que bien des faits lui eussent donné naissance.

Il avait fait son examen de conscience bravement, loyalement, en homme qui veut lire en soi, et il avait vu que, depuis quelque temps, il suivait le jeu avec une curiosité qu'il n'avait pas aux premiers jours de l'ouverture de son cercle.

S'ils étaient encore coupables, les joueurs, ils n'étaient plus ridicules : il les comprenait, et admettait maintenant qu'on se passionnât pour ces luttes à coups de cartes, qui se passent en quelques minutes, et peuvent avoir pour résultat la ruine ou la fortune. Il en avait vu de ces ruines et de ces fortunes subites, et il en avait suivi les phases avec émotion — avec cette sympathie dont parlait Frédéric.

C'était un symptôme, cela.

En fallait-il conclure que, parce qu'il s'intéressait maintenant au jeu, il allait prendre les cartes lui-même.

Il ne le croyait pas, il se défendait de le croire, mais enfin il n'en était pas moins vrai qu'il y avait là quelque chose de caractérisque, ce serait mensonge et hypocrisie de ne pas en convenir.

Quand il avait vu des joueurs changer leurs jetons et leurs plaques à la caisse contre cent ou cent cinquante mille francs de billets de banque, il n'avait pas pu se défendre contre un certain sentiment d'envie et ne pas se dire que c'était de l'argent facilement, agréablement gagné en quelques heures.

De là à se dire que si cette bonne aubaine lui arrivait, elle serait la bienvenue, il n'y avait pas loin, et ce petit pas il l'avait franchi.

Le jeu a cela de bon qu'il n'exige pas un talent particulier pour y réussir, un long apprentissage, au moins dans le baccara, le gain comme la perte sont affaire de hasard, de chance personnelle : il y a des gens qui ont cette chance, et ils gagnent ; il y en a qui ne l'ont pas, et ils perdent, voilà tout. Quand il était tout jeune, et qu'il jouait des billes à pair ou non avec ses camarades, il avait une chance constante, cela était un fait. Plus tard, pendant son voyage en Allemagne, lorsqu'il était entré à Bade dans la salle de la roulette, il avait mis un louis sur le 24, qui était le chiffre de son âge, et le 24 était sorti. A Hombourg, il avait en riant avec sa maîtresse recommencé la même expérience, et le 24 était sorti encore. Deux numéros pleins sortant ainsi exprès pour lui, à son appel pour ainsi dire, cela n'était-il pas particulier et ne constituait-il pas une chance personnelle ? A la vérité, elle n'avait pas continué, et il avait perdu à la roulette et au trente et quarante plus, beaucoup plus que les soixante-douze louis qu'il avait tout d'abord gagnés. Mais cette perte n'était pas, semblait-il, caractéristique, comme son gain, et elle ne prouvait nullement qu'à un moment donné il n'avait pas eu la chance — une chance providentielle. S'use-t-elle ? Quand on l'a eue et qu'on l'a égarée, ne revient-elle pas ? C'étaient là des questions qu'il n'avait pas songé à examiner, puisqu'il avait renoncé au jeu pendant de longues années, mais qui maintenant lui revenaient.

Comme cela arrangerait ses affaires si, en quelques coups de cartes, il gagnait deux cent mille francs : quelle joie pour Berthe, car ils seraient pour elle ; et s'il est vrai, comme on le dit, que la chance est aux jeunes, ne serait-ce pas la chance de Berthe qui réglerait cette partie qu'il ne jouerait pas pour lui-même ? En somme, il y a une justice supérieure qui dirige les choses et les destinées en ce monde, et cette justice ne pouvait pas permettre qu'une bonne et brave fille comme Berthe, qui n'avait jamais fait que du bien, fût malheureuse.

Il avait alors été frappé d'une remarque qui, jusqu'à ce jour, ne s'était pas présentée à son esprit. C'est que celui qui a de la fortune ou qui gagne largement, sûrement, ce qui est nécessaire à ses besoins, ne considère pas le jeu au même point de vue que celui qui est gêné et qui, quoi qu'il fasse, se retrouve toujours devant un trou. Les gains du jeu eussent été de peu d'intérêt pour lui quand il possédait sa fortune héréditaire qu'augmentaient tous les ans les bénéfices de sa maison de commerce, tandis que maintenant que cette fortune avait disparu et que sa maison ne donnait plus de bénéfices, ces gains arriveraient bien à propos pour combler le trou qu'il voyait sans cesse devant lui.

Et de temps en temps, pendant que ce travail se faisait en lui, retentissait à son oreille la phrase qu'il était habitué à entendre :

— Eh bien, mon président, vous ne jouez jamais ?
— Quel beau banquier vous feriez !

Le beau banquier est celui qui gagne sans que sa physionomie riante, ses gestes désordonnés, ses éclats de voix insultent au malheur des pontes, et qui, quand il a neuf en main, ne s'amuse pas à étudier longuement son point pour torturer à l'avance ceux que dans quelques secondes il va saigner à blanc.

Et, bien qu'il ne fût pas vaniteux, Adeline était flatté qu'on ne crût pas, que, s'il jouait, il serait un de ces pauvres diables de pontes qui viennent misérablement au cercle pour jouer la *matérielle*, c'est-à-dire tâcher de gagner quelques louis qu'il leur faut pour la vie au jour le jour ; recommençant le lendemain ce qu'ils ont fait la veille, attelés à ce labeur aussi dur que n'importe quel travail et qui, en usant les nerfs par une tension constante, conduit au gâtisme ceux qui le continuent longtemps. — Banquier et beau banquier même, certainement il le serait... s'il voulait, mais il ne voulait pas l'être, pas plus que ponte d'ailleurs.

Quand Raphaëlle avait fondé *son* cercle, car dans l'intimité elle disait *son* cercle, comme Frédéric et Adeline le disaient eux-mêmes, elle aurait voulu être la seule à mettre de l'argent dans l'affaire, de manière à toucher seule les bénéfices. Malheureusement cela lui avait été impossible, et elle avait dû accepter de ses amis ce qui lui manquait, ou plutôt d'un ami de Frédéric, son ancien patron, le vieux Barthelasse. Brûlé partout, aussi bien comme joueur que comme directeur de cercle, Barthelasse en était réduit dans sa vieillesse, ce qui était un grand chagrin pour lui — à faire valoir par les mains des autres la fortune que quarante années de travail lui avaient acquise — c'était lui qui disait travail. Au lieu d'apporter son argent à Raphaëlle, il aurait voulu, lui, être le chef de partie du cercle, c'est-à-dire le caissier prêteur auquel le joueur décavé fait des emprunts pour continuer de jouer. Mais Raphaëlle n'avait pas été assez naïve pour accepter cette combinaison, qui met dans la poche du chef de partie, le plus net des bénéfices qu'on peut faire dans un cercle. C'était elle qui voulait être chef de partie, et en acceptant l'argent de Barthelasse, elle ne consentait à accorder à celui-ci qu'une part proportionnelle à son apport. Ils s'étaient fortement querellés sur ce point, ils s'étaient non moins fortement injuriés, puis ils avaient fini par s'entendre et s'associer; un homme leur appartenant remplirait ce rôle de chef de partie en prêtant non son argent, mais le leur à elle et à lui, et à eux deux ils se partageraient les bénéfices.

Pour surveiller cette opération des plus délicates, puisqu'il s'agit d'accorder ou de refuser de grosses sommes par oui ou par non, et instantanément, sans avoir le temps d'étudier la solvabilité et l'honnêteté de l'emprunteur, Barthelasse ne quittait pas le cercle tant qu'on y jouait. Et, par les salons, on le voyait rouler ses larges épaules d'ancien lutteur. Que faisait-il là, on n'en savait trop rien; il semblait être un surveillant aux fonctions assez mal définies. Mais qu'un emprunteur s'adressât à Auguste, le chef de partie, Barthelasse survenait, et, à distance, sans en avoir l'air, d'un signe convenu, il disait lui-même le oui ou le non, que le chef de partie répétait.

Plusieurs fois, se trouvant seul avec Adeline — car, en public, il ne se permettait pas de lui adresla parole — il lui avait dit le mot que tout le monde répétait : « Vous ne jouez pas, monsieur le président? » mais sans jamais insister ; un jour, cependant, qu'Adeline répondit à cette invite par un sourire, il alla plus loin :

— Mais un *présidint* qui ne touche jamais aux cartes dans son cercle, dit-il avec son accent provençal le plus pur, c'est un pâtissier qui ne mange jamais de ses gâteaux. — Et pourquoi? se dit-on. — Je vous le demande? Alors il s'en trouve qui disent : « C'est qu'ils sont empoisonnés. » D'autres : « C'est qu'ils sont faits *malpropremint.* »

Adeline se répéta ce « malproprement » plus d'une fois. Etait-il possible qu'on crût dans le monde qu'à son cercle il se passait des choses malpropres? Evidemment son abstention systématique pouvait être mal interprétée. De même pouvaient être mal interprétés aussi ses discours contre le jeu ; ne pouvait-on pas se dire que s'il ne jouait pas lui-même, et s'il cherchait à détourner du jeu ceux à qui il s'intéressait, c'était parce qu'il savait que dans *son* cercle on ne jouait pas loyalement ?

Mais alors?

Justement cette intervention de Barthelasse avait eu lieu au moment où il venait d'être fortement ébranlé par une partie qui s'était jouée sous ses yeux : un commerçant de ses amis, qu'il savait gêné dans ses affaires et plus près de la faillite que de la fortune, avait gagné deux cent mille francs qui le sauvaient. Et en présence de cette veine heureuse Adeline s'était tout naturellement demandé si elle n'aurait pas pu être pour lui. Qu'il prît la banque à la place de son ami, et il gagnait ces deux cent mille francs. Puisque la fortune avait eu des yeux cette nuit-là, elle aurait aussi bien pu en avoir pour lui que pour son ami.

Mais était-ce bien la fortune ? Si l'on voit la main de la fatalité dans un injuste malheur, ne peut-on pas voir celle de la Providence dans un bonheur mérité ?

On va vite sur cette pente : de là à se dire qu'il était vraiment trop timide en ne tentant pas la chance, il n'y avait pas loin.

Il ne s'agissait pas de devenir joueur comme il en voyait tant, qui ne vivaient que par le jeu et pour le jeu.

Il s'agissait simplement de tenter la chance une fois.

Il ne serait pas ruiné parce qu'il aurait perdu quelques milliers de francs ; avec le calme et la raison qui étaient son caractère même, il n'y avait pas à craindre qu'il se laissât entraîner au delà du chiffre qu'à l'avance il se serait décidé de risquer ; à la vérité ce serait une perte, mais enfin elle n'irait pas loin.

Tandis que, si la chance le favorisait comme cela

pouvait arriver, comme il lui semblait juste que cela arrivât, son gain pouvait être considérable.

Et, gain ou perte, il s'en tiendrait là : un homme comme lui ne s'emballe pas ; il se connaissait bien.

Il jouerait donc, — une fois, rien qu'une fois, et après ce serait fini : on n'est pas joueur parce qu'on prend un billet de loterie.

Cependant, cette résolution arrêtée, il ne la mit pas tout de suite à exécution, et il passa bien des heures autour de la table de baccara, se disant que ce serait pour ce soir-là, sans que ce fût jamais pour ce soir-là.

Enfin, un soir que la partie languissait en attendant la sortie des théâtres et que le croupier venait de prononcer la phrase sacramentelle :

— Qui prend la banque ?

Il se décida à quitter la place où il semblait cloué, et, s'avançant vers la table :

— Moi, dit-il.

IV

— Le président prend la banque !

C'était le cri qui instantanément avait couru dans tout le cercle.

Même dans les salons des jeux de commerce, les joueurs de whist et d'écarté, les joueurs de billard aussi, de trie-trac, même d'échecs, avaient quitté leur partie pour voir cette curiosité : le président taillant une banque ; éveillés par ce brouhaha, ceux qui sommeillaient dans le salon de lecture ou çà et là dans les coins sombres, avaient suivi le courant qui se dirigeait vers la salle de baccara :

— Auguste, six mille.

A cette demande de son président, Auguste, le chef de partie, sans même consulter Bartholasse du regard, ce qui ne lui était jamais arrivé, s'était empressé d'apporter en jetons et en plaques sur un plateau les six mille francs, et respectueusement, religieusement, avec une génuflexion de sacristain devant l'autel, il les avait déposés sur la table.

C'était chose tellement extraordinaire, tellement stupéfiante de voir « M. le président » tailler une banque, que Julien le croupier oubliait de presser la marche de la partie. Il attendait qu'autour de la table chacun eût trouvé sa place, ce qui était difficile, car ceux qui occupaient déjà des sièges n'avaient eu garde de les abandonner.

Dans cette salle ordinairement silencieuse où sous ce haut plafond régnait toujours une sorte de recueillement comme dans une église ou un tribunal, s'était élevé un brouhaha tout à fait insolite.

Cependant Adeline s'était assis sur sa chaise de banquier, un peu surpris de se trouver si élevé au-dessus des pontes assis autour de la table ; son cœur battait fort, et il regardait autour de lui vaguement, sans trop voir, car c'était au delà de cette table qu'étaient son esprit et sa pensée.

En attendant que le jeu commençât, un de ceux qui se tenaient à côté de sa chaise se pencha sur son épaule, et d'une voix moqueuse :

— Tenez-vous bien, mon président, la lutte sera terrible : Frimaux revient de l'Odéon.

Un éclat de rire courut autour de la table et tous les yeux s'arrêtèrent sur un joueur assis à côté du croupier et qui n'était autre que Frimaux, le plus grand fêticheur du cercle. Au théâtre, où il avait fait représenter quelques pièces avec des fortunes diverses, des chutes écrasantes ou de solides succès, selon les hasards de la collaboration, Frimaux n'avait qu'un souci : donner ses premières un vendredi ou tout au moins un 13. Au cercle, où régulièrement il passait quatre heures par jour, du 1ᵉʳ janvier au 31 décembre, pour gagner sa pauvre existence à la sueur de son front, comme il le disait lui-même, c'est-à-dire les quatre ou cinq louis nécessaires à sa vie — la matérielle — il ne jouait que dans certaines circonstances particulières qui devaient lui donner la veine : pendant trois mois il avait été convaincu qu'il ne pouvait gagner que s'il tournait le dos à l'avenue de l'Opéra : toutes les fois qu'il lui faisait face, il tirait des *bûches,* c'était fatal ; maintenant il ne gagnait que quand il revenait de l'Odéon ; aussi tous les soirs après son dîner descendait-il des hauteurs des Batignolles où il demeurait pour s'en aller à l'Odéon, dont il faisait sept fois le tour en monologuant comme un personnage de l'ancien répertoire : « J'aurai la veine ce soir » ; puis il revenait au *Grand I,* où pendant quatre heures il restait inébranlable dans sa foi, malgré la déveine qui souvent s'acharnait sur lui, trouvant toujours les raisons les plus sérieuses pour se l'expliquer sans jamais ébranler sa confiance en son fétiche, aussi solide que les pierres mêmes de l'Odéon. Pour tout le reste parfaitement incrédule d'ailleurs, sans foi ni loi, se moquant de Dieu comme du diable, et ne croyant même pas à sa paternité, bien que madame Frimaux fût la plus honnête femme du monde.

— Parfaitement, dit Frimaux d'un ton sec, car il n'aimait pas qu'on se moquât de lui.

— Vous n'avez pas besoin de le dire, ça se voit.

En effet, Frimaux, qui pour son pieux pèlerinage ne prenait jamais de voiture — le fiacre n'est pas mascotte — était crotté comme un chien.

Cependant peu à peu l'ordre s'était fait parmi ceux qui se pressaient autour de la table :

— Messieurs, faites votre jeu...

Du haut de son siège, Adeline voyait tous les yeux ramassés sur lui et particulièrement ceux de Frédéric, placé en face de lui, derrière trois rangs de joueurs et de curieux que sa haute taille lui permettait de dépasser.

— Rien ne va plus ?

Adeline, qui avait usé son émotion d'avance, était maintenant assez calme : ce fut bellement, en beau banquier, qu'il donna les cartes aux deux tableaux et se donna les siennes, et comme il avait un abatage, c'est-à-dire une figure et un neuf (le plus haut point pour gagner), ce fut aussi en beau banquier, sans faire languir la galerie et sans empressement de mauvais goût, qu'il mit ses cartes sur la table.

Il n'y eut qu'un cri :

— Et il ne voulait pas jouer !

Bien qu'Adeline s'efforçât de se contenir, il exultait, car sa joie allait au delà du coup gagné, qui par lui-même ne donnait réellement qu'un résultat peu important : il avait la chance ; maintenant la preuve était faite, et elle confirmait ses pressentiments basés sur les espérances de sa jeunesse : quelle faute il eût commise de ne point tenter l'aventure !

Ce fut avec une parfaite sérénité qu'il donna les cartes pour le second coup ; jamais on n'avait vu un banquier aussi tranquille ; c'était à croire que le gain comme la perte lui étaient indifférents ; les vieux joueurs qui l'examinaient d'un œil curieux étaient démontés par son assurance :

— Qui aurait cru cela de lui ?

Pour eux comme pour beaucoup d'autres d'ailleurs, il avait été admis jusqu'à ce moment que, s'il ne jouait pas, c'était tout simplement parce qu'il n'était pas en situation de supporter une perte de quelque importance.

Le second coup fut insignifiant, le banquier perdit au tableau de droite et gagna au tableau de gauche ; le troisième, le quatrième furent pour lui, quand il arriva à sa dernière taille, il était en bénéfice d'environ une vingtaine de mille francs.

Alors sa sérénité s'envola et de nouveau l'émotion lui étreignit le cœur, des gouttes de sueur lui coulèrent dans le cou : sans doute ce n'était point une fortune, celle dont il avait rêvé quand il balançait la question de savoir s'il jouerait ou ne jouerait point, mais c'était une somme, et le dernier coup qui lui restait pouvait la doubler ou la réduire à rien ; enfin, ce dernier coup allait décider si oui ou non il avait la chance, — ce qui était le grand point.

Cette fois ce ne fut pas en beau banquier qu'il donna les cartes ; il semblait qu'elles ne pouvaient se détacher de ses doigts, comme s'il espérait, en les gardant dans ses mains, leur donner le temps de devenir ce qu'il désirait qu'elles fussent : lentement, il releva les siennes, n'osant pas les regarder.

Il avait cinq.

La situation était critique ; qu'allaient faire ses adversaires? Ils ne demandèrent de cartes ni l'un ni l'autre.

Depuis qu'il vivait dans son cercle, il avait les oreilles rebattues par les discussions sur le tirage à cinq : doit-on ou ne doit-on pas tirer ? Mais de tout ce qu'il avait entendu sur ce point délicat, il ne lui était pas resté grand'chose de précis dans l'esprit, et il n'était pas en état en ce moment de se rappeler la théorie et de la raisonner.

Ce qui fait l'intensité des angoisses du jeu, c'est la rapidité avec laquelle les résolutions doivent se prendre : avait-il intérêt à s'en tenir à cinq ou à se donner une carte ? S'il se donnait un deux, un trois ou un quatre, il améliorait son point et le rapprochait de neuf; mais s'il se donnait un cinq, un six, un sept, il avait dix, onze ou douze et perdait. Un vieux joueur aurait instantanément résolu théoriquement la question ; mais il n'était pas un vieux joueur, il s'en fallait de tout, et il n'avait qu'une ou deux secondes pour la décider.

Jamais appel à la chance ne s'était présenté dans des conditions plus caractéristiques : il devait donc prendre une carte, ce serait elle qui rendrait l'arrêt.

Ce fut un trois qu'il tira ; ce qui lui donna huit; le tableau de droite avait cinq, celui de gauche sept; les quarante mille francs étaient à lui.

Décidément la preuve était faite, l'arrêt était rendu : il avait la chance.

Ce fut d'ailleurs le cri de tous.

Parmi ceux qui s'empressaient à le féliciter, Frédéric ne fut pas le dernier, et il sut le faire plus intelligemment (pour lui) que les autres.

Quand Adeline lui répéta que c'était la première fois qu'il jouait, il ne fut pas assez sot pour douter de cette affirmation, voyant tout de suite le parti qu'il en pouvait tirer :

— La façon dont vous avez joué prouve une chose, qui est que vous avez le génie du jeu; et votre gain en prouve une autre, qui est que vous avez la chance : avec ces deux dons extraordinaires, il faut vraiment que vous méprisiez bien la fortune pour ne pas jouer.

Malheureusement pour sa bourse, Adeline n'eut pas à répondre qu'aux complimenteurs; les emprunteurs s'abattirent aussi sur lui, M. de Cheylus en tête, qui lui tira cinquante louis; puis cinq ou six autres, et enfin Frimaux, qui se fit rendre les cinq louis qu'il avait perdus.

Adeline n'avait pas l'esprit tourné à la raillerie, et

ce soir-là moins que jamais ; cependant il ne put pas s'empêcher de lancer une légère allusion à l'Odéon.

— L'Odéon ! s'écria Frimaux, ils l'ont gratté ! alors, vous comprenez !

Le lendemain, à la Chambre, les félicitations recommencèrent. Les amis d'Adeline ne parlaient que de sa chance ; ce n'était pas quarante mille francs qu'il avait gagnés, c'était deux cent mille, trois cent mille.

De peur de se laisser entraîner à risquer ses quarante mille francs ou ce qui lui en restait, c'est-à-dire trente-cinq mille francs, Adeline, en homme sage qui veut faire la part du feu, les envoya à Elbeuf, où ils seraient plus en sûreté qu'entre ses mains. Seulement, il se garda bien de dire à sa femme d'où ils venaient ; pour qu'elle ne s'inquiétât point, il lui inventa une histoire vraisemblable : ils avaient subi assez de faillites en ces derniers temps et d'assez grosses pour qu'il fût tout naturel d'admettre que dans l'une d'elles s'était trouvée cette somme : les débiteurs qui payent intégralement ce qu'ils doivent pour obtenir leur réhabilitation sont rares, mais enfin on en trouve.

Quand Adeline arriva à son cercle, ceux qu'il avait battus la veille l'entourèrent :

— Vous allez nous donner notre revanche, mon cher président.

— Il faut que vous nous rendiez un peu de l'argent que vous nous avez enlevé hier si joliment.

Il répondit en riant que cela était impossible, attendu que cet argent roulait vers Elbeuf ; puis sérieusement il expliqua qu'il n'était pas joueur et ne voulait pas le devenir ; il n'avait consenti, la veille à tailler une banque qu'en cédant aux sollicitations de ceux qui le tourmentaient, non pour lui, mais pour eux, pour leur être agréable, pour le plaisir du cercle.

— Eh bien, et nous, ne ferez-vous rien pour nous ? ne nous devez-vous rien ?

Après tout, puisqu'il avait la chance, pourquoi ne pas en profiter ? Il ne méprisait pas la fortune comme le croyait Frédéric, — loin de là.

Mais ce soir-là il ne retrouva point la chance, sa chance, celle qui lui appartenait et lui était personnelle ; elle l'abandonna au moins en partie ; c'est-à-dire qu'après des hauts et des bas, sa banque se termina par une perte de six mille francs.

Comme il n'avait pas cette somme sur lui, il dit à la caisse qu'il payerait le lendemain.

— La caisse n'acceptera pas votre argent, mon cher président, dit Frédéric, ce n'est pas pour vous que vous avez joué aujourd'hui, c'est pour le cercle. C'est vous même qui l'avez dit ; je vous rapporte vos propres paroles : le jour où vous vous serez refait, si vous tenez à rembourser ces six mille francs, nous ne pourrons pas les refuser : mais, jusque-là, la caisse vous est fermée... pour recevoir, avec votre chance, avec votre génie du jeu, votre revanche sera facile : vous rattraperez vos six mille francs, et bien d'autres avec.

C'était ainsi qu'il avait été pris, — en se laissant

incorporer dans la troupe des joueurs la plus nombreuse, celle qui court après son argent.

V

Si le féticheur trouve toujours de bonnes raisons pour expliquer comment son fétiche, infaillible hier, ne vaut plus rien aujourd'hui, le joueur n'en trouve pas de moins bonnes pour justifier sa perte et se prouver à lui-même à grand renfort de « si » qu'elle pouvait être évitée.

Cela était arrivé pour Adeline : quand il avait gagné, il avait bien joué ; au contraire, il avait mal joué quand il avait perdu.

— Si…

Quand on reconnaît ses torts, on est bien près de les réparer ; évidemment il avait la chance ; seulement, que peut la chance si elle est contrariée? et il avait contrarié la sienne par son ignorance plus encore que par la maladresse ; mais cette ignorance n'était-elle pas toute naturelle chez quelqu'un qui jouait pour la seconde fois ? Ce n'est pas la théorie qui enseigne à bien jouer, c'est la pratique ; ce n'est pas la théorie qui donne le coup d'œil, le sang-froid et la décision, c'est la pratique.

Cette pratique, ce métier, il aurait pu les apprendre en prenant place tout simplement devant l'un ou l'autre des deux tableaux, et en pontant sagement quelques louis risqués avec prudence, ce qui ne l'eût ni appauvri ni enrichi ; mais pour n'avoir taillé que deux banques, il n'en avait pas moins gagné une maladie d'un genre spécial, que le contact seul du cuir sur lequel s'assied le banquier communique à tant de joueurs, sans que rien, si ce n'est la ruine complète, puisse désormais les en guérir — celle qui consiste à vouloir toujours et toujours être banquier.

A remplir ce rôle, les esprits les plus fermes se laissent éblouir, les natures les plus calmes se laissent fasciner. C'est la bataille avec l'affolement de la mêlée, non celle où l'on fait le coup de fusil en soldat, mais celle où l'on commande et où, sous le panache, on ressent toutes les angoisses orgueilleuses de la responsabilité. Du haut du fauteuil où il trône, le banquier tient tête à l'assaut et brave les regards braqués sur lui de trente ou quarante joueurs qui veulent le dévorer : « dix manants contre un gentilhomme. »

Il n'y avait rien du gentilhomme ni du spadassin dans Adeline, pas plus qu'il n'y avait sur sa tête le moindre panache ; cependant, comme tant d'autres qui n'ont point eu le dégoût de s'asseoir sur ce cuir chaud, il avait subi ces éblouissements et ces fascinations : banquier toujours, ponte jamais.

Et il avait taillé ; malheureusement sa chance ne lui avait pas été fidèle constamment, et plus d'une fois elle avait passé du côté des manants, si bien que, de petites sommes en petites sommes, par trois, par cinq mille francs, il en était arrivé à devoir cinquante mille francs à son cercle.

Quand il avait perdu, Frédéric se trouvait là à point pour le réconforter :

— Vous vous rattraperez.

Et quand il avait gagné se trouvaient là non moins à point quelques besoigneux pour lui faire une saignée :

— Mon cher président...

La voix était si dolente, l'histoire si touchante qu'il ne pouvait pas refuser, bien qu'il eût vu plus d'une fois les quelques louis qu'il venait de prêter changés aussitôt en jetons et tomber sur le tapis vert : eux aussi, les emprunteurs, croyaient au rattrapage ; comment les en blâmer ?

Et le matin, pâle, les yeux bouffis, on le voyait à moitié endormi descendre le noble escalier de son cercle, dont les marches s'enfonçaient sous ses pieds ; dans la rue, le frisson du matin le secouait, le réveillait, et honteux, fâché contre les autres, il regagnait son petit logement de la rue Tronchet, où il avait si tranquillement dormi autrefois, et où maintenant il n'avait à passer avant la Chambre que quelques heures agitées.

Quelquefois, dans ces heures du matin qui pour beaucoup d'hommes sont celles où la voix de la conscience prend le plus de force, il s'était dit qu'il devait renoncer à son cercle et donner sa démission, — seul moyen sûr de ne pas céder à la tentation.

Mais il fallait commencer par rembourser ce qu'il devait à la caisse, et il n'avait pas cet argent.

Et puis la déveine qui le poursuivait depuis quelque temps prouvait-elle vraiment qu'il avait perdu sa chance? S'il avait gagné quarante mille francs le jour où, pour la première fois, il avait taillé une banque alors qu'il ne savait pas ce qu'il faisait, pourquoi n'en gagnerait-il pas cinquante mille, cent mille, maintenant qu'il connaissait toutes les combinaisons du baccara? En réalité, il ne s'était endetté que d'une quinzaine de mille francs, puisqu'il en avait envoyé trente-cinq mille à Elbeuf qui, Dieu merci, étaient intacts. Pour quinze mille francs aventurés, devait-il renoncer à toutes ses espérances? Que fallait-il pour qu'elles pussent se réaliser, au delà même de ce qu'il avait promis à Berthe? Quelques minutes de veine! Était-il fou de croire qu'elles ne se représenteraient pas pour lui!

Et puis, d'autre part, sa présence, sa présidence étaient indispensables à son cercle qu'il aimait.

Si sa direction et sa surveillance avaient été utiles dans les premiers temps, elles l'étaient maintenant encore et même plus que jamais. Son cercle, c'était lui. A la Chambre, ses amis ne disaient pas : « Allons au Grand International » ou simplement comme les boulevardiers : « Allons au *Grand I* », ils disaient familièrement : « Allons chez Adeline » ; cela lui créait des devoirs en même temps qu'une responsabilité.

Déjà le *Grand I* n'était plus ce qu'on l'avait vu à l'ouverture et des changements s'étaient faits, inappréciables sans doute pour tout le monde, mais qui n'échappaient pas à ses yeux de père toujours attentif.

A sa table d'hôte paraissaient maintenant des figures qui ne s'y montraient pas autrefois et qui l'étonnaient ; corrects, ils l'étaient trop ; décorés, ils avaient plus de croix et de cordons qu'il n'est décent d'en porter ; avec cela des noms et des titres plus longs, mieux faits, plus retentissants qu'il ne s'en trouve dans la réalité.

D'où venaient ces gens-là ? Quand il avait fait des recherches, il avait trouvé qu'ils étaient le plus souvent présentés par des parrains suffisants, ou membres réguliers de plusieurs cercles. A la vérité, il surveillait toujours avec la même sévérité les admissions des membres permanents, et sous sa direction les votes avaient toujours été sérieux. Mais un article des statuts disait que, comme cela se fait dans tous les cercles, un membre permanent pouvait amener un invité ; et cette petite porte entr'ouverte, qui n'a l'air de rien et qui est en réalité plus fréquentée que la grand'porte, avait laissé passer plus d'un nouveau venu qui l'inquiétait.

Il ne les eût vus qu'une fois à sa table qu'il ne s'en serait pas autrement tourmenté, des invités sans doute ; mais au contraire ils venaient régulièrement et ils amenaient avec eux des invités à l'air généralement honnête et simple, des braves gens ceux-là à coup sûr, qui ne faisaient pas long feu au cercle : ils dînaient une fois ou deux, jouaient le soir et disparaissaient pour ne se remontrer jamais.

Il avait essayé d'obtenir des explications de Frédéric, mais inutilement : malgré sa connaissance du monde parisien, Frédéric n'en savait pas plus que lui : tout ce qu'il pouvait affirmer, c'est que ces gens si corrects et si décorés n'étaient pas des *ramoneurs* comme on aurait pu le supposer dans un autre cercle que le *Grand I*, c'est-à-dire des racoleurs chargés d'amener des *pigeons* que le baccara plumerait. Au *Grand I* ces mœurs n'étaient pas en usage, et d'ailleurs il ne fallait pas croire tout ce qu'on racontait des voleries qui se passaient dans les cercles ; c'étaient là des histoires de journaux ; pour lui qui avait beaucoup vécu dans les cercles à Paris, il n'avait jamais vu une vraie volerie...

Et comme alors Adeline lui avait fait observer que ces paroles étaient en contradiction avec les histoires qu'il lui avait racontées autrefois, Frédéric s'était rejeté sur la province :

A Nice, à Biarritz, dans les villes d'eaux, là où on ne se connaît pas, tout est possible ; mais à Paris ! dans un cercle comme le *Grand I*, où il n'y a que des amis, avec des parrains comme les leurs !

Ce qui tourmentait Adeline, c'était que précisément le *Grand I* ne fût pas exclusivement composé, comme il l'avait espéré, sinon d'amis, au moins de membres ayant entre eux des relations d'intimité qui créent une sorte de solidarité et de responsabilité collective. Il aurait voulu qu'on n'y vînt que pour s'y réunir, pour s'y grouper en un noyau de gens ayant tous un même but, et ce qu'il voyait chaque jour lui donnait à craindre qu'on n'y vînt que pour y jouer. Quelques mois passés dans son cercle lui en avaient plus appris sur la vie parisienne que plusieurs années à la Chambre; il voyait maintenant quelle place considérable le jeu tient dans un certain monde où la gêne est la règle à peu près commune, où l'on dépense chaque mois plus qu'on n'a, et où l'on ne compte que sur une bonne chance pour combler le déficit qui, de jour en jour, s'est agrandi, et il ne voulait pas que le *Grand I* fût le lieu de rendez-vous de ces besogneux; justement parce qu'il en était un lui-même, il ne voulait pas que les autres trouvassent chez lui les occasions et les facilités qui l'avaient perdu.

Au lieu d'être un sujet de contentement pour lui, les bénéfices de la cagnotte en étaient un de contrariété : il eût voulu qu'elle donnât moins, puisque les produits étaient en proportion du jeu : un louis pour une banque de vingt-cinq louis, trois louis pour une banque de cent. Un matin qu'il assistait à l'ouverture de cette fameuse cagnotte, il avait été stupéfait de ce qu'elle contenait en jetons et en plaques : près de dix mille francs. Dix mille francs de bénéfices pour une nuit de jeu !

Son étonnement avait été si grand qu'il l'avait franchement montré à Frédéric, occupé à compter les jetons et les plaques : le cercle était vide, il ne restait dans la salle de baccara, sombre et silencieuse, que lui, Frédéric, Barthelasse, Maurin, le caissier, et quelques employés.

— Dix mille francs ! est-ce possible ?

Frédéric l'avait regardé d'une façon étrange,

sans répondre, avec un sourire énigmatique.

A la fin, il s'était décidé :

— Vous voyez, mon cher président.

De nouveau ils s'étaient regardés, et Adeline avait baissé les yeux, n'osant pas insister : n'était-ce pas avouer qu'il croyait possible le *bourrage* de la cagnotte, ce fameux *bourrage* dont il avait plus d'une fois entendu parler, et qui consiste dans l'introduction de jetons et de plaques par le croupier au détriment des joueurs ; mais, pour que ce bourrage puisse se faire, il faut la complicité du gérant et des croupiers, et rien ne lui permettait de soupçonner Frédéric d'une pareille infamie.

— Faut-il les refuser ? demanda Frédéric en plaisantant.

— Puisqu'ils y sont ! répondit Adeline.

— Je suis heureux de voir, acheva Frédéric, que nous sommes d'accord.

D'accord ! d'accord ! Ils ne l'étaient plus toujours comme au commencement.

Un jour, sur le boulevard, Adeline rencontra un commerçant de Bordeaux, avec qui il avait eu autrefois des relations : celui-ci vint à lui en souriant, les mains tendues :

— Vous êtes bien aimable de m'avoir invité à dîner, ce soir, à votre cercle, dit le commerçant.

— Je vous ai invité ? dit Adeline stupéfait, pour ce soir ?

— Voici votre lettre ; n'est-ce pas pour ce soir ?

C'était une invitation lithographiée avec élégance

et sur beau bristol, signée : « le président Adeline. » Seule l'adresse était manuscrite.

— J'ai été bien surpris quand le garçon de l'hôtel m'a remis cette lettre, car je ne suis arrivé que d'hier dans la nuit.

— A ce soir, dit Adeline, qui avait hâte d'échapper à des explications plus qu'embarrassantes.

Ces explications, c'était à Frédéric de les lui donner : comment, les garçons d'hôtel distribuaient des invitations signées de son nom : « le président Adeline ! »

— Mais, mon cher président, répondit Frédéric en essayant de rire, ce qui vous étonne se fait partout.

— Eh bien, monsieur, cela ne se fera pas dans mon cercle.

— Alors, monsieur, nous fermerons la porte ; avec quoi voulez-vous que nous payions nos frais si la partie ne marche pas? Pour qu'elle marche, il faut des joueurs.

— Mon nom ne servira pas à les attirer.

VI

L'histoire de la cagnotte avait jeté l'inquiétude dans l'association Mussidan, Raphaëlle, Barthelasse et Cie ; qu'allait devenir l'affaire si ce président s'avisait de fourrer son nez dans ce qui ne le regardait pas ?

L'histoire de la lettre d'invitation y jeta le désarroi quand Frédéric raconta l'algarade qui venait de lui être faite.

— Qu'as-tu répondu ? demanda Raphaëlle.

— Rien.

— Vous ne lui avez pas cassé les *rinss* ? s'écria Barthelasse, dont le premier mouvement était toujours de revenir à son ancien métier de lutteur, malgré les efforts que de bonne foi il faisait pour se contenir et se calmer... à *Pariss*...

Raphaëlle haussa les épaules :

— On ne casse pas les reins aux gens dont on a besoin.

— C'est selon. Moi, quand les gens élevaient trop la voix, je n'avais qu'à faire ça : — il plia les jarrets, se ramassa sur lui-même, enfonça son cou court dans ses larges épaules en tendant ses deux bras en avant dans l'attitude de l'homme qui attend l'attaque de son adversaire dans l'arène ; — et tout de suite c'était fini ; on lui permet trop de faire ce qui lui plaît, à ce député. Pourquoi est-ce que nous lui donnons trente-six mille francs ? Est-ce pour nous embêter ? Je vous le demande. Hein !

— C'est à lui qu'il faut le demander, répliqua Frédéric impatienté.

— Je suis prêt quand vous voudrez, mon bon ; si vous croyez que j'en ai peur.

— Il ne s'agit pas de ça, interrompit Raphaëlle

sèchement, nous avons besoin de lui, il faut manœuvrer en conséquence.

— Je vous l'ai déjà dit et je vous le répète, continua Barthelasse, on ne sera sûr de lui que quand on l'aura *affranchi*; le jour où il filera la carte, il sera à nous.

— Et vous croyez qu'il acceptera vos leçons?

— Pourquoi non? D'autres qui le valent bien les ont demandées, et je puis dire sans me vanter qu'ils s'en sont bien trouvés.

Plus d'une fois des discussions avaient eu lieu entre eux à ce sujet, car du jour où Adeline avait accepté la présidence du cercle, ils s'étaient demandé comment ils le garderaient à la tête de leur affaire. Tant qu'il ne connaissait rien aux dessous de la vie des cercles, ils pouvaient être tranquilles. Mais à mesure que ses yeux s'ouvriraient, et il n'était pas possible qu'ils ne s'ouvrissent point, sinon tout à coup, au moins peu à peu, la situation changerait.

— Nous l'*affranchirons*, avait dit Barthelasse, se servant de ce mot de l'argot de la philosophie qui vient sans doute d'une allusion aux préjugés dont sont encombrés les imbéciles et dont les grecs sont affranchis.

— Et vous vous imaginez qu'il se laissera affranchir? avait répondu Raphaëlle qui, mieux que Barthelasse, connaissait la nature de son président.

Mon Dieu, oui, il se l'imaginait, et il n'imaginait même pas qu'il en pût être autrement. De quoi s'agissait-il? De gagner à coup sûr et sans danger, en opérant soi-même, sans complice, avec une sécurité égale à celle de l'acrobate sur la corde raide, qui a appris à travailler. Alors pourquoi refuserait-il? Barthelasse ne le voyait pas, attendu qu'il n'y a rien de plus doux et de plus agréable que l'argent gagné par le travail.

Mais Raphaëlle et Frédéric, qui, sans être au fond beaucoup plus embarrassés de préjugés que Barthelasse, ne croyaient pas que tout le monde en fût arrivé comme eux à envisager la vie avec cette philosophie pratique qui enseigne à ne voir que l'argent gagné sans se soucier de la façon dont on le gagne, étaient certains du refus d'Adeline et même de son indignation, si on lui proposait tout simplement de lui apprendre à travailler pour jouer à coup sûr. Ce n'était point ainsi qu'il fallait procéder avec celui que d'un air de mépris ils appelaient « *Puchotier* » depuis qu'Adeline, se défendant un jour de ses ignorances parisiennes, s'était lui-même donné ce nom en disant qu'à Elbeuf les *Puchotiers* sont les encroûtés de la ville, ceux qui repoussent tout progrès en ne jurant que par leur vieux Puchot. Quelle chance de se faire écouter si on lui parlait franchement?

Il fallait vraiment être *Puchotier* pour avoir la naïveté de croire qu'avec des cotisations de cent francs et les produits d'une honnête cagnotte on pouvait payer quatre-vingt mille francs de loyer, d'assurances, vingt mille francs d'impôts, vingt-cinq mille francs d'éclairage et de chauffage, soixante mille francs de gages au personnel, trente-six mille francs de traitement au président, trente mille francs pour perte sur la table et tous les autres frais pour abonnements aux journaux, impressions, concerts, fêtes, c'est-à-dire d'une dépense annuelle de plus de trois cent mille francs. Pour couvrir ces dépenses et pour donner un bénéfice suffisant à ceux qui avaient fondé l'affaire, gérant, tapissiers, marchands de vin, fournisseurs de comestibles, croupiers, bailleurs de fonds, protecteurs plus ou moins influents ou, comme on dit dans ce monde, *mangeurs*, qui se font payer leur protection en un tant pour cent, il fallait que la partie marchât, et non simplement, tranquillement, mais follement au contraire, avec tous les avantages qu'une administration habile peut en tirer. — Il serait souvent monotone, le dîner de plus d'un cercle, si on ne s'était pas procuré des convives en lançant, partout où l'on a chance de rencontrer un naïf, des invitations comme celle qui avait indigné Adeline. Encore ces invitations ne suffisent-elles pas et faut-il entretenir un personnel de *rameneurs* qui, membres réguliers du cercle, gentlemen en apparence, besogneux en réalité, répandus dans le monde ou plutôt dans un certain monde, ont pour mission de racoler au hasard de leurs connaissances ou d'une heureuse rencontre ceux qui, bien nourris à la table d'hôte, seront une heure après dévorés à celle du baccara et apporteront à la cagnotte un aliment plus sérieux que les seigneurs des chœurs qui font la tapisserie, et jouent avec des jetons prêtés, prenant des attitudes de comédiens; ivres de joie quand ils gagnent, à deux pas du suicide quand ils ont perdu. Et cette cagnotte donnerait-elle des bénéfices suffisants si dans le feu de la partie les croupiers « aux doigts légers » — l'épithète est du plus grand des grecs — ne *bourraient* pas son coffre capitonné de jetons d'ivoire et de nacre qui tombent là sans bruit? Et le change de la monnaie, que donnerait-il si le croupier ne le faisait pas avec des doigts de plus en plus légers : « Adolphe, vingt-cinq louis de monnaie » ; et tandis que le valet de pied apporte ces vingt-cinq louis au croupier, qui n'a pas quitté la table, celui-ci, par-dessus son épaule, lui passe deux plaques au lieu d'une. Ce sont ces moyens et bien d'autres qui font un cercle prospère — sinon modèle.

Mais pour les employer sans qu'Adeline les découvrît, il avait fallu toute la dextérité de Frédéric et toute sa souplesse de caractère.

Et voilà que le truc de la cagnotte semblait gravement compromis et que celui des invitations devait être abandonné.

Au moins ce fut le conseil de Raphaëlle, qui n'était pas pour qu'on attaquât jamais de front les difficultés.

— Cède, dit-elle à Frédéric.

— Comment, céder! s'écria Barthelasse.

— Il faut renoncer à ces invitations, ou nous auront un éclat, peut-être une rupture.

— Et comment comptez-vous rabattre le gibier? dites un peu, mon bon ! Comptez-vous qu'il va vous tomber tout rôti sur votre table, hein? Je vous le dis et je vous le répète, vous prenez trop de précautions avec ce président; vous le gâtez. Voyons, croyez-vous qu'il ne savait pas comment les 10,000 francs étaient venus dans la cagnotte. Je vous le demande, hein? Il vous l'a faite au président qui ne veut rien voir, qui ne veut rien savoir. Eh, mon Dieu, je le comprends, il est député, il est décoré, il est considéré, il faut bien qu'il ménage sa réputation... pour lui-même. Mais au fond du cœur il en sait autant que nous. Autrement! Il a bien avalé la cagnotte — il n'en reparle plus, de la cagnotte, — il avalera bien les invitations. Ça se passera tacitement; ça lui est plus commode à cet homme, c'est son genre : il faut le prendre comme il est ou s'en passer; il n'y a qu'à continuer, puisque vous ne voulez pas qu'on l'affranchisse, ce qui pour nous serait bien plus facile.

Cependant, malgré le plaidoyer de Barthelasse, ce fut comme toujours d'ailleurs, l'avis de Raphaëlle qui l'emporta : on céderait.

Le lendemain, Frédéric, qui était toujours le porte-parole de la participation, fit ses excuses à son cher président.

— Pardonnez-moi la façon un peu vive dont je vous ai répondu hier. J'ai eu tort. J'ai réfléchi, je le reconnais. Ce qui m'avait entraîné, c'est que la chose dont vous vous plaignez se fait partout, et que bien d'autres présidents signent ces lettres. Mais vous n'êtes pas de ces présidents-là, j'en conviens. Votre haute situation, votre respectabilité, votre nom si honoré rendent légitimes toutes les susceptibilités.

Il était entré dans le cabinet de son président en

tenant dans sa main gauche un paquet de papier :

— Voici ce qui nous reste de ces lettres, dit-il.

Il les jeta dans la cheminée, où brûlait un feu de bois.

Adeline avait écouté le commencement de ce petit discours avec une attitude raide, en homme fâché, — et il l'était en effet ; — il fut attendri.

On ne pouvait pas reconnaître ses torts plus galamment : tous les griefs qu'il avait entassés contre le vicomte s'évanouirent.

— Vous savez bien que je ne veux que l'honneur de notre cercle, dit-il en tendant la main à Frédéric.

— Et moi donc ! s'écria celui-ci.

Adeline eut une pensée de prévoyance pour Frédéric, à laquelle se mêlait un vague sentiment d'inquiétude :

— Vous me disiez hier que vous fermeriez la porte.

— Vous savez comme le premier mouvement court aux extrêmes. Il est certain, cependant, que nous allons nous trouver dans un certain embarras, mais enfin, avec votre aide, nous pouvons encore en sortir... au moins je l'espère.

— Que puis-je pour vous ?

— Vous en rapporter à moi, et ne pas vous inquiéter quand quelque chose se présente mal. Soyez sûr que vous n'avez qu'un mot à dire pour qu'il y soit porté remède. Comme vous, mon cher président, je mets au-dessus de tout l'honneur de notre cercle, et, si j'osais le dire : avant vous, puisque, pour ceux qui savent, je suis le gérant responsable. Mais, à côté de l'honneur, de la respectabilité dont vous avez la garde, il y des intérêts respectables dont je me trouve chargé par ma gérance effective. On me les a confiés, ces intérêts. — A l'argent que j'ai mis dans cette affaire s'est ajouté l'argent qui m'a été confié, — et dont je suis responsable. Eh bien, laissez-moi l'administrer de façon à ce qu'il donne les produits légitimes qu'on est en droit d'attendre.

— Mais que puis-je?

— Vous ne voulez pas ma ruine; vous ne voulez pas celle des personnes qui ont eu confiance en moi?

— Certes, non.

— Soyez sûr qu'il ne sera jamais rien fait sous ma direction qui puisse nous compromettre ou même nous inquiéter.

— Que voulez-vous donc de moi?

— Simplement ce qui se fait dans tous les cercles? que vous laissiez marcher la partie.

VII

Un matin qu'Adeline rentrait tard chez lui, dans cet état de demi-somnolence du joueur qui a passé la nuit, le corps brisé de fatigue, le sang enfiévré, l'esprit abattu, honteux de lui-même, furieux contre les autres, rejouant dans sa tête troublée les coups importants qu'il venait de perdre et qui avaient augmenté sa dette d'une dizaine de mille francs, on lui dit qu'une jeune dame l'attendait dans le salon de l'hôtel.

Il n'était guère en disposition de donner des audiences et d'écouter des solliciteurs : il fallait qu'avant la séance de la Chambre, où devait venir en discussion un projet de loi dont il était rapporteur, il se rafraîchît, et dans un peu de repos se retrouvât.

— Vous direz à cette dame que je ne peux pas recevoir, répondit-il.

Et il continua son chemin pour monter à son appartement.

Mais, dans son mouvement de mauvaise humeur, il n'avait pas parlé assez bas, la porte du salon s'ouvrit vivement, et il se trouva en face d'une jeune femme de tournure élégante qui lui barra le passage.

— Monsieur Adeline?

— C'est moi, madame, mais je ne puis pas vous recevoir en ce moment, je suis très pressé; écrivez-moi.

— Je vous en prie, monsieur, écoutez-moi, je vous en supplie.

L'accent était si ému, si tremblant, le regard était si troublé, si désolé, qu'Adeline se laissa attendrir.

La précédant, il l'introduisit dans le petit salon banal des appartements meublés qui se trouvait avant sa chambre? En entrant dans cette pièce froide, qui n'était plus habitée que quelques instants, le matin, un frisson le secoua de la tête aux pieds; alors, frottant une allumette, il la mit sous le bois préparé dans la cheminée, puis, attirant un fauteuil, il s'assit en face de sa visiteuse qui attendait dans une attitude embarrassée et confuse.

— Madame, je vous écoute.

Comme elle ne commençait pas, il voulut lui venir en aide : elle était fort jolie et la tristesse, l'angoisse de sa physionomie ne pouvaient pas ne pas inspirer la sympathie.

— Madame ? demanda-t-il.

— Madame Paul Combaz.

— La femme du peintre ?

— Oui, monsieur.

Cela fut dit avec plus de tristesse que de fierté.

La sympathie un peu vague d'Adeline devint de l'intérêt : il oublia ses fatigues et ses émotions de la nuit pour regarder cette jeune femme qui se tenait devant lui dans une attitude désolée. Non seulement il connaissait le nom de Paul Combaz comme celui d'un peintre de talent, très apprécié dans le monde parisien, mais encore il connaissait l'homme lui-même, un des plus fidèles habitués du *Grand I*, depuis quelque temps.

— Pardonnez-moi mon embarras, dit-elle enfin; c'est une situation si douloureuse que celle d'une femme qui vient se plaindre de son mari... qu'elle aime, que je ne sais comment m'expliquer... bien que depuis plus d'un mois j'aie préparé cent fois par jour ce que je dois vous dire.

Adeline fit un signe pour la rassurer.

— Vous connaissez mon mari ? demanda-t-elle en le regardant avec crainte.

— J'ai autant de sympathie pour l'homme que d'estime pour l'artiste.

Elle laissa échapper un soupir de soulagement, et ses yeux navrés s'éclairèrent d'une flamme de tendresse et de fierté.

— Soyez certain qu'il les mérite; c'est le cœur le plus loyal, le caractère le plus droit : et ce n'est pas à vous que j'ai à dire qu'il est un grand artiste, ses succès sont là pour l'affirmer; je serais la plus heureuse et la plus fière des femmes si... s'il ne jouait pas ; et c'est parce qu'il joue... à votre cercle que je viens vous demander de nous sauver, mes enfants et moi.

— Mais je n'ai pas le pouvoir d'empêcher les gens de jouer! s'écria-t-il blessé de cet appel à son intervention, qui semblait le rendre responsable des pertes au jeu de Paul Combaz ; vous vous méprenez étrangement sur l'autorité d'un président de cercle.

Elle le regarda, le visage bouleversé, les lèvres tremblantes.

— Oh! monsieur, je vous en prie, ne me repoussez pas. Si ce n'est pas pour moi que vous m'écoutez, et je le comprends, puisque vous ne me connaissez pas, que ce soit pour mes enfants, pour mes trois petites filles, qui dans un mois, peut-être dans huit jours, seront jetées dans la rue, mourant de faim, de froid, si vous n'intervenez pas. Vous avez une fille que vous aimez, c'est au père que je m'adresse.

— Vous me connaissez, vous connaissez ma fille?

— Non, monsieur, je ne connais pas mademoiselle Adeline, mais je sais que vous avez une fille, et c'est en pensant à elle que l'espérance s'est présentée à moi que vous nous viendrez en aide. Désespérée par les pertes au jeu de mon mari, j'ai cherché, comme une affolée que je suis, à qui je pourrais demander protection, et l'idée m'est venue, l'inspiration, que si je n'avais pas pu empêcher mon mari d'aller au cercle où il s'est ruiné, le président de ce cercle pourrait lui en fermer les portes. Mais ce président était-il homme à m'entendre? ou bien me repousserait-il parce qu'il profitait lui-même de la ruine des joueurs... comme il y en a, m'a-t-on dit? Par mon mari que j'avais interrogé, je savais quel homme politique vous êtes, la situation que vous occupez, l'estime dont vous êtes entouré; c'était beaucoup; pourtant ce n'était pas assez; dans l'homme politique y avait-il un homme de cœur capable de se laisser attendrir par le désespoir d'une mère? J'ai une amie de couvent mariée à Rouen, je lui ai écrit pour qu'elle tâche d'apprendre quel homme était M. Constant Adeline. Sa réponse, vous la connaissez sans que je vous la dise. C'est alors, quand j'ai su quel père vous êtes pour votre fille, que la foi en vous m'est venue, et que j'ai eu le courage d'entreprendre cette démarche.

Peu à peu il s'était laissé gagner : cette voix vibrante, ces beaux yeux qui plusieurs fois s'étaient noyés de larmes, cet élan, et en même temps cette discrétion dans les paroles, surtout cette évocation de Berthe lui troublaient le cœur.

— Que puis-je pour vous? Ce qui me sera possible, je vous promets de le faire.

— Je sentais que je ne m'adresserais pas à vous en vain, et de tout cœur je vous remercie de vos paroles ; quand je vous aurai expliqué notre situation, vous verrez, et beaucoup mieux que je ne le vois moi-même, comment vous pouvez nous sauver, et de quelle façon vous pouvez agir sur mon mari.

Adeline sonna, et au garçon qui ouvrit la porte, il recommanda qu'on ne laissât monter personne.

— Il y a sept ans que je suis mariée, dit-elle, j'ai apporté une dot de cent mille francs à mon mari, et un an après, à la mort de mon père, deux cent mille francs. Quand mon mari m'a épousée, il n'avait pas de fortune, mais il avait son talent et son nom qui lui rapportaient cinquante ou soixante mille francs. Nous vivions largement dans un petit hôtel de la rue Jouffroy que mon mari avait fait construire, et que nous avions payé, ainsi que son ameublement, avec ma dot et l'héritage de mon père. Ce n'était point là une prodigalité, car vous savez que le peintre qui n'a pas son hôtel n'a guère de prestige sur le marchand de tableaux et encore moins sur l'amateur ; c'est une nécessité professionnelle, quelque chose comme un outillage. Nous étions très heureux, j'étais très heureuse : aimée de mon mari, l'aimant, vivant de sa vie, près de lui, fière de le voir travailler, fière de le voir se retourner vers moi pour me demander mon sentiment d'un geste ou d'un coup d'œil ; je ne quittais pas l'atelier, et en six années, les seules heures que je n'aie point passées à ses côtés sont celles où je promenais mes filles au parc Monceau. La crise que traverse la peinture nous avait cependant atteints, et des soixante mille francs que gagnait mon mari pendant les premières années de notre mariage, il était tombé à quelques milliers de francs seulement, les marchands n'achetant plus, comme vous le savez. Il avait fallu restreindre nos dépenses. J'avais été la première à le demander, et j'avais pu organiser une nouvelle existence... suffisante au moins pour moi, et qui pouvait très bien se prolonger jusqu'à des temps meilleurs. Les choses allaient ainsi lorsqu'il y a trois mois, il y aura dimanche trois mois, pour mon malheur, je ne sais la date que trop bien, M. Fastou...

Adeline laissa échapper un mouvement.

— ... Le statuaire, celui qui fait partie de votre cercle, vint voir mon mari. Naturellement, on parla du krach. Fastou gronda mon mari, lui dit qu'il était trop loup, que, puisque les marchands n'achetaient plus, il fallait vendre aux amateurs; mais que, pour les trouver, on devait aller les chercher; que, pour les rencontrer dans des conditions favorables, les cercles, terrain neutre, étaient un bon endroit; que, pour lui, c'était à son cercle qu'il avait obtenu la commande des douze ou quinze bustes dont il vivait; et il termina en proposant à mon mari de le faire recevoir membre du *Grand I*. Je suppliai si bien mon mari qu'il refusa; mais il accompagna M. Fastou quelquefois... pour rencontrer ces amateurs qui devaient nous acheter des tableaux.

— Et alors? demanda Adeline anxieusement, car bien souvent il avait vu Combaz à la table de baccara.

— Aujourd'hui, notre hôtel est hypothéqué pour 80,000 francs, c'est-à-dire à peu près pour sa valeur actuelle ; tous les tableaux que mon mari avait dans son atelier ont été emportés, et une partie de l'ameublement, ce qui était de vente sûre et facile, a suivi les tableaux.

— Mais la caisse du cercle ne prend pas des hypothèques, s'écria Adeline, elle n'achète pas des tableaux !

— La caisse, non, mais le caissier, ou le chef de partie, je ne sais comment vous l'appelez, celui qui prête aux joueurs : Auguste.

— C'est impossible, interrompit Adeline qui croyait savoir qu'Auguste n'était qu'un petit employé.

— Vous croyez, monsieur, moi je sais ; en tout cas, si ce n'est pas à son profit qu'Auguste a prêté les sommes perdues par mon mari, c'est au profit de ceux qui l'emploient, et pour nous le résultat est le même, — c'est la ruine ; encore quelques meubles, quelques tentures et quelques tapis vendus, et il ne nous restera rien, car l'hôtel ne tardera pas à être vendu, lui aussi, puisque nous ne pourrons pas payer les intérêts de la somme pour laquelle il est hypothéqué. Vous voyez notre situation : en trois mois tout a été englouti ; mon mari ne travaille plus, il est le plus malheureux homme du monde, la fièvre le dévore ; il ne dort plus, il ne mange plus ; j'ai peur que le désespoir de nous avoir perdus ne le pousse au suicide. Déjà il n'ose plus me regarder et, quand il embrasse ses filles, c'est avec des élans qui m'épouvantent. Vous comprenez maintenant comment j'ai eu le courage de m'adresser à vous. Que mon mari ne puisse plus jouer dans votre cercle, il ne trouvera pas à jouer ailleurs, puisqu'il est ruiné, et il me reviendra, je le consolerai, je le soutiendrai, il se remettra au travail, quand ce ne serait qu'à des illustrations; vous l'aurez guéri; vous nous aurez sauvés.

Adeline secoua la tête, et se parlant à lui-même plus encore peut-être qu'à madame Combaz, il murmura :

— Guérit-on les joueurs?

Croyant que c'était à elle que cette exclamation s'adressait, vivement elle répondit :

— Oui, on les guérit, et mon mari en est un exemple vivant : nous avons fait notre voyage de noces dans les Pyrénées; en arrivant à Luchon, mon mari s'est mis à jouer et à passer toutes ses nuits au Casino; je l'ai accompagné, et comme on ne laisse pas les femmes entrer dans les salles de jeu, je l'ai attendu dans un petit salon, toute seule, me désolant, me désespérant, interrogeant de temps en temps les garçons, pour savoir où en était la partie, et si elle n'allait pas finir. Bien que j'aie été élevée honnêtement, j'en étais arrivée à me faire assez familière avec eux pour qu'ils voulussent bien me répondre. Et non seulement ils me répondaient, mais encore ils voulaient bien dire à mon mari que j'étais là. Il s'est laissé toucher. Le sixième soir, j'ai obtenu de lui qu'il n'irait pas au jeu, et depuis il n'y est jamais retourné.

— A Luchon ?

— Ni ailleurs.

— Mais à Paris ?

— Après sept ans ! Vous voyez que la guérison a duré longtemps et qu'elle est possible.

Adeline ne répondit rien de ce qui lui montait aux lèvres.

— Vous avez eu raison de vous adresser à moi, dit-il, je vous promets que tout ce que je pourrai pour sauver votre mari, je le ferai.

— Surtout qu'il ne sache pas ma démarche.

— Soyez tranquille ; c'est en mon nom que je lui parlerai.

VIII

Guérit-on les joueurs ?

C'était ce qu'Adeline se demandait. Son projet n'était-il pas ridicule de vouloir guérir les autres quand il ne pouvait pas se guérir lui-même ?

Pourtant il fallait qu'il tînt sa promesse ; cette pauvre petite femme était trop touchante dans son désespoir pour qu'il refusât de lui venir en aide.

Que de ruines, que de désastres seraient évités si les joueurs ne trouvaient pas ces facilités à emprunter, qui, s'offrant à eux, les entraînent et les perdent ?

Eût-il jamais joué lui-même s'il avait dû tirer de sa poche, où ils n'étaient pas d'ailleurs, les premiers billets de mille francs qu'il avait risqués au baccara ? « Auguste, six mille, dix mille » cela n'était pas bien douloureux à dire, alors surtout qu'on comptait sur une bonne série, et l'on était pris pour jamais ; — mieux que personne il le savait.

Combaz travaillant toute la journée dans son atelier auprès de sa femme, c'était le soir seulement qu'il venait au cercle, après avoir embrassé ses trois petites filles à moitié endormies dans leurs lits blancs. Adeline avait donc la certitude de ne pas le manquer : en se tenant dans la salle de baccara, il le prendrait à l'arrivée.

En effet, le soir même, un peu après dix heures, Adeline, qui, depuis quelques instants déjà, était à son poste, le vit entrer d'un air en apparence indifférent, mais sous lequel se lisait facilement la préoccupation ; ses yeux vagues avaient le regard en dedans de l'homme qui suit sa pensée, insensible à tout ce qui vient du dehors.

Il alla au-devant de lui :

— Je désirerais vous dire un mot.

— Mais, quand vous voudrez, répondit Combaz, sans attacher aucun sens à ses paroles, bien évidemment

Arrivé dans son cabinet, Adeline en ferma la porte et, poussant un fauteuil au peintre, il s'assit vis-à-vis de lui, en le regardant.

Bien que Combaz n'eût pas depuis quelques mois l'esprit disposé à la plaisanterie, il était trop resté en lui du rapin et du gamin de sa jeunesse pour qu'il manifestât sa surprise autrement que par la blague :

— C'est devant monsieur le juge d'instruction, que j'ai l'agrément de comparoir? dit-il.

— Non devant le juge d'instruction, répondit Adeline, l'instruction est faite, mais devant le juge, ou, si vous le préférez, devant le président, ou, ce qui est le plus vrai encore, devant un admirateur de votre talent, devant un ami, si vous me permettez le mot.

Combaz restait raide, dans l'attitude d'un homme qui se tient sur ses gardes parce qu'il sent qu'il peut être facilement attaqué.

— Je vous remercie, cher monsieur, de ce que vous voulez bien me dire.

Et il enfila une phrase de politesse à laquelle il n'attachait en réalité aucun sens.

— Vous ne vous blesserez donc pas, commença Adeline, si je vous dis que vous jouez trop gros jeu.

Au contraire, Combaz se fâcha et, relevant la tête :

— Permettez, monsieur !

Adeline ne se laissa pas couper la parole :

— C'est à moi qu'il faut que vous permettiez, car je n'ai pas fini, je n'ai même pas commencé ce que j'ai à vous dire. Je suis le président de ce cercle, c'est en quelque sorte chez moi que vous jouez, et vous admettrez bien que j'ai le droit de vous adresser mes observations, alors surtout qu'elles sont dictées par votre intérêt...

— Mais, monsieur...

— Par celui de votre jeune femme si charmante, par celui de vos trois petites filles que vous venez d'embrasser dans leur lit pour accourir ici, et qui demain peut-être seront dans la rue, sans lit, sans pain.

Combaz étendit la main pour protester; Adeline la lui prit et chaleureusement il la lui serra :

— Vous voyez que je sais tout : votre hôtel hypothéqué pour quatre-vingt mille francs, vos tableaux vendus à Auguste, vos objets d'art, vos tentures emportés.

— Qui vous a dit?

— Etait-il possible que je visse un artiste perdre plus de deux cent mille francs ici, sans m'inquiéter de savoir quelles étaient ses ressources, si c'était sa fortune ou le pain de ses enfants qu'il jouait; c'est le pain de ses enfants; je ne le permettrai point. Si c'est le président qui vous parle, c'est aussi l'ami qui pense à votre avenir gâché, c'est le père qui pense à vos petites filles, parce qu'il aime la sienne et que, par sympathie, il s'intéresse aux vôtres. Allez-vous les sacrifier à votre passion, vous, un artiste qui avez dans le cœur et dans la tête des émotions plus hautes que celle que peut donner le jeu?

Combaz était dans une situation où la sympathie, même alors qu'elle est accompagnée de reproches, touche les plus endurcis, et il n'était nullement endurci.

— Et vous croyez, dit-il d'un accent amer, que c'est la passion qui me fait jouer? Passionné, oui, je l'ai été : quand j'étais plus jeune, tout jeune, j'ai passé des nuits au jeu pour le jeu lui-même et les secousses qu'il donne ; mais ce temps est loin de moi.

— Alors, pourquoi jouez-vous ?

Il secoua la tête ; puis, après un assez long intervalle de silence, en homme qui prend son parti :

— Vous demandez pourquoi je joue, pourquoi je me suis remis à jouer après être resté sept années sans toucher aux cartes : simplement par calcul, sans aucune passion, pour que le jeu donne aux miens ce que mon travail était insuffisant à leur continuer, notre vie ordinaire, rien de plus. Je gagnais soixante mille francs environ bon an mal an. J'ai voulu, quand je n'ai presque plus rien gagné, parce que ma peinture ne se vendait plus, que la transition d'une vie large à une vie étroite ne fût pas trop dure, et j'ai demandé au jeu d'équilibrer notre budget ; il l'a culbuté. Que d'autres, gênés comme moi, ont fait comme moi !

— Et comme vous se sont ruinés ! s'écria Adeline avec un accent d'une violence qui surprit Combaz, et ont ruiné leur famille. Il manque deux, trois, dix mille francs, pour se remettre en état, on les demande au jeu ; et le jeu vous en prend dix mille, cent mille, tout ce qu'on a.

— A moins qu'il ne vous les rende : on ne perd pas toujours.

Cet argument de tous les joueurs ne pouvait pas ne pas toucher Adeline.

— Sans doute, dit-il, on a des bonnes et des mauvaises séries ; mais depuis trois mois que vous jouez, vous êtes dans une mauvaise; ne vous obstinez point. Peut-être, si vous aviez quelques centaines de mille francs derrière vous, pourriez-vous continuer et attendre la veine ; mais vous ne les avez pas. Ne risquez pas le peu qui vous reste, puisque, ce reste perdu, vous seriez réduit à la misère. Vous, ce n'est rien : un homme se tire toujours d'affaires. Mais les vôtres, votre femme, vos filles ! Vous ne vouliez pas que leur vie fût amoindrie ; que sera-t-elle quand on les mettra à la porte de l'hôtel où elles sont nées, et que, brisé ou affolé, vous serez incapable de vous remettre au travail, pensez donc que par votre fait elles peuvent mourir de faim, ou, ce qui est pire, traîner une jeunesse de misère. Il en est temps encore, arrêtez-vous. Vous serez gênés, cela est certain, mais la gêne n'est pas la honte, n'est pas la misère ; vous attendrez ; des temps meilleurs reviendront.

Évidemment Combaz était touché ; à l'examiner, il était facile de comprendre que ce qu'Adeline disait, il se l'était dit à lui-même bien des fois ; mais par cette répétition, ces paroles avaient pris une force que la conscience seule ne leur donnait pas.

Adeline essaya de profiter de l'avantage qu'il avait obtenu :

— Vous venez pour jouer ?

— Je sens que je vais avoir une série, c'est ce qui m'a décidé une dernière fois.

— Combien croyez-vous qu'on prêtera ?

— Rien.

— Alors ?

— J'ai pu me procurer trois mille francs.

— Eh bien, ne les risquez pas ; avec trois mille francs vous pouvez faire vivre votre famille pendant p'usieurs mois ; rentrez chez vous et remettez cet argent à votre femme, qui se désespère en ce moment, qui pleure auprès de ses filles, en sachant que vous êtes ici ; la joie que vous lui donnerez ce soir sera si grande, que si vous vouliez revenir demain, son souvenir vous retiendra.

Ce mot qu'Adeline avait trouvé dans son cœur de père et de mari arracha Combaz à ses hésitations.

Avec un élan d'épanchement, il lui prit la main et la serra longuement.

— Je rentre chez moi, dit-il.

— Eh bien, nous ferons route ensemble ; j'ai justement affaire place Malesherbes.

— Vous ne vous fiez pas à moi ? dit Combaz en riant.

Adeline changea la conversation, car s'il était vrai qu'il ne se fiât point à cette bonne résolution d'un joueur, il trouvait imprudent de laisser voir ses doutes ; et jusqu'à la place Malesherbes ils s'entretinrent de choses et d'autres amicalement, sans qu'une seule fois il fût question de jeu.

— Vous voici à deux pas de chez vous, dit Adeline en arrivant à la place, bonsoir !

— Je vous porterai les remerciements de ma femme, dit Combaz en lui serrant les deux mains avec effusion, et je vous conduirai mes deux aînées pour quelles vous embrassent.

— J'irai chercher chez vous les remerciements

de madame Combaz, dit Adeline, et les embrassements de vos chères petites ; il ne faut pas que vous repassiez la porte du cercle.

— N'ayez donc pas peur, dit Combaz en riant.

Adeline s'en revint à pied, lentement, marchant allègrement, la conscience satisfaite : il avait sauvé un brave garçon. Sans doute dans ce sauvetage, il y avait eu bien des choses cruelles pour lui, bien des points de contact douloureux entre cette situation et la sienne, mais enfin la satisfaction du devoir accompli le portait : il avait fait son devoir.

En passant place de la Madeleine, il hésita s'il rentrerait chez lui se coucher où s'il irait faire un tour au cercle ; sûr de ne pas se laisser entraîner au jeu ce soir-là, alors qu'il était encore tout frémissant de ses propres paroles, il se décida pour le cercle.

Quand il entra dans la salle de baccara, le croupier prononçait les mots qui, si souvent, retentissent dans une nuit : « Le jeu est fait ». Machinalement il regarda qui taillait : un cri de surprise lui monta aux lèvres, c'était Combaz ; alors il s'approcha de la table et regarda les enjeux : environ une vingtaine de mille francs et Combaz n'avait plus que quelques cartes dans la main gauche, le reste de sa taille, que ses doigts serraient nerveusement, tandis que sur son visage pâle glissaient des filets de sueur.

— Rien ne va plus ?

A ce moment les yeux de Combaz rencontrèrent ceux d'Adeline et vivement il les détourna, puis il donna les cartes.

Le tableau de droite et le tableau de gauche, ayant demandé des cartes, reçurent l'un un dix, l'autre une figure ; alors une hésitation manifeste se traduisit sur le visage de Combaz et ses yeux vinrent chercher une inspiration dans ceux d'Adeline. Devait-il ou ne devait-il pas tirer ? Si furieux que fût Adeline, il était encore plus anxieux. Le joueur l'emporta sur le président, et ses yeux dirent ce qu'il eût fait lui-même. Combaz ne tira point et gagna.

— Je vous disais bien que j'allais avoir une série ! s'écria Combaz en venant vivement à Adeline, c'est cette certitude qui m'a empêché de rentrer, j'ai pris une voiture, et vous voyez que j'ai eu raison.

— Au moins allez-vous vous sauver maintenant.

— Au plus vite.

Tandis que Combaz changeait ses jetons et ses plaques contre vingt-cinq beaux billets de mille francs, Adeline s'approcha de Frédéric.

— Je vous prie de faire en sorte qu'il ne soit plus prêté d'argent à M. Combaz.

— Et pourquoi donc, mon cher président ?

— Il est ruiné.

— Il vaut au moins vingt-cinq mille francs, puisqu'il les empoche.

— Je désire qu'il les garde.

— Et la partie, qui la fera marcher, si nous écartons les joueurs ? Vous savez bien que ce ne sont pas là nos conventions ; les recettes baissent ; intéressant, le peintre Combaz, sympathique, je le dis avec vous, mais si nous éloignons les sympathiques, qui nous fera vivre puisque les coquins ne viennent pas ici ?

IX

Bien souvent Adeline avait invité le père Eck à venir dîner à son cercle, dans un de ses voyages à Paris ; mais les voyages du père Eck à Paris étaient rares ; il aimait mieux rester à Elbeuf à surveiller sa fabrique.

Tandis que le fabricant de nouveautés est obligé de venir à Paris deux fois par an et d'y passer chaque fois quinze jours ou trois semaines pour faire accepter par les acheteurs les échantillons de la saison prochaine, traînant chez les quarante ou cinquante négociants en draps qui sont ses clients sa *marmotte*, c'est-à-dire la caisse dans laquelle sont rangés ses échantillons, — le fabricant de draps lisses n'a pas à supporter ces ennuis et cette grosse dépense de préparer à l'avance, pour la saison d'hiver et la saison d'été, cinq ou six cents échantillons dont il lui faudra discuter, avec les acheteurs, chaque fil, chaque nuance, la force, l'apprêt ; sa gamme de fabrication est beaucoup plus limitée, et d'un coup d'œil, d'un mot, ses commandes sont faites ou refusées ; pour les recevoir, il n'est pas nécessaire que le chef de la maison se dérange lui-même.

Le père Eck ne se dérangeait donc que bien rarement ; que serait-il venu faire à Paris ? Ce n'était pas à Paris qu'étaient ses plaisirs, c'était à Elbeuf, dans sa fabrique dont il montait les escaliers du matin au soir comme le plus alerte de ses fils ; c'était dans son bureau à consulter ses livres ; c'était surtout le jour des inventaires qu'il clôturait tout seul quand il faisait comparaître devant lui ses fils et ses neveux et qu'il leur disait en deux mots : « Voilà ta part, Samuel ; la tienne, David, la tienne, Nathaniel, la tienne, Nephtali, la tienne, Michel ; maintenant, allez travailler. »

Cependant, un jour qu'une affaire importante réclamait sa présence à Paris, il s'était décidé à partir ; par la même occasion il verrait Adeline, et ce fameux cercle dont Michel parlait si souvent. Vers six heures, il alla attendre Adeline à la sortie de la Chambre.

— Je *fiens tiner* avec *fous* à *fotre* cercle.

Bunou-Bunou, chargé de son portefeuille qu'il traînait à bout de bras, accompagnait Adeline ; la présentation eut lieu en règle, et le père Eck exprima toute la satisfaction qu'il éprouvait à connaître un député dont il avait lu si souvent le nom dans les journaux. Ordinairement ce n'était pas un bon moyen pour mettre en belle humeur Bunou-Bunou que de lui parler des journaux, tant ils s'étaient moqués de lui, mais la physionomie ouverte du père Eck et son air bonhomme effacèrent vite la mauvaise impression que ce mot « journaux » avaient commencé à produire.

Ce fut en s'entretenant de choses et d'autres qu'ils gagnèrent l'avenue de l'Opéra. Quand, en montant le grand escalier, Adeline vit les regards étonnés que le père Eck promenait autour de lui, sur les revêtements de marbre aussi bien que sur la livrée fleur de pêcher des valets de pied, il sourit intérieurement, comme si ce luxe lui était personnel et devait éblouir le futur oncle de Berthe.

— Voulez-vous que je vous montre nos salons? dit-il en entrant dans le hall.

— Je n'avais aucune idée de ce qu'est un cercle, c'est très *peau*.

Dans chaque salon, le père Eck après avoir promené partout un regard curieux, et tâté le tapis du pied, en homme qui connaît la qualité de la laine, répétait à mi-voix pour ne pas troubler l'auguste silence de ces vastes pièces :

— C'est très *peau*.

En attendant le dîner, ils se retirèrent dans le cabinet d'Adeline avec Bunou-Bunou et quelques commerçants qui connaissaient le père Eck. Comme ils étaient là à causer, M. de Cheylus entra, et s'arrêta à la porte pour écouter le père Eck qui lui tournait le dos, et soutenait une discussion contre Bunou-Bunou.

— Ah! ah! dit M. de Cheylus s'avançant, il me semble reconnaître l'accent de mon ancien département.

— M. le comte de Cheylus, ancien préfet de Strasbourg, dit Adeline; M. Eck, de la maison Eck et Debs.

Mais le père Eck n'aimait pas qu'on le plaisantât sur son accent:

— Oui, monsieur, dit-il en venant à M. de Cheylus, je suis Alsacien, ou si je ne le suis *blus* ce n'est *bas* ma faute, c'est celle de certaines *bersonnes ;* je suis fier de mon accent et je voudrais en *afoir* davantage pour hisser haut le drapeau de mon pays.

Puis s'adoucissant en voyant M. de Cheylus un peu effaré :

— Malheureusement l'habitude de *fifre* toujours maintenant avec des Normands l'a *peaucoup* atténué, comme vous pouvez le *foir*, et je le regrette : l'accent, mais c'est le fumet du *pon* vin ; voudriez-vous des pâtés de Strasbourg qui ne sentissent rien ?

— Certes non, dit M. de Cheylus, qui ne se fâchait jamais de rien ni contre personne.

A table, le père Eck répéta son même mot, en ne lui faisant subir qu'une légère variante :

— C'est très *pon ;* vraiment, pour le prix, c'est très *pon.*

Et comme il ne soupçonnait pas les mystères de la cagnotte, à un certain moment il ajouta :

— C'est vraiment une *pelle* chose que l'association ! Quels miracles elle produit ! Je n'aurais jamais cru que, moyennant une cotisation de cent francs par an, on pouvait *chouir* de ces *peaux* salons et de cette *ponne* table, avec des domestiques aussi *pien* dressés, et de tout ce luxe.

Mais quand le soir il vit dans la salle de baccara les sommes qui se jouaient en deux ou trois minutes, il commença à changer d'avis sur les cercles.

— C'est vrai, demanda-t-il à Adeline, que ces plaques de nacre valent 5,000 francs et 10,000 francs ?

— Parfaitement.

— Mais c'est une abomination ; si les joueurs mettaient 10,000 *francs* en or sur le tapis vert, ils y regarderaient à deux fois, à dix fois ; ces plaques, ça glisse des doigts comme les haricots de ceux des enfants. Et je vois des commerçants à cette table, des gens qui savent ce que c'est que l'argent gagné. C'est une honte !

Adeline, qui jusque-là avait été ravi des émerveillements du père Eck, voulut changer la conversation qui menaçait de prendre une mauvaise voie et de conduire à un résultat complètement opposé à celui qu'il avait espéré au commencement de cette visite.

Mais on ne changeait pas le cours des idées du père Eck, pas plus qu'on ne le faisait taire quand il voulait parler ; il continua :

— Je *tis* que le jeu ainsi compris est une honte ; c'est une spéculation, non une distraction ; ils jouent *bour* gagner, non pour s'amuser entre honnêtes gens. Et voyez quelles vilaines figures ils ont, comme ils sont pâles ou rouges, comme ils grimacent : tous les mauvais instincts de la bête se marquent sur leurs visages. Allons-nous-en !

Mais Adeline ne voulut pas le laisser partir sur cette mauvaise impression ; s'il fut bien aise de quitter la salle de baccara où cette indignation d'un *Puchotier*, beaucoup plus *Puchotier* que lui encore, était née, il manœuvra pour que le père Eck ne quittât pas le cercle dans cet état violent, et, après lui avoir fait traverser les salons des jeux de commerce où quelques membres jouaient tranquillement, silencieusement, en automates, au whist et à l'écarté, il le conduisit dans son cabinet, où Bunou-Bunou, bien chauffé et bien éclairé, répondait scrupuleusement, comme tous les soirs il le faisait, aux vingt ou trente lettres de solliciteurs qu'il avait reçues dans la journée.

— Et c'est *bour* cela qu'on fonde des cercles? dit le père Eck, en s'asseyant devant la cheminée.

— Mais non, mais non, mon cher ami ; le jeu n'est qu'un accessoire, qu'un accident, et ce soir, particulièrement, la partie a pris un développement insolite.

Et Adeline expliqua dans quel but autrement plus élevé leur cercle avait été fondé; malheureusement il fut interrompu, dans sa démonstration que le père Eck écoutait sans paraître bien touché, par M. de Cheylus, qui entra en riant :

— Il se joue en ce moment une comédie qui aurait bien amusé M. Eck s'il en avait été témoin, dit-il.

— Quelle comédie?

— Le comte de Sermizelles vient de perdre 12,000 fr. ; où les avait-il eus? me direz-vous. Je n'en sais rien, mais enfin il se les était procurés, puisqu'il les a perdus. Alors, convaincu qu'il va rencontrer une série, il cherche cinq louis seulement pour l'entamer. A la caisse, brûlé. Auprès d'Auguste, brûlé. Auprès de tous les garçons, brûlé, archi-brûlé, et si bien brûlé qu'il ne trouve même pas un louis. Ou bien on ne lui répond pas, ou bien on ne le fait qu'avec les refus les plus humiliants. Il ne se rebute pas; tout le personnel y passe. Il fallait voir ses grâces, ses sourires, ses chatteries, et, devant les humiliations, son impassibilité. Averti par Auguste, je suivais son manège. C'est la comédie que j'aurais voulu que vît M. Eck. J'en ris encore. Enfin il tombe sur une bonne âme ou sur un mauvais plaisant qui lui dit que le chef a de l'argent. Et voilà mon comte qui, par l'escalier de service, se précipite à la cuisine. Il y est en ce moment.

— Est-ce *bossible!* s'écria le père Eck en levant les bras au ciel.

— Vous ne connaissez pas le comte ; le jeu est dans son sang comme dans celui de toute sa famille. Son frère, qui d'ailleurs ne s'est pas ruiné, était si foncièrement joueur qu'il ne prenait même pas la peine d'administrer sa fortune. A sa mort on a trouvé chez lui des tas de titres d'obligations de chemins de fer, d'emprunts, avec tous leurs coupons. Pourquoi se donner le mal de détacher ces coupons avec des ciseaux quand on fait des différences de trente ou quarante mille francs toutes les nuits ? Vous comprenez si la race est joueuse. Enfin, pour le moment, le comte est aux prises avec le chef et tâche de l'amadouer. Venez voir sa rentrée, qu'il ait ou n'ait pas obtenu d'argent, elle sera curieuse.

Quand ils entrèrent dans la salle, le comte n'y était pas, mais presque aussitôt il arriva allègrement, gaiement, et il courut à la caisse : sur la tablette, il déposa un tas de pièces de cinq francs, de deux francs, de cinquante centimes et même une poignée de gros sous.

— Il y a cent francs, dit-il, donnez-moi un jeton de cinq louis.

Et vivement il courut à la table où le croupier annonçait justement une nouvelle taille : « Messieurs, faites votre jeu. » Sans hésitation, en homme qui poursuit une idée, le comte plaça son jeton à gauche : il était radieux, sûr de gagner. Et, en effet, il gagna. Il laissa sa mise doublée et gagna encore. Puis encore une troisième fois.

Mais cela n'avait plus d'intérêt pour le père Eck, qui n'avait nulle envie de passer la nuit à regarder jouer. Il en avait assez ; il en avait trop. Adeline le reconduisit à son hôtel, rue de la Michodière, et promit de venir le prendre le lendemain matin pour une course qu'ils avaient à faire ensemble.

Adeline fut exact et il trouva le père Eck sous la porte, l'attendant.

Comme c'était au Palais-Royal qu'ils allaient, ils descendirent l'avenue de l'Opéra, et, en passant devant son cercle, Adeline voulut entrer pour donner un ordre. Dès la porte cochère, ils entendirent un brouhaha de voix qui partait de l'escalier du cercle, et à travers les glaces de la porte contre laquelle il était adossé ils virent un homme en veste et en calotte blanche, un cuisinier évidemment, qui pérorait avec de grands mouvements de bras, barrant le passage au comte de Sermizelles, défait, exténué, qui voulait sortir.

Que signifiait cela ?

Ce fut ce qu'Adeline se demanda ; mais il n'y avait pas plus moyen d'entrer que de sortir, le cuisinier obstruait solidement le passage et d'ailleurs il ne voyait pas son président, à qui il tournait le dos.

Autour de lui et du comte, il y avait une confusion de gens qui criaient ou qui riaient, des membres du cercle, des croupiers, des domestiques.

A ce moment, dans la cour parut Auguste, qui était descendu par l'escalier de service.

— Que se passe-t-il donc? demanda Adeline en allant à lui vivement.

— M. le comte de Sermizelles avait emprunté hier cent francs au chef; il a gagné cent vingt-cinq mille francs avec; mais il a tout perdu et il ne lui reste pas un sou pour rembourser Félicien, qui ne veut pas le laisser partir

— Vous m'avez donné votre parole d'honneur de me rendre mon argent ce matin, hurlait Félicien, et vous voulez filer. Vous ne passerez pas!

Adeline frappa à la glace de façon à se faire ouvrir, et, mettant cinq louis dans la main du cuisinier :

— Laissez sortir M. le comte, dit-il, et vous-même quittez le cercle à l'instant.

Quand il reprit sa route avec le père Eck, ils marchèrent côte à côte assez longtemps sans rien dire. A la fin, le père Eck prit le bras d'Adeline :

— Mon cher monsieur *Ateline*, je sais qu'on n'aime pas les conseils qu'on ne demande pas, *bourtant* je vous en donnerai un : croyez-moi, laissez ces gens-là à leurs plaisirs, ce n'est *bas* la place d'un brave homme comme vous. Vous serez mieux dans *fotre* famille. Si nous avons un peu réussi dans la vie, c'est par les liens de la famille : c'est en étant unis, c'est en nous serrant. Et ce n'est bas seulement pour la fortune que la famille est *ponne*.

X

Quand ils se furent séparés, Adeline resta sous l'impression de ces conseils, sans pouvoir la secouer : « Laissez ces gens-là à leurs plaisirs. » Est-ce que c'était pour le sien qu'il restait avec eux?

Mais dans la journée il lui vint un second avertissement qui le bouleversa plus profondément encore.

Comme il allait entrer dans la salle des séances, le préfet de police — celui-là même qui lui avait accordé l'autorisation d'ouvrir le *Grand I*, — l'arrêta au passage.

— Eh bien, mon cher député, êtes-vous content de votre cercle?

Adeline, croyant que c'était une allusion à la scène du matin, s'empressa de la raconter et de l'expliquer, tout en se disant que la préfecture était bien rapidement renseignée.

Mais le préfet se mit à rire :

— Je ne peux pas partager votre colère contre votre cuisinier, et même je trouve qu'il serait désirable que les joueurs eussent à payer quelquefois leurs emprunts à ce prix, ils emprunteraient moins. Ce n'était donc pas de cela que je voulais parler. Je vous demandais si vous étiez content de votre cercle.

— Pourquoi ne le serais-je point ? Le nombre de nos membres augmente tous les jours; nos fêtes sont très réussies; notre situation financière est bonne; je n'ai que des remerciements à vous renouveler pour l'autorisation que vous m'avez accordée avec tant de bonne grâce.

Puis tout de suite il entama une apologie des cercles bien tenus et sévèrement surveillés, qui n'était à peu de chose près que la répétition de ce que Frédéric lui avait dit et répété plus de cinquante fois, sur tous les tons et avec toutes sortes de variantes, c'est-à-dire que si les tricheries sont jusqu'à un certain point possibles dans un cercle fermé, où, par cela même que tous les membres ne font en quelque sorte qu'une même famille, personne ne surveille son voisin, il n'en est pas de même dans les cercles ouverts, où, au contraire, la défiance et la surveillance sont la règle ordinaire, comme si on était dans une réunion de voleurs connus.

Mais le préfet l'interrompit en riant :

— Laissez-moi vous dire que les cercles fermés ne m'inspirent pas plus une confiance absolue que les cercles ouverts, attendu que partout où l'on joue on peut tricher, dans le cercle le plus élevé quelquefois, comme dans le *claquedents* souvent, qu'on ait cent mille francs de rente, ou qu'on crève de faim. Je sais bien que lorsqu'on interroge un gérant de cercle ouvert sur les tricheries, il vous répond que par suite de sa surveillance elles sont si difficiles chez lui, qu'elles sont absolument impossibles; s'il s'en commet, c'est chez son voisin. Il est vrai que lorsqu'on passe à ce voisin, il nous dit qu'il a si bien découragé les philosophes qu'ils n'en paraît jamais un seul chez lui, tandis qu'ils vont tous à côté, où il se passe des choses abominables, et l'on est tout étonné, la première fois, de voir que le récit de ces choses abominables est le même dans les deux bouches ; ce qui se fait ici se fait là, et ce qui se fait là se fait ici. C'est par ce simple rôle de confident, aux oreilles complaisantes que j'ai appris, quand j'étais jeune, les procédés de cette aimable philosophie qui enseigne l'art de s'approprier le bien d'autrui ; et c'est pour cela que je résiste tant que je peux aux demandes qu'on m'adresse afin d'ouvrir de nouveaux cercles.

— Croyez-vous qu'on vole maintenant autant qu'il y a quelques années, quand le jeu était peu connu? demanda Adeline persistant dans les idées qu'il avait reçues.

— Autant, oui, et même davantage ; seulement les procédés se sont perfectionnés, ils sont moins gros et par là plus difficiles à découvrir ; parce que de nos jours on vole peu à main armée, s'ensuit-il qu'on vole moins qu'autrefois? Pas du tout ; le voleur a changé de manière tout simplement, il en a adopté une nouvelle, moins dangereuse... pour lui : c'est ce qui explique votre réponse de tout à l'heure ; quand vous vous êtes demandé, bien plus que vous ne me le demandiez à moi-même, pourquoi vous ne seriez pas content de votre cercle.

— Que se passe-t-il donc? Parlez, je vous en prie.

— On triche chez vous.

— C'est impossible.

— Si vous me répondez avec cette certitude, je n'ai rien à ajouter.

— Mais, qui triche ?

— Cela est plus délicat ; nous avons des soupçons, mais, comme il arrive le plus souvent, les preuves manquent ; tandis que mes agents peuvent protéger le pauvre diable à qui l'on vole cent sous, ils ne peuvent rien pour le monsieur à qui l'on vole cent mille francs, puisqu'ils n'entrent pas dans vos cercles. Enfin, j'ai des rapports sérieux qui ne permettent pas le doute ; on triche chez vous ; il est vrai qu'on triche aussi ailleurs ; mais ce qui se passe ailleurs ne vous regarde pas, tandis que vous avez intérêt à savoir ce qui se passe chez vous, afin d'éviter un éclat : voilà pourquoi je vous avertis.

Bien que bouleversé par cette révélation, Adeline trouva de chaudes paroles de remerciement, puis il expliqua les mesures qu'il allait prendre avec son gérant et son commissaire des jeux pour découvrir les voleurs.

Mais aux premiers mots le préfet l'arrêta :

— Croyez-moi, ne prenez des mesures avec personne ; prenez-les avec vous-même. Vous avez confiance dans votre gérant, c'est parfait ; mais enfin il n'en est pas moins vrai qu'en cette occasion il est dans son tort puisqu'il n'a rien vu ; ou s'il a vu sans vous prévenir, il y est encore bien plus gravement ; et c'est toujours un mauvais moyen de recourir à ceux qui sont en faute. Opérez vous-même. Ne vous fiez qu'à vous. Il ne vous est pas difficile de surveiller vos gros joueurs.

— Notre plus gros joueur est le prince de Heinick.

— Surveillez le prince de Heinick comme les autres : il n'y a pas de prince devant le tapis vert, il n'y a que des joueurs, et la façon dont un joueur surveille un autre joueur vous montre quelle confiance on s'inspire mutuellement dans cette corporation.

— Faut-il donc soupçonner tout le monde ?

— Hé, hé !

— Mais alors ce serait à quitter la société.

— Au moins une certaine société.

Sur ce mot le préfet voulut s'éloigner, mais Adeline le retint : il était épouvanté de la responsabilité qui lui tombait sur les épaules, et il ne l'était pas moins de son incapacité qu'il avoua franchement. Comment découvrir les nouvelles tricheries, quand il connaissait à peine les anciennes ? Il lui faudrait quelqu'un pour l'éclairer, le guider. Il termina en demandant au préfet de lui donner ce quelqu'un :

— Il y a des inspecteurs de la brigade des jeux ; donnez m'en un.

— Si les inspecteurs connaissent les grecs, les grecs connaissent encore mieux les inspecteurs ; que je vous en donne un, et que vous l'introduisiez dans votre cercle, les choses, tant qu'il sera là se passeront avec une correction parfaite.

Adeline se montra si désappointé que le préfet ne voulut pas le laisser sur cette réponse décourageante.

— Je vais m'informer si on peut vous donner

quelqu'un qui exerce une surveillance sans danger d'être reconnu, et aussi sans provoquer l'attention : mes agents ne se recrutent pas dans le monde de la diplomatie, malheureusement, et il y en a plus d'un dont la tournure et la tenue seraient déplacées dans votre cercle. Demain vous aurez ma réponse.

Cette nuit-là, Adeline la passa au cercle à surveiller les joueurs, rôdant autour des tables, cherchant, examinant, mais ne voyant rien d'irrégulier. A la vérité, le prince de Heinick eut une banque exceptionnellement heureuse, mais sans que rien pût éveiller les soupçons dans sa manière de tailler, qui était la plus correcte au contraire, la plus élégante qu'on eût encore vue au *Grand I*. C'était presque du bonheur ; en tout cas, pour plus d'un ponte, c'était presque un honneur de se faire gagner son argent par un si noble banquier, numéroté dans l'*Almanach de Gotha*, et apparenté à des Altesses : «J'ai attrapé hier avec le prince Heinick une culotte qui peut compter!» Ça pose de se faire culotter par un prince.

Le lendemain, Adeline attendait le préfet avec une impatience nerveuse.

— J'ai votre homme, mon cher député, rassurez-vous. Un ancien agent politique versé dans la brigade des jeux. Il paraît qu'il a été *affranchi* par les grecs et qu'il n'a pas voulu travailler avec eux ni pour eux. On me dit qu'il opère d'une façon surprenante. En tout cas, il connaît tous les tours de ces messieurs, et si celui qui s'exécute chez vous est neuf, il est assez intelligent pour le découvrir. J'oubliais de vous dire qu'il est assez bien pour passer inaperçu dans votre cercle et partout ; en plus décoré, d'un ordre étranger, pour services politiques. Il sera demain matin chez vous, si vous voulez. A quelle heure?

— Dix heures.

Comme dix heures sonnaient le lendemain, on frappa à la porte d'Adeline, et dans son petit salon entra un homme de quarante-cinq ans, de tournure militaire, correctement habillé comme tout le monde et avec aisance, les mains gantées ; la tête était énergique, le visage montrait des traits détendus et fatigués comme ceux des comédiens qui ont exprimé toute la gamme des passions, mais ce qui frappait plus encore chez lui, c'était de beaux yeux noirs brillants qui semblaient devoir embrasser, sans mouvements apparents, un rayon visuel plus considérable qu'il n'est donné à une vue ordinaire

— Je viens de la part de M. le préfet de police.

En quelques mots, Adeline expliqua ce qu'il attendait de lui.

— Très bien, monsieur ; vous voudrez bien me présenter comme... une personne de votre connaissance.

— Assurément ; votre nom?

— Nous dirons Dantin, si vous voulez bien ; c'est un nom commode, noble ou bourgeois, selon les dispositions de celui qui l'entend et lui met ou ne lui met pas d'apostrophe.

Dantin allait se retirer ; Adeline le retint.

— M. le préfet m'a dit que vous connaissiez toutes les tricheries des grecs.

— Toutes, non ; car on en invente tous les jours, qu'on apporte toutes neuves dans les cercles, mais je connais à peu près toutes celles qui ont servi ; quant aux inédites, une certaine expérience me permet de les deviner quelquefois !

— M. le préfet m'a dit que vous opériez vous-même d'une façon surprenante.

— M. le préfet est trop bon ; j'ai acquis un certain doigté. Au reste, je me mets à votre disposition, et si vous voulez que je vous donne une... séance, je suis prêt, Vous avez des cartes.

Mais Adeline n'avait pas de cartes, il fallait en envoyer chercher.

Quand on les apporta, Dantin, qui s'était assis devant le bureau d'Adeline, les prit, les mêla, et, tout en causant, parut les examiner assez légèrement.

— Elles sont bien minces, mais enfin elles seront suffisantes, je l'espère.

Il les étala sur le bureau et les remua à deux mains avec de grands mouvements des épaules et des coudes ; puis, les ayant rassemblées, il les posa en tas devant Adeline,

— Si vous voulez couper : bas, haut, comme vous voudrez. Maintenant si vous voulez bien me désigner le neuf que vous désirerez, je vais vous le donner ; vous voyez que ni la carte de dessus ni celle de dessous ne sont des neuf.

Adeline demanda le neuf de pique et ne quitta pas des yeux les doigts de Dantin.

— Le voici, dit celui-ci ; en voulez-vous un autre ?

— Oui, le neuf de trèfle, dit Adeline, se promettant bien de voir comment Dantin opérait.

Mais il ne vit rien, ni pour le neuf de trèfle, ni pour ceux de cœur et de carreau qu'il lui servit ensuite, et il resta ébahi.

— Ainsi vous ne m'avez pas vu, dit Dantin, et vous ne m'avez pas davantage entendu.

— Pas du tout.

— Comme vous le savez, c'est là la grande difficulté du filage, l'oreille perçoit ce qui échappe aux yeux ; heureusement, j'ai travaillé une heure ce matin, car, pour filer il faut faire ses gammes comme le musicien ; si je restais un jour sans travailler, vous ne m'entendriez peut-être pas, mais moi je m'entendrais. Maintenant, comme je n'ai pas de prétention au rôle de sorcier, au contraire, regardez ces cartes ; pendant que j'occupais votre attention en vous disant qu'elles étaient mauvaises, je les ai marquées de quelques coups d'ongles, à peine perceptibles pour l'œil, mais sensibles pour mes doigts. Puis, au lieu de battre les cartes comme tout le monde, j'ai fait ce qu'on appelle la *salade* ; et je vous ai donné à couper ; mais, au moyen de cette carte légèrement bombée, j'ai fait un petit *pont*, dans lequel vous avez coupé. Et voilà. Quant au filage, c'est affaire de travail, d'habitude et d'adresse.

XI

A neuf heures, Dantin arriva au *Grand I*, et par un valet de pied fit passer son nom au président, qui à ce moment causait avec son gérant.

— Dantin, fit Adeline avec un mouvement de surprise assez bien joué, faites-le monter.

Puis s'adressant à Frédéric :

— Un ami de Nantes.

Vivement il alla au-devant de cet ami, qui, présenté de cette façon, devait passer inaperçu, ou tout au moins ne provoquer aucune curiosité : ce n'était point le premier provincial d'Elbeuf, de Rouen ou d'ailleurs à qui Adeline faisait les honneurs de son cercle : le malheur était que ces provinciaux, peu intelligents, se laissaient rarement séduire par les charmes du baccara, ou, s'ils se risquaient quelquefois à ponter un louis au tableau de droite ou de gauche, ils allaient rarement plus loin quand ils l'avaient perdu : les louis n'ayant pas du tout la même valeur à Elbeuf ou à Rouen qu'à Paris.

A cette heure, il n'y avait presque personne au cercle : quelques vieux bien sages qui jouaient tranquillement au whist ou à l'écarté; mais le baccara chômait; si Dantin était venu si tôt, c'est qu'il voulait passer l'inspection des lieux avant celle des joueurs.

Ce fut ce qu'il fit avec Adeline en jouant le provincial à la perfection, c'est-à-dire avec une discrétion qui n'allait pas jusqu'aux gros effets du paysan, mais en homme de sa tenue qui, pour la première fois, pénètre dans un cercle parisien et naturellement regarde autour de lui avec curiosité, parce que ce qu'il voit l'amuse et aussi le surprend un peu.

Cependant, il fallait passer le temps, la promenade dans les salons ne pouvait se recommencer indéfiniment, et, d'autre part, deux amis qui se retrouvent après une longue séparation ne peuvent pas se mettre à lire les journaux en face l'un de l'autre.

— Verriez-vous un inconvénient à ce que nous fissions quelques carambolages? demanda Dantin; il importe de gagner l'heure sans provoquer l'attention.

Adeline eut un mouvement d'hésitation, mais il fut court.

— Après tout! se dit-il.

Ils se mirent à un billard jusqu'à ce que l'arrivée des joueurs permît de commencer la partie; alors ils passèrent dans la salle de baccara; mais les joueurs assis à la table n'étaient guère sérieux, et la galerie autour d'eux était peu nombreuse; encore Dantin ne se laissa-t-il pas tromper sur la qualité de ces joueurs, qui, pour lui, n'étaient que des *allumeurs* chargés de lancer la partie avec quelques modestes jetons de cinq francs qu'on leur remet à la caisse; quant au banquier, c'était non moins certainement un autre allumeur qui avait pris la banque avec quinze louis avancés pas la caisse; si la partie avait marché pour de bon, le croupier l'aurait menée d'une autre allure.

Entre la première et la seconde banque, Frédéric s'approcha de l'ami du président, et les présentations se firent.

— M. d'Antin.

— M. le vicomte de Mussidan.

— Monsieur ne joue pas? demanda Frédéric, qui ne dédaignait pas d'allumer lui-même la partie, même au détriment des amis de son président.

— Pour jouer il faut savoir, répondit Dantin avec franchise et simplicité, et je vous avoue qu'à Nantes nous ne cultivons pas encore le baccara.

— Cependant...

— Au moins dans ma société; c'est même la première fois que je vois jouer ce jeu.

— Il est bien facile.

— Il me semble; je ne dis pas que je ne me risquerai pas demain, mais aujourd'hui je regarde; il y a des choses que je ne comprends pas. Ainsi, pourquoi le banquier ne paye-t-il pas et ne reçoit-il pas?

— C'est le croupier qui paie et qui reçoit pour le banquier.

— Ah! c'est le croupier, le fameux croupier qui est assis en face du banquier; je croyais qu'il n'y en avait pas dans les cercles.

Frédéric s'éloigna en se disant que son président avait des amis vraiment bien naïfs, — ce qui d'ailleurs ne l'étonna pas.

— Vous n'aviez pas besoin de si bien jouer l'ignorance, dit Adeline, quand Frédéric fut passé dans une autre salle, le vicomte de Mussidan est le vrai gérant du cercle, et c'est un autre moi-même.

— Pardon, je ne savais pas.

Et Dantin se promit d'être circonspect : si le gérant et le président ne faisaient qu'un, il fallait être attentif à veiller sur sa langue. Il avait reçu l'ordre de se mettre à la disposition de M. Constant Adeline, député, président du *Grand I*, afin d'aider celui-ci à découvrir des vols, qui se commettaient dans son cercle. Mais quels étaient ces vols, quels étaient les voleurs, il n'en savait rien ; c'était à lui de les trouver. Où les chercher ? Justement parce qu'il connaissait les tricheries des grecs, il était disposé à voir des voleurs dans tous ceux qui vivent du jeu : joueurs de profession, croupiers, gérants. C'est là d'ailleurs une disposition commune aux policiers et qui fait leur force ; s'ils étaient moins soupçonneux, ils ne découvriraient rien. Tel qu'il avait vu Adeline la veille, il le jugeait le plus honnête homme du monde, un brave et digne président, comme après tout il peut en exister. Mais si ce brave président ne faisait qu'un avec son gérant, et un gérant vicomte, c'est-à-dire un déclassé, la situation se trouvait autre qu'il l'avait jugée tout d'abord, et il était prudent de ne pas s'aventurer avec lui. Un député est un personnage influent et c'est niaiserie d'agir de façon à s'en faire un ennemi, surtout quand on n'a que sa place pour vivre et qu'on désire la garder, ce qui était le cas de Dantin. Dans sa jeunesse il avait volontiers joué les Don Quichotte, ce qui l'avait mené à être simple inspecteur de la brigade des jeux à quarante-cinq ans ; il ne voulait pas descendre plus bas.

Cependant, la partie continuait et Dantin la suivait avec la franche curiosité du provincial qui voit jouer le baccara pour la première fois ; de temps en temps il adressait à Adeline discrètement une question, que ses voisins pouvaient entendre en prêtant un peu l'oreille ; elles étaient tellement naïves, ces questions, qu'elles ne pouvaient venir que d'un provincial renforcé.

Mais pour échanger quelques paroles avec Adeline de temps en temps, il n'en était pas moins attentif à ce qui se passait à la table, qu'il ne quittait pas des yeux, allant du banquier aux pontes et du croupier aux valets de service.

Peu à peu la partie s'était animée, les joueurs étaient arrivés, et la misérable petite banque de quinze louis du début était montée à cent, à deux cents, à cinq cents louis.

Il avait été convenu entre Adeline et lui que quoi qu'il vît il ne lui dirait rien, car Adeline voulait avant tout éviter un éclat, qui, colporté le lendemain dans le Paris des cercles et peut-être même dans tout Paris, compromettrait le *Grand I* en même temps que la réputation de son président.

Cependant, bien que Dantin se fût conformé à cette instruction, plus d'une fois il avait regardé Adeline pour appeler son attention sur la table de jeu, mais Adeline n'avait pas paru comprendre, non en homme qui ne veut pas, mais parce qu'il ne voit pas ce qu'on lui montre, et que par cela il est dans l'impossibilité d'entendre ce qu'on lui insinue. Alors Dantin l'avait examiné, se demandant s'il avait affaire à un aveugle volontaire ou non, et si vraiment le président et le gérant ne faisaient qu'un.

Il s'éloigna un peu de la table, et tout bas il dit à Adeline qu'il voudrait bien l'entretenir pendant deux ou trois minutes.

— Vous avez vu quelque chose ? demanda Adeline anxieux.

Dantin fit un signe affirmatif.

Ils passèrent dans le cabinet du président, et Adeline referma la porte avec soin.

— Qu'avez-vous vu ? parlez bas.

— J'ai vu que le croupier a *étouffé* de quarante-cinq à cinquante louis, rien que dans les trois dernières banques, répondit Dantin en sifflant ses paroles du bout des lèvres.

— Que voulez-vous dire ? murmura Adeline ; je n'ai rien vu.

— Je vais vous reconstituer les tours, et quand nous rentrerons dans la salle, comme vous serez prévenu, vous les verrez se répéter si c'est toujours le même croupier, car il les réussit trop bien pour ne pas les recommencer.

— Mais c'est Julien !

Cela fut dit d'un ton de surprise indignée qui signifiait clairement que Julien était la dernière personne qu'Adeline aurait crue capable d'étouffer le plus petit louis.

— Vous avez donné l'habit à vos croupiers, continua Dantin, et c'est une sage précaution qui prouve que celui qui leur a imposé ce vêtement connaît les habitudes de ces messieurs, et sait comment, avec l'argent qui leur passe par les mains, il leur est facile de laisser tomber un jeton dans la poche de leur jaquette ou de leur veston, mais on aurait dû en même temps leur imposer une cravate serrée au cou.

— Pourquoi donc ?

— Pour les empêcher de faire glisser des jetons dans leur chemise. Rappelez-vous le col de Julien, il est très lâche, n'est-ce pas ? et la cravate est lâche aussi ; alors qu'arrive-t-il ? c'est que Julien, qui respire difficilement, paraît-il, surtout au moment où il paye ou quand il rend de la monnaie, passe sa main dans son col pour l'élargir, et laisse alors glisser dans cette ouverture un jeton qui s'arrête à sa ceinture. Il a fait ce geste trois fois, ci, trois louis. Comptez-les. De même qu'il éprouve le besoin de respirer, il éprouve aussi celui de se moucher : deux fois il a tiré son mouchoir, mais deux mouchoirs différents, et chaque fois il a fait passer un jeton de sa main gauche, où il le cachait, dans le mouchoir qu'il a replié et remis dans sa poche ; ci, deux louis.

— Et personne n'a rien vu, s'écria Adeline, ni le gérant, ni le commissaire des jeux !

C'était le moment pour Dantin de ne pas s'aventurer.

— Je dois dire que tout cela était fait très proprement, avec adresse. Voyez-vous les tours d'un bon prestidigitateur ?

— Continuez.

— Deux fois il a demandé de la monnaie : la première, le change a été fait loyalement, on lui a rendu la somme qu'il donnait ; mais la seconde, quand il a tendu une plaque de vingt-cinq louis par-dessus son épaule, il en tenait deux dans sa main, et c'est seulement la monnaie d'une qu'on lui a rendue, ci, vingt-cinq louis.

— Mais alors Théodore serait son complice ?

— Dame, ça se voit tous les jours. Maintenant passons à la dernière opération. Vous avez dû remarquer un ponte à sa droite, un monsieur à barbe rousse. Eh bien, il l'a payé deux fois : la première, en commençant par lui, il lui a payé sa mise de cinq louis, puis, en finissant, il est revenu au monsieur roux, et alors il lui a payé les dix louis que celui-ci avait laissés sur le tapis, ci quinze louis. Vous voyez que mon compte est exact ; au moins le compte de ce que j'ai vu.

Adeline était atterré :

— Dans mon cercle, murmurait-il, dans mon cercle, chez moi, de pareils misérables !

Dantin se dit que si ce président ne valait pas mieux que d'autres qu'il avait connus, en tout cas c'était un habile comédien qui jouait admirablement la douleur indignée ; aussi, que cette douleur fût ou ne fût pas sincère, était-il prudent de paraître la prendre au sérieux.

— Mon Dieu, monsieur le président, permettez-moi de vous dire que ce qui arrive chez vous se passe dans bien d'autres cercles. Je ne dis pas qu'il n'y ait pas des croupiers honnêtes, c'est très possible, seulement, comme dans notre profession ce n'est pas les honnêtes gens que nous voyons, j'en connais plus d'un qui vaut le vôtre. C'est qu'il est mauvais de manier sans contrôle possible de grosses sommes qui semblent, à un moment donné, n'appartenir à personne : pourquoi celui qui les distribue n'en garderait-il pas une part pour lui ? C'est comme cela que tant de croupiers font en deux ou trois ans des fortunes étonnantes, que ne justifient ni leurs appointements plus que modestes, ni le tant pour cent qu'ils touchent sur la cagnotte, ni les gros pourboires de vingt, vingt-cinq louis que certains banquiers leur donnent, on ne sait pourquoi, si ce n'est peut-être pour les remercier de les avoir volés proprement. Ils sont partis de bas, garçons de café pour la plupart, valets de pied ; ils ont vu le jeu et l'ont appris avec ses adresses, un jour qu'un croupier manque, ils le remplacent et font comme ils ont vu faire leurs prédécesseurs. En deux ou trois ans, ils sont riches ; à moins qu'ils ne soient joueurs eux-mêmes. A Pau, à Biarritz, quand vous voyez une charrette anglaise brûler le pavé tirée par un cheval de prix et chercher à accrocher toutes les voitures qu'elle rencontre, ne demandez pas à qui ; c'est à un croupier : les plus belles villas, aux croupiers ; les plus belles maîtresses, aux croupiers. A Paris, voulez-vous que je vous en nomme qui lavaient la vaisselle, il y a cinq ans et qui ont aujourd'hui des galeries de tableaux de cinq ou six cent mille francs. Ça ne se gagne pas honnêtement en quelques années, ces fortunes, alors surtout qu'on a autour de soi des *mangeurs* qui vous en dévorent une grosse part, car on n'opère pas ces voleries sans que d'habiles gens vous voient, et il faut partager avec eux ; le monsieur roux payé deux fois était un mangeur ; et si j'allais dire à votre croupier ce que j'ai vu, soyez sûr qu'il m'offrirait une part de ce qu'il a gagné pour me fermer la bouche. C'est ainsi que les croupiers ont autour d'eux toute une bohème qui vit d'eux tranquillement, sans danger, sans rien faire. Allez un jour dans le café où se réunissent les croupiers à côté de Saint-Roch, et si vous les entendez se plaindre, vous verrez comme on les fait chanter.

Adeline restait accablé.

— Est-ce tout ce que vous avez vu ? demanda-t-il enfin.

Dantin hésita un moment :

— N'est-ce pas assez ? dit-il sans répondre franchement.

— Eh bien, retournez dans le salon du baccara et reprenez votre surveillance, je vous rejoindrai tout à l'heure.

XII

Si Dantin avait hésité un moment pour répondre à la question d'Adeline, c'est que le tout qu'il disait n'était pas le tout qu'il avait vu.

En plus de l'*étouffage* des jetons, il y avait eu le

bourrage de la cagnotte, et, pendant ses quelques secondes de réflexion, il s'était demandé s'il devait parler de ce *bourrage*.

Il n'était pas dans un cercle fermé, et, bien qu'il ne sût rien de la situation qui avait été faite au président du cercle dans lequel il opérait, il devait croire que ce président comme tant d'autres touchait un traitement; or ce traitement c'était, toujours comme chez les autres, la cagnotte qui le payait; comment dans ces conditions parler du *bourrage* de cette cagnotte à un président qui en vivait? n'était-ce pas lui dire en face : « On vous paye avec de l'argent volé »; cela n'est agréable à dire à personne; et, d'autre part, quand on n'est qu'un pauvre diable d'employé de la préfecture de police, ce serait plus que de l'imprudence de dire à un ami du préfet : « Vous n'êtes qu'un *mangeur*. »

C'était déjà bien assez gros d'avertir ce président de cercle que son croupier étouffait les jetons, mais enfin c'était possible : le croupier pouvait opérer pour lui-même et sans autre partage que celui qu'il aurait à faire avec ses complices. Mais la cagnotte, ce n'était pas le croupier qui en avait la clef, c'était le gérant, et s'il la *bourrait*, ce ne pouvait être que par ordre du gérant; or, si Dantin s'en tenait au mot d'Adeline « Mon gérant est un autre moi-même », il fallait y regarder à deux fois avant de dénoncer ce *bourrage*.

De là son hésitation, et de là aussi sa réponse ambiguë qui n'accusait personne, mais qui laissait la porte ouverte aux questions.

Que le président le poussât, en homme qui réellement veut tout savoir, il répondrait aux questions nettement posées.

Qu'on ne le poussât point, il n'en dirait pas davantage, surtout à propos de choses qu'on ne lui demandait pas.

Non seulement on ne l'avait pas poussé, mais encore on l'avait envoyé reprendre sa surveillance ; il se l'était tenu pour dit : on n'a pas été fonctionnaire de la préfecture pendant de longues années sans apprendre à retenir sa langue.

Et, obéissant à la consigne, il avait repris sa surveillance en continuant à se donner l'air provincial.

— Eh bien, monsieur, lui demanda Frédéric, commencez-vous à connaître le jeu ?

— Ça vient, mais l'embarras, c'est pour prendre des cartes ; je ne pourrais jamais me décider.

— Alors vous ne jouez pas ?

— Demain.

— Quel imbécile ! se dit Frédéric en s'éloignant.

L'imbécile continua de regarder le jeu ; mais comme, pendant le temps qu'il avait passé dans le cabinet du président, le nombre des joueurs avait augmenté, il ne se trouvait plus qu'au troisième rang, derrière les joueurs qui se penchaient sur la table pour surveiller leur mise : le tapis vert était encombré de jetons rouges et blancs et de plaques de nacre au milieu desquels éclatait çà et là l'or de quelques louis jetés par des joueurs fiévreux qui n'avaient pas eu la patience de les changer. Comme les filouteries du croupier ne l'intéressaient plus puisqu'il les connaissait, c'était aux joueurs et au banquier qu'il donnait toute son attention. Mais à l'exception d'une pauvre petite *poussette*, c'est-à-dire d'une plaque de vingt-cinq louis à cheval et qu'un ponte avait adroitement poussée quand son tableau avait gagné, il ne vit rien que de régulier; tous ces joueurs, ponte en banquier, jouaient correctement.

Mais il en est du policier comme du chasseur à l'affût, il n'a qu'à attendre; il attendit donc.

Tout à coup il se fit un brouhaha, et il vit un groupe entrer dans la salle, vers lequel tous les yeux se tournèrent : au milieu de ce groupe s'avançait un grand jeune homme blond à lunettes, qui semblait marcher assez gauchement, un peu à l'aventure, le prince de Heinick, à qui l'on faisait une entrée, comme il arrive souvent pour les gros joueurs. Dantin, qui ne le connaissait pas, remarqua qu'il regardait en-dessus ou en dessous de ses lunettes qu'il portait assez bas sur le nez.

Tout de suite le prince vint à la table, et, deux joueurs s'étant écartés avec l'empressement de courtisans, il plaça sur le tapis une plaque de vingt-cinq louis qu'il perdit; il en avança une seconde qu'il perdit encore.

— C'est assez, dit-il, je n'ai pas la veine; nous verrons si je serai aussi malheureux en banque.

Et aux regards qu'on fixa sur lui, il fut facile de comprendre que plus d'un joueur se promettait de profiter de cette déveine, quand il serait en banque : il avait assez gagné, l'heure de la restitution allait sonner.

Sans suivre le jeu pour voir d'où soufflait le vent,

le prince alla s'asseoir dans un coin, et resta là d'un air indifférent et ennuyé jusqu'au moment où la banque lui fut adjugée. Alors tout le monde se pressa autour de la table, et l'on vit apparaître le premier croupier, un Béarnais appelé Camy, qui avait longtemps opéré à Pau, à Biarritz, à Luchon, et qui ne travaillait que pour les banques importantes ou pour les joueurs de qualité.

Le prince de Heinick, assis à son fauteuil, avait demandé des cartes neuves ; et le garçon d'appel avait apporté trois jeux au croupier. En poussant, en se faufilant adroitement, Dantin avait fini par arriver au second rang derrière les pontes assis, et il n'était qu'à trois pas du banquier, dans les meilleures conditions pour le bien voir; au quatrième rang, Adeline se tenait derrière lui. Quand on posa les cartes sur le tapis, il les examina et constata que les bandes timbrées paraissaient intactes. Le croupier déchira les enveloppes, battit les cartes et les passa à un ponte qui les battit à son tour.

— Encore un peu, monsieur, si vous voulez bien, dit le prince avec un aimable sourire; je suis féticheur.

Evidemment, ce n'était pas des jeux séquencés; Dantin pouvait être tranquille de ce côté ; il n'avait plus qu'à surveiller les mains de cet aimable banquier pour voir si, en approchant son fauteuil de la table, il ne ferait pas passer de sa main droite dans sa main gauche une portée préparée à l'avance — un *cataplasme*, si cette portée était épaisse; un *rigolo*, si elle était mince; mais tout se passa avec une régularité parfaite, il n'y eut aucune applique.

Les jetons, les plaques, les louis et même quelques billets de banque s'étaient abattus sur le tapis.

— Combien y a-t-il? demanda le prince, affirmant ainsi mauvaise vue.

— Vingt-huit mille francs, répondit le croupier, qui, d'un coup d'œil exercé, avait fait son compte.

— Rien ne va plus, dit le prince.

— Messieurs, rien ne va plus, répéta Camy.

Le prince donna les cartes avec lenteur, sans les quitter des yeux; les deux tableaux prirent des cartes; pour lui, il ne s'en donna pas, et, quand il montra son point, un murmure de surprise s'éleva : il s'était tenu à 4, et il gagnait; le tableau de droite avait 3, le tableau de gauche baccara.

— Quelle veine !

Cette veine calma l'ardeur des pontes ; l'heure de la restitution ne paraissait guère arrivée : aussi quand le prince fit sa question ordinaire: « Combien, je vous prie? » le croupier n'annonça-t-il que sept mille francs; les prudents se réservaient; il fallait voir.

Ils virent qu'ils avaient eu tort de s'abstenir, car le banquier perdit cette taille en tirant une bûche qui laissa le même, son point de trois.

Alors l'espérance revint aux joueurs, et le croupier annonça qu'il y avait vingt mille francs, mais cette fois ils eurent tort encore, car ce fut le banquier qui gagna; et ce qu'il y eut de remarquable dans ce coup, c'est qu'il fut aussi audacieux que l'avait été le premier : le prince tira à six et amena un 2 ; ses adversaires avaient l'un 6, l'autre 7.

Si les pontes furent consternés, Dantin fut étonné, c'était trop beau, trop sûr pour lui ; il y avait là quelque volerie, mais laquelle ? Il n'y voyait rien ; il avait beau prêter l'oreille, il n'entendait pas le plus léger bruit de filage dans cette pièce silencieuse où l'anxiété arrêtait les respirations. Devenait-il sourd ? Il écouta s'il entendait le battement de sa montre dans la poche de son gilet, et il l'entendit.

La banque continua en suivant à peu près la même marche, sur quatre coups le banquier en gagnait trois, et presque toujours avec une sûreté de tirage extraordinaire. Quand, la banque finie, on apporta devant le prince la corbeille dans laquelle il devait emporter son gain, elle se trouva presque remplie de jetons et de plaques ; c'était un désastre.

Pendant que le prince changeait toute cette mitraille d'ivoire et de nacre contre de vrais billets de banque, il voulut bien, toujours avec son aimable sourire, promettre à quelques joueurs qu'il reviendrait le lendemain et leur offrirait leur revanche.

C'en était assez pour ce soir-là ; le cercle se vida presque complètement ; bien certainement il ne se passerait plus rien de sérieux.

Adeline emmena Dantin dans son cabinet.

— Eh bien ? demanda-t-il.

— Le prince est un filou.

— Vous avez vu ?

— Rien.

— Alors, comment pouvez-vous porter une pareille accusation contre un homme dans sa situation et que nous a présenté un membre des grands cercles?

— Vous me demandez mon impression, je vous la donne; si vous voulez que je ne dise rien, je me tais.

— Mais qui vous fait croire...?

Dantin expliqua ce qui lui faisait croire que le prince était un filou, en insistant principalement sur la sûreté de son tirage :

— Il n'y a pas de séquences, dit-il en concluant, il n'y a très probablement pas de filage, mais il y a quelque chose, et ce quelque chose je le chercherai, j'espère même que je le trouverai, seulement il faudrait avant que j'eusse les cartes avec lesquelles le prince a taillé.

— Elles étaient neuves.

Dantin ne répliqua pas, mais il insista pour examiner ces cartes, et comme ce soir-là il était impossible de retrouver avec certitude dans la corbeille celles qui avaient servi au prince à tailler, il fut convenu que cet examen serait remis au lendemain Ce retard contraria Adeline, qui aurait voulu ce soir même expulser de son cercle le croupier Julien, ainsi que le garçon de jeu Théodore; mais il fallait bien attendre et laisser le prince prendre encore une banque sans éveiller les soupçons de personne, alors même que cette banque du lendemain devait être aussi désastreuse que celle qui venait de finir.

Elle le fut; les choses se passèrent exactement comme la veille: même façon de jouer et de tirer, même gain, même impossibilité pour Dantin de rien voir.

Comme cela avait été convenu, aussitôt que la banque fut finie, il se rendit dans le cabinet du président, où celui-ci arriva presque aussitôt, accompagné de Bunou-Bunou, mis dans le secret, afin de donner plus de solennité à l'examen. Ils apportaient les cartes de la dernière banque. Vivement Dantin les prit, les palpa, les examina; toutes passèrent par ses doigts et sous ses yeux.

— Je ne trouve rien, dit-il enfin.

— Vous voyez, monsieur, avec quelle légèreté vous avez soupçonné le prince, dit Adeline sévèrement; par bonheur, personne n'en saura rien.

— Je jure que c'est un grec, s'écria Dantin.

— Il ne faut pas accuser sans preuve, dit Bunou-Bunou sentencieusement et avec non moins de sévérité qu'Adeline; si nous n'avions pas agi avec prudence, dans quelle situation nous mettiez-vous ?

Comme Adeline, Bunou-Bunou s'était révolté à l'idée que le prince de Heinick pouvait être un filou, et, comme Adeline, il regardait l'agent avec une pitié méprisante:

— Ces policiers !

Ce n'était pas seulement des soupçons de Dantin sur le prince qu'Adeline avait entretenu son collègue, c'était aussi des accusations portées contre Julien et Théodore; aussi, en voyant le découragement de l'agent, tous deux se demandaient-ils si accusations et soupçons ne se valaient pas.

Dantin était trop fin pour ne pas deviner ce qui se

passait en eux, mais que dire? le mot de Bunou-Bunou lui fermait la bouche: « On n'accuse pas sans preuve »; et cette preuve, il ne l'avait pas.

— Votre surveillance n'ayant pas produit de résultat, au moins pour les joueurs, dit Adeline, je pense qu'il est inutile de la continuer; vous pouvez ne pas revenir demain.

— Très bien, monsieur, dit Dantin, je ferai mon rapport.

Il se dirigea vers la porte; comme il allait l'ouvrir, il revint vivement, en se frappant le front:

— Les lunettes! s'écria-t-il, les lunettes!

Adeline et Bunou-Bunou le regardèrent en se demandant s'il était pris d'un accès de folie.

— Ce n'est pas pour rien qu'on a de pareilles lunettes. Il y a sur ces cartes des signes que nous ne voyons pas avec nos yeux, mais que lui voit avec ses lunettes. Avez-vous une loupe?

— Nous n'en portons pas sur nous, dit Bunou-Bunou, d'un air goguenard.

— Les opticiens sont fermés à cette heure; mais, heureusement, j'en ai une chez moi, je vais la chercher; dans vingt minutes, je serai de retour; je vous en prie, messieurs, donnez-moi vingt minutes.

— Nous ne vous les refuserons pas, dit Adeline avec condescendance.

XIII

— Voilà un particulier qui a failli nous mettre dans de beaux draps, dit Bunon-Bunou quand Dantin eut refermé la porte.

— C'est le rôle d'un policier de voir partout des coquins,

— Cependant vous conviendrez que monter jusqu'au prince de Heinick, c'est vif.

— Je me demande s'il n'a pas cru voir ce qu'il dit avoir vu des manœuvres de Théodore et de Julien.

— Je me le demande aussi.

— Nous voyez-vous expulsant ces pauvres garçons, les accusant !

— J'ignore si je m'abuse, mais il me semble que dans ces fonctions d'agent de police on doit prendre bien souvent le rêve pour la réalité.

— C'est ainsi que courent de par le monde tant de légendes sur les tricheries dans les cercles : personne n'a vu voler, mais on connaît des gens qui ont vu, et alors...

— Et alors ?

— Et le préfet de police, avec ses airs mystérieux et discrets : « Mon cher député, on triche chez vous »; ah ! ah ! ah !

— Ah ! ah ! ah !

— Et notez que c'est le meilleur agent de la brigade des jeux !

A ce moment on frappa à la porte. Adeline n'eut que le temps de jeter un journal sur les cartes qui couvraient son bureau ; c'était Frédéric qui venait aux renseignements ; en voyant ces allées et venues, ces conciliabules, il n'était pas sans inquiétude ; que signifiait tout cela ? Mais en trouvant son président et Bunou-Bunou riant aux éclats, il se rassura ; évidemment il ne se passait rien de grave ; et après quelques mots pour justifier tant bien que mal son entrée, il se retira se disant qu'à coup sûr ils se moquaient du commerçant de Nantes.

— J'ignore si je m'abuse, mais il me semble que c'est de la démence toute pure de prétendre qu'il peut se trouver des signes quelconques sur des cartes neuves enfermées dans des enveloppes scellées du timbre de l'État. Vous qui connaissez le jeu mieux que moi, voulez-vous m'expliquer ce qu'il a voulu dire ?

— Je n'en sais vraiment rien.

— Et c'est le meilleur agent de la brigade des jeux.

— Et nous restons là à l'attendre au lieu d'aller nous coucher.

Ils n'attendirent pas longtemps ; avant que les vingt minutes fussent écoulées, Dantin arriva.

— Voulez-vous me permettre de fermer la porte, dit-il d'une voix haletante.

— Si vous voulez.

L'examen de Dantin, armé de sa loupe, ne fut pas long :

— Le voilà, le signe ! s'écria-t-il ; tenez, messieurs, regardez vous-mêmes, là.

Et donnant la loupe et la carte à Adeline, il lui montra du doigt où il fallait regarder.

Les cartes avec lesquelles on jouait au *Grand I* et qu'on fabriquait exprès pour lui, au lieu d'être unies, étaient tarotées en losanges roses et blancs, et la marque qui se voyait avec la loupe était une toute petite tache imperceptible, faite sur un des losanges qui répondait au point même de la carte, sur le premier pour l'as, sur le troisième pour le 3, sur le neuvième, sur le douzième (afin de laisser un écart facilement appréciable) pour le 10 et les figures ; de sorte qu'en voyant cette petite marque on savait la carte comme si on la regardait à découvert.

— Comment a-t-on fait ces taches ? dit Dantin, je n'en sais rien puisque je n'y étais pas, mais je jurerais que c'est avec une pointe d'aiguille rougie, approchée des cartes, qui a terni le vernis. En tout cas, c'est du bel ouvrage, propre, original... et trouvé.

— Mais ces cartes étaient dans des enveloppes scellées par la régie ! dit Bunou-Bunou.

— Il en est des bandes de la régie comme des enveloppes gommées de la poste, on les ouvre sans les déchirer en les exposant à la vapeur de l'eau bouillante ; on retire alors les cartes une à une par le bout ouvert ; on les marque ; quand elles sont sèches, on les replace une à une ; on gomme la bande ; et le tour est joué : voilà des cartes neuves qui doivent inspirer toute confiance ; celui qui n'a pas une loupe ou de fortes lunettes n'y voit rien : ce sont de très habiles opticiens que messieurs les Allemands.

— Mais il faut un complice, dit Adeline.

— Aussi, y en a-t-il un... ou deux ; en tout cas, le garçon d'appel qui apporte les jeux, et qui substitue à ceux qu'on lui a remis ceux qui ont été préparés.

— Est-ce possible ? murmura Bunou-Bunou.

— Vous allez le voir quand vous interrogerez ce garçon ; mais, en attendant, laissez-moi, je vous en prie, vous prouver qu'avec ces cartes on joue à jeu découvert, et vous montrer comment le prince opère. Tout à l'heure, vous avez douté de moi, je m'en suis bien aperçu ; laissez-moi me réhabiliter et vous convaincre que je ne suis pas le fou... que vous avez cru.

Ils étaient trop confus de leur incrédulité pour lui refuser ce qu'il demandait : il prit place au milieu du bureau en faisant asseoir Adeline à sa droite et Bunou-Bunou à sa gauche, comme s'ils étaient à une table de baccara où il serait banquier ; puis, tenant sa loupe de sa main gauche, de la droite il donna les cartes.

— Maintenant, dit-il, avant que vous releviez vos cartes je vais vous dire vos points : à droite, il y a une figure et un 6, à gauche un as et un 7 ; moi j'ai une figure et un 5 ; je dois donc tirer, et je le fais d'autant plus sûrement que je sais que la carte que je vais retourner est un 4.

Disant cela, il la retourna : c'était bien un 4, comme

les points qu'il avait annoncés étaient bien ce qu'il avait dit.

Adeline et Bunou-Bunou se regardaient consternés ; la démonstration était plus que faite.

— Me permettrez-vous de vous demander, dit Dantin, ce que vous voulez faire ?

La même réponse sortit instantanément de leurs deux bouches :

— Pas de scandale ; il faut étouffer l'affaire.

Cette réponse était trop conforme à la tradition pour que Dantin s'en étonnât : pas de scandale, c'est le mot de tous les présidents de cercle lorsqu'un scandale éclate chez eux ; dans la rue où il y a tout le monde, on crie « au voleur » ; dans un cercle où il n'y a qu'un monde choisi, on ne crie rien du tout ; on expulse poliment le voleur sans prévenir personne, de façon à lui laisser toutes les facilités d'aller voler chez le voisin.

Si Adeline voulait éviter un scandale auquel son nom serait mêlé et qui compromettrait le *Grand I*, il ne voulait pas cependant que le prince allât continuer son industrie dans les autres cercles de Paris.

— Il est bien entendu, dit-il, que nous n'accorderons pas l'impunité au prince de Henick, et que nous nous contenterons pas de lui écrire une lettre banale pour lui interdire l'entrée de notre cercle ; il faut qu'il quitte Paris et la France.

— Qu'il aille exercer son industrie dans son pays, dit Bunou-Bunou, je n'y vois pas d'inconvénient, au contraire.

— Et le garçon de jeu ? demanda Dantin.

— Je vais le chasser.

— Ne livrant pas l'auteur principal à la justice, dit Bunou-Bunou, nous ne pouvons pas lui livrer le complice.

— Ne désirez-vous pas savoir comment cette complicité s'est établie ?

— Certainement.

— Nous allons l'interroger.

Et Adeline, ayant sonné, dit au domestique qui se présenta d'aller lui chercher Léon.

— Si vous voulez bien le permettre, dit Dantin, je l'interrogerai moi-même; j'obtiendrai peut-être des aveux plus vite, en même temps que je le forcerai à ne pas ébruiter l'affaire.

— Faites.

Léon entra, l'air embarrassé et inquiet, regardant autour de lui.

— Répondez à tout ce que monsieur vous demandera, dit Adeline en désignant de la main Dantin, adossé à la cheminée.

— Comment t'appelles-tu ? dit celui-ci d'un ton rude.

— Mais... Léon.

— Ce n'est pas un nom, tu en as un autre ?

— Chemin.

— Tu es Normand ?

— C'est vrai.

— D'où ?

— D'Arques.

— C'est au Casino de Dieppe que tu as appris le métier?

— Oui.

— Tu es marié?

Il fit un signe affirmatif.

— Où est ta femme; que fait-elle?

— Elle tient un café à Arques.

— Eh bien, tu prendras ce matin le train de six heures quarante-cinq pour Dieppe, et tu resteras auprès de ta femme, à tenir ton café avec elle; si tu reviens à Paris, la police correctionnelle et après Poissy. Mais avant de partir tu vas dire à ces messieurs ce que le prince de Heinick te donne pour que tu lui apportes des cartes préparées, et comment l'affaire s'est arrangée entre vous.

— Des cartes préparées !

Dantin enleva le journal qui recouvrait les trois jeux.

— Les voici.

Léon était déjà à moitié anéanti, cette façon brutale de l'interroger en affirmant lui avait fait perdre la tête; la vue des cartes l'acheva.

— Je n'ai jamais parlé au prince, je vous le jure, balbutia-t-il.

— Eh bien, qui est-ce qui te remet les jeux ?

— Je ne sais pas son nom : un petit homme jaune, grêlé, que j'ai connu au café où je vais; il m'a dit que le prince ne pouvait jouer qu'avec ses cartes, des cartes neuves faites exprès pour lui, un fétiche, quoi.

— Bien sûr.

— Sans ça, et si les cartes n'avaient pas eu leur bande, je n'aurais jamais consenti. On peut prendre des renseignements, tout le monde dira que je suis un honnête homme : j'ai quatre enfants.

— Ça vaut cher, un fétiche comme celui-là, car il est fameux.

Léon hésita un moment.

— Ne fais pas le malin, dit Dantin rudement.

— Mille francs.

— Maintenant tu vas prendre tes hardes et filer sans dire mot à personne : si tu causes, au lieu d'aller jusqu'à Arques, où tu seras heureux comme le poisson dans l'eau, tu t'arrêteras à Poissy, où on ne s'amuse pas.

Léon ne se le fit pas dire deux fois ; peu à peu il avait reculé vers la porte, il l'entr'ouvrit et se faufila dehors.

— Voilà ! dit Dantin, mille francs, offerts pour substituer un jeu de cartes à un autre et la tête tourne.

Adeline et Bunou-Bunou tinrent conseil pour savoir comment ils procéderaient avec le prince, et il fut décidé qu'on attendrait son arrivée le lendemain, et qu'au lieu de le laisser entrer dans la salle du baccara, on le prierait de passer dans le cabinet du président.

— Vous vous trouverez là, dit Adeline à Dantin, et vous préciserez la tricherie, si le prince essaye de la contester.

Dantin allait se retirer, Adeline le retint :

— Nous vous devons des remerciements, dit-il, pour le service que vous nous avez rendu ; nous vous devons aussi des excuses, car, je l'avoue à un certain moment nous avons douté de vous. Le préfet saura combien vous nous avez été utile en cette misérable affaire.

Quand Dantin arriva le soir à onze heures au *Grand I*, il remarqua qu'on le regardait d'une façon bizarre et qui lui parut soupçonneuse. En effet, les conciliabules dans le bureau du président, la disparition des cartes qui avaient servi à la banque du prince de Heinick, enfin l'absence inexpliquée de Léon avaient fait travailler les langues : ce n'est pas dans un cercle qu'on attend les coups du sort avec l'impassibilité d'une conscience tranquille. Cependant personne ne lui adressa la parole, pas même Frédéric qui causait avec Barthelasse, car Adeline vint au-devant de lui.

— Voulez-vous m'attendre dans mon cabinet? dit celui-ci, vous y trouverez M. Bunou-Bunou ; je vous rejoins tout à l'heure.

En effet, Adeline ne tarda pas à arriver, accompagné du prince, qu'il fit passer devant lui poliment.

— Vous désirez me parler? demanda le prince avec une hauteur dédaigneuse.

— Oui, monsieur, nous avons à vous demander des explications sur votre façon de jouer.

— A moi !

Ce « moi » fut dit avec la fierté la plus superbe.

— Et nous vous prions de nous les donner devant monsieur, continua Adeline en désignant Dantin.

Celui-ci s'avança :

— Dantin, inspecteur de la brigade des jeux.

— Qu'est-ce à dire ?

— C'est-à-dire que vous trichez, prince.

— Misérable !

— Vous trichez avec ces cartes — il présenta les cartes — que vous remet le garçon de jeu, à qui vous donnez mille francs.

Le prince hésita un moment en jetant autour de lui des regards féroces ; puis tout à coup, laissant tomber sa tête sur sa poitrine, les jambes flageolantes, comme s'il allait défaillir :

— Messieurs, ne me perdez pas... pour l'honneur de mon nom... un moment d'égarement.. je vous expliquerai.

— Vous n'avez rien à expliquer, dit Dantin, vous avez à prendre demain matin le train de sept heures trente pour Cologne, et à ne jamais revenir en France.

— C'est impossible demain ; la princesse...

— La princesse vous rejoindra. — Cologne, ou la police correctionnelle.

— Je partirai.

Le lendemain, à sept heures quinze, Dantin, de surveillance à la gare du Nord, vit le prince en costume de voyage et sans lunettes descendre de voiture et se diriger vers le guichet. Il le suivit de loin, mais en se tenant en dehors des barrières au lieu de passer dedans et en détournant la tête pour que le prince ne le reconnût pas.

— Compiègne, demanda le prince en posant un billet de banque sur la tablette du guichet.

Dantin lui prit le bras :

— Compiègne est en France ; c'est Cologne que vous voulez dire ?

— Cologne.

XIV

Quand le prince de Heinick fut en route pour Cologne, Adeline put enfin s'expliquer avec Frédéric et lui demander l'expulsion du croupier Julien et du garçon de jeu qui changeait si bien la monnaie, — ce qu'il fit franchement, sévèrement.

Aux premiers mots, l'émoi de Frédéric fut vif : un agent au cercle ! qu'avait-il vu ? qu'avait-il dit ? que savait le président ?

Aussi écoutait-il sans interrompre une seule fois ; avant de se lancer, il fallait être renseigné.

Ce fut seulement quand Adeline fut arrivé au bout de son réquisitoire qu'il prit la parole — d'un air consterné, et aussi outragé.

— D'abord je dois vous dire qu'avant une heure Julien et Théodore seront chassés du cercle ; ce sont des misérables qui méritent d'autant moins de pitié que nous avions plus de confiance en eux ; j'avoue que de ce côté je suis en faute ; j'ai péché par trop de confiance précisément ; je ne les ai point surveillés avec les yeux du soupçon ; je suis dans mon tort, je le reconnais.

Il avait débité ce petit couplet la tête basse, humblement; mais il la releva et reprit sa fierté, son air Mussidan :

— Maintenant, permettez-moi d'ajouter que je suis... plus que surpris, plus que peiné, en un mot, profondément blessé, que tout ce qui vient de se passer se soit fait en dehors de moi, par-dessus ma tête, en me tenant à l'écart, comme si je n'avais pas la responsabilité de l'administration de ce cercle; vous comprendrez donc que je vous demande les raisons pour lesquelles vous avez agi de cette façon.

Cette susceptibilité était trop légitime pour qu'Adeline s'en fâchât; il en attendait même l'explosion, et il n'eût pas compris que chez un homme comme le vicomte elle n'éclatât point; aussi sa réponse était-elle prête :

— J'ai dû me conformer aux désirs du préfet; le service qu'il m'a rendu, qu'il nous a rendu, était assez grand pour que je n'eusse qu'à accepter les conditions qu'il mettait à son concours.

Il fallait accepter cette explication ou se fâcher: Frédéric ne se fâcha point. Il avait mieux à faire, c'était d'amener Adeline à parler longuement de cet agent, afin de savoir au juste jusqu'où celui-ci avait été dans ses découvertes.

Mais Adeline avait tout dit, il ne put que se répéter.

Alors Frédéric expliqua son insistance; il voulait savoir; il cherchait à profiter des observations de cet agent, non pour le passé, mais pour l'avenir : il ne fallait pas que ce qui venait d'arriver pût se reproduire, non seulement avec les croupiers et les garçons de jeu, mais encore avec les grecs comme le prince de Heinick ; la tricherie de celui-ci avait été si originale, si audacieuse qu'elle l'avait trompé ; malgré les soupçons que cette sûreté de tirage et cette veine invraisemblable provoquaient, il n'avait pu la découvrir ; mais dorénavant des précautions seraient prises qui empêcheraient toute fraude ; on ne se servirait plus que de cartes unies et on taillerait avec trois jeux de couleurs différentes, blancs, roses, chamois, ce qui couperait radicalement le filage ; tous les soirs, les cartes ayant servi seraient brûlées devant les joueurs ; à la vérité, ce serait une perte de cinq ou six mille francs par an que produisait la revente de ces cartes, mais la sécurité absolue ne saurait se payer trop cher ; d'ailleurs, cette leçon donnée aux autres cercles qui, malgré les prohibitions légales, vendent leurs cartes, serait productive : elle prouverait une fois de plus que, bien décidément, le *Grand I* était un cercle modèle.

Que le *Grand I* dût devenir, dans un temps donné, plus cercle modèle qu'il ne l'était déjà, cela ne pouvait pas changer les résolutions d'Adeline.

Depuis que le préfet lui avait dit : « On triche chez vous », il avait vécu sous le poids écrasant d'une obsession qui ne le lâchait ni jour ni nuit : il se voyait devant le tribunal obligé de répondre comme témoin aux questions du président, et d'écouter la tête basse ses admonestations ; que de demandes mortifiantes pour son caractère, blessantes pour son honneur ne lui adresserait-on point ?

Et tout en entendant les questions sévères ou bienveillantes du président, tout en voyant son sourire narquois ou dédaigneux, il se répétait les paroles du père Eck :

« Laissez ces gens-là à leurs plaisirs ; ce n'est pas seulement pour la fortune que la famille est bonne. »

Alors, dans cette agitation tumultueuse, il avait fait un vœu comme le marin au milieu de la tempête : s'il échappait au danger qui le menaçait, il renoncerait à cette existence si peu faite pour lui, et, suivant le conseil du père Eck, il laisserait ces gens à leurs plaisirs, qui n'étaient pas du tout les siens.

Jamais il n'avait fait son examen de conscience avec cette anxiété et cette intensité de pensée : que lui avait-elle donné, cette existence qu'il n'avait acceptée qu'en vue de résultats que l'imagination lui montrait si superbes et que la réalité s'obstinait à tenir aussi éloignés qu'au premier jour? Quelles affaires bonnes pour ses intérêts personnels lui avait apportées cette présidence qui devait lui créer tant de relations utiles ? Aucune. Si, laissant de côté son intérêt personnel, il ne prenait souci que de l'intérêt général, il était bien forcé de s'avouer aussi que cette fondation de son cercle, qui devait concourir au développement de la vie brillante à Paris, avait tout simplement concouru au développement du jeu : où étaient-ils, les commerçants que le cercle avait enrichis ? Il ne les voyait pas ; tandis qu'il ne voyait que trop bien ceux qu'il avait appauvris ou ruinés — lui tout le premier. Car le plus clair de cette misérable aventure, c'était sa dette à la caisse du cercle, les soixante mille francs qui, à cette heure, en formaient le chiffre.

Cependant, malgré cette dette, il fallait qu'il accomplît son vœu, et qu'en donnant sa démission il reprît sa liberté, sa dignité. Il n'y avait pas à hésiter, pas à balancer; le repos, l'honneur peut-être étaient à ce prix. Ce qu'il avait vu pendant ces quelques jours, ce qu'il avait appris l'épouvantait. Eh quoi, c'étaient là les mœurs de ce monde, le vol, partout le vol, en haut comme en bas, pas une main nette; et toutes ces hontes, il les couvrait de son nom : « Allons chez Adeline » ; c'était chez Adeline que les croupiers *étouffaient* les jetons; chez Adeline que le prince de Heinick volait au jeu; deux siècles de travail et de probité aboutissaient à ce résultat.

Son parti était pris; coûte que coûte, il fallait qu'il sortît de cet enfer, qui ne dévorait pas seulement sa fortune et son honneur, mais qui le dévorait lui-même, à moins ce qu'il y avait de bon en lui, pour n'y laisser que ce qui s'y trouvait de mauvais : s'il est des passions qui élèvent le cœur et l'esprit, ce n'est pas précisément celle du jeu; depuis qu'il était à son cercle, tous les genres de joueurs lui avaient passé devant les yeux et dans des conditions où la bête humaine se livre le plus franchement; il ne voulait pas leur ressembler.

A la vérité, c'était renoncer aux espérances qu'il avait caressées pour Berthe, mais pouvait-il payer de son honneur la dot qu'il avait cru lui gagner? elle serait la première à ne pas le vouloir.

Lorsque Frédéric le quitta pour aller congédier Julien et Théodore, il n'hésita pas une minute, contrairement à ce qui arrivait toujours lorsqu'il avait une résolution difficile à prendre, il quitta le *Grand I* et partit pour Elbeuf, car, avant de donner sa démission, il fallait qu'il s'acquittât à la caisse, — ce ce qui n'était possible qu'en redemandant à sa femme les trente-cinq mille francs qu'il lui avait envoyés quand il avait joué pour la première fois, et en arrangeant avec elle une combinaison pour se procurer les vingt-cinq mille autres.

Quelle douleur pour la pauvre femme; pour lui quelle humiliation !

L'affaire du prince l'avait empêché d'aller à Elbeuf comme à l'ordinaire; il envoya une dépêche à sa femme pour lui annoncer son arrivée; et, quand il entra dans la salle à manger, il trouva tout son monde l'attendant devant la table mise : la Maman dans son fauteuil, sa femme, Berthe et Léonie.

— Comme tu es gentil de nous rendre le samedi que tu ne nous avais pas donné, dit Berthe en l'embrassant.

— Alors, la politique chauffe? dit la Maman.

Depuis que la Maman s'était expliquée sur le mariage de Berthe avec Michel, elle ne parlait plus que de politique quand il venait passer un jour à Elbeuf; c'était sa manière de protester contre ce mariage; elle ne boudait pas, mais elle évitait les sujets où il aurait pu être question d'intérêts de famille. Comme de leur côté, Adeline et madame Adeline ne tenaient pas moins à ce que ces sujets ne fussent pas abordés, et comme, du sien, Berthe veillait à ne pas offrir à sa grand'mère la plus légère occasion de manifester franchement ou par des allusions son hostilité, c'étaient des conversations politiques sans fin auxquelles tout le monde prenait part.

Mais ce soir-là la politique elle-même languit et plus d'une fois Adeline préoccupé laissa tomber l'entretien sans continuer avec sa mère la discussion commencée.

— Irons-nous, demain au Thuit? demanda Berthe toujours désireuse de ces promenades avec son père.

— Non, je repars demain matin pour Paris.

Aussitôt après le souper, Adeline roula sa mère chez elle ; puis, ayant embrassé sa fille et Léonie, il passa dans le bureau avec sa femme :

— Qu'as-tu? demanda celle-ci, quand la porte fut refermée ; comme tu es préoccupé ce soir !

— Une chose grave, qui va te causer un grand chagrin... et qui me cause, à moi, une cruelle humiliation.

Elle le regarda, effrayée ; il détourna les yeux.

Alors elle vint à lui et, lui passant le bras autour du cou par un geste maternel, elle se pencha à son oreille :

— Tu as joué ! dit-elle à voix basse, sans le regarder.

— Oui.

— Mon pauvre Constant !

— J'ai été entraîné, une fatalité.

— Je pense bien.

Le premier coup porté, elle s'était remise un peu, bien que le plus dur ne fût pas dit.

— Combien ? demanda-t-elle.

— Il me faut vingt-cinq mille francs.

Bien que dans leur situation la somme fût très grosse, elle avait craint le malheur plus grand encore.

— Nous les trouverons, ne t'inquiète pas, dit-elle.

Puis, voulant le relever :

— C'est un accident, dit-elle, une faillite : justement, nous n'en avons pas eu cette année.

— Chère femme, murmura-t-il, quelle bonté en toi, quelle indulgence !

— Veux-tu bien te taire ! dit-elle, en essayant de sourire pour ne pas pleurer ; est-ce qu'il doit être question d'indulgence entre nous ?

— Plus que jamais, car je ne t'ai pas tout dit.

— Mon Dieu !

En effet, le hasard de l'entretien, et aussi la confusion, l'embarras, la préoccupation d'amoindrir la force du coup qu'il allait porter à sa femme, avaient changé la marche qu'Adeline voulait suivre : c'était vingt-cinq mille francs ajoutés aux trente-cinq mille mis de côté sur son gain qu'il lui fallait.

— Tu sais les trente-cinq mille francs de la faillite Beaujour ?

— Ils ne provenaient pas de la faillite Beaujour.

— Qui t'a dit ?... s'écria-t-il.

— Tu les avais gagnés au jeu.

Il la regarda interdit.

— Est-ce que tu sais mentir ? Crois-tu qu'on peut vivre pendant vingt-six ans unis de cœur et de pensées sans se connaître et sans lire l'un dans l'autre ? Quand tu m'as parlé de ces trente-cinq mille francs, j'ai bien vu d'où ils venaient. Et c'est là ce qui, depuis, a fait mon tourment; puisque tu avais joué, tu pouvais jouer encore; je tremblais; que de fois j'ai voulu te le dire, et puis j'attendais pour te laisser commencer. J'étais si bien certaine que ces trente-cinq mille francs provenaient du jeu, et que tu me les redemanderais un jour, que je n'ai jamais voulu les employer; ils sont à ta disposition, il n'y a qu'à les prendre.

Il la serra dans ses bras.

— Nous aurions toujours été heureux que je ne te connaîtrais pas! s'écria-t-il avec effusion.

— C'est donc soixante mille francs que tu dois? interrompit-elle.

— Oui.

— Eh bien, je trouve comme un soulagement à le savoir; j'ai l'esprit ainsi fait d'aller toujours au pire; j'ai craint plus que ça bien souvent; j'ai vu tout perdu. Que de fois je me suis réveillée ruinée, dans la rue, sans rien; tu vois ce qu'a été ma vie depuis que ces trente-cinq mille francs maudits me sont arrivés; et puis si tu te décides à payer ces soixante mille francs, c'est que tu renonces, n'est-ce pas, à les rattraper par le jeu?

— Ce n'est pas seulement à les rattraper que je renonce, c'est aussi à la présidence du cercle.

— Ah! Constant! s'écria-t-elle.

— Comme c'est à la caisse que je dois cette somme, je ne peux pas me retirer sans la payer; aussitôt que j'aurai payé, je donnerai ma démission.

— Tu la payeras dès demain! s'écria-t-elle, ce n'est pas acheter notre repos trop cher.

Tout de suite ouvrant la caisse, elle chercha dans son portefeuille les valeurs avec lesquelles elle pouvait faire ces vingt-cinq mille francs.

— Nous nous en tirons encore à peu près, dit-elle; tout pouvait y rester.

— Même l'honneur.

Et il lui raconta comment il s'était résolu à donner sa démission.

XV

Pendant qu'Adeline roulait vers Elbeuf, Frédéric, Barthelasse et Raphaëlle tenaient conseil chez celle-ci.

Depuis que le *Grand I* était ouvert, jamais il ne s'était trouvé dans des conditions aussi critiques; si l'avertissement du préfet : « On triche chez vous », n'annonçait rien de bon, puisqu'il révélait des plaintes certaines, la surveillance de l'agent et les précautions prises pour qu'elle pût s'exercer en cachette faisaient toucher du doigt les dangers de la situation.

Raphaëlle, qui n'allait pas au cercle, et par là ne pouvait avoir aucune responsabilité pour ce qu'il s'y passait, était furieuse contre ses associés, qu'elle accablait de ses reproches et de ses injures : Frédéric comme Barthelasse, et Barthelasse comme Frédéric, passant de l'un à l'autre, quand elle ne les réunissait pas dans le même sac pour les secouer en les cognant l'un contre l'autre.

— Non, vraiment, c'est trop bête ; qu'est-ce que vous fichez dans le cercle, je vous le demande ; il semble que pour vous — cela s'adressait à Barthelasse — tout soit dit quand vous avez empêché un prêt douteux de cinq cents louis, et que pour toi — ceci s'adressait à Frédéric — tu n'as qu'à dormir tranquillement dans un fauteuil quand tu as passé la revue de ton personnel, et que tu l'as trouvé correct. Et vous êtes du métier !

Elle haussa les épaules en les toisant avec pitié ; puis se tournant vers Barthelasse :

— Vous dites que vous êtes le malin des malins — imitant son accent — oui, mon bon, vous le dites ; tous les tours qui ont pu se faire, vous les connaissez, et quand un particulier à lunettes opère sous vos yeux, tire à six, ne tire pas à quatre, gagne honteusement vous trouvez ça tout naturel.

Insolent et fanfaron avec les hommes, Barthelasse, taillé en taureau, se laissait facilement intimider par les femmes qui lui tenaient tête, et par Raphaëlle plus que par toute autre, « si moucheron » qu'elle fût, comme il disait d'elle.

— Je n'ai pas trouvé ça naturel du tout, répliqua-t-il.

— Non ; seulement, au lieu de chercher où il fallait, vous avez remâché toutes les vieilleries de votre honorable carrière, les télégraphistes que vous n'avez pas vus, par cette bonne raison qu'il n'y en avait pas, le filage que vous n'avez pas entendu, puisqu'il ne filait pas, enfin tout votre répertoire, au lieu de chercher dans le neuf; ça n'était pas bien difficile à inventer, cette petite marque d'aiguille à tricoter donnant juste le point de la carte, et ça n'était pas bien difficile non plus à découvrir, puisque ce policier l'a découverte.

Ce qui redoublait la confusion de Barthelasse, c'est que ce que Raphaëlle lui reprochait était ce qu'il se reprochait lui-même : « Comment n'avait-il pas eu l'idée de se servir d'une loupe? » car il les avait examinées, les cartes avec lesquelles le prince jouait, et comme Dantin, tout d'abord, il n'avait rien vu : au toucher, il n'avait rien senti.

Elle l'abandonna pour se jeter sur Frédéric.

— Et toi, tu parles à ce policier, et tu ne vois pas ce qu'il est : négociant à Nantes!

— J'ai eu des soupçons.

— Et tu les as gardés pour toi; tu ne pouvais donc pas l'interroger sur Nantes? il n'y a peut-être jamais mis les pieds, il t'aurait répondu des bêtises.

— Tu conviendras que ce n'est pas de la chance de tomber sur un agent que personne ne connaît.

— Il vous aurait fallu un commissaire avec son écharpe; vous auriez ouvert l'œil; tandis que c'est l'agent qui l'a ouvert.

— Qu'a-t-il vu, interrompit Barthelasse, c'est là qu'est la question intéressante.

— C'est clair, ce qu'il a vu.

— Et la cagnotte? continua Barthelasse.

— Il ne t'a rien dit de la cagnotte, ton président? demanda Raphaëlle.

— Rien.

— Il n'y a pas fait d'allusion?

— Aucune.

— Alors c'est que l'agent n'a rien vu de ce côté, dit Raphaëlle.

— Pourquoi aurait-il tout vu des autres côtés, et rien de celui-là? demanda Barthelasse; il a de bons yeux, le coquin!

— Puisqu'il n'a rien dit.

— C'est le président qui n'a rien dit à Frédéric, mais l'agent savons-nous ce qu'il a dit au président?

— Puisque le président n'a parlé de rien, répéta Raphaëlle avec colère.

— Parce qu'on ne parle pas d'une chose, cela prouve-t-il qu'on ne la connaît pas?

— S'est-il gêné pour parler de Julien et de Théodore, et pour exiger leur renvoi immédiat? s'est-il gêné pour renvoyer lui-même Léon?

— Julien, Théodore, Léon, qu'est-ce que ça lui fait? je vous le demande, hein! s'écria Barthelasse; tandis que la cagnotte, qu'est-ce qu'elle lui rapporte? trente-six beaux mille francs; et vous croyez qu'il va se fâcher avec elle; il ignore, on ne lui a rien dit, l'agent n'a rien vu; c'est son genre, à cet homme, d'ignorer ce qu'il ne veut pas savoir; ce n'est pas d'aujourd'hui que je vous le dis; et il n'est pas le seul; j'en ai connu plus d'un comme ça.

— Il ne s'agit pas des gens que vous avez connus,

interrompit Raphaëlle, agacée par les histoires de Barthelasse, il s'agit de notre président.

— Eh bien, le nôtre a eu les yeux ouverts par l'agent, et s'il ne parle pas de la cagnotte, c'est qu'il ne lui convient pas d'en parler, il accepte tacitement ; il laisse aller les choses, puisqu'il ne sait rien.

— Il accepte ?

— Il a accepté, il me semble ; la caisse est là pour le dire.

— Oui, mais acceptera-t-il maintenant ?

— Que veux-tu dire ? demanda Raphaëlle effrayée.

— Que j'ai peur.

— De quoi ?

— Qu'il ne nous quitte.

— Il doit soixante mille francs, s'écria Barthelasse, nous le tenons !

— Il peut les payer ; alors comment le tenons-nous, par quoi ?

— Qu'a-t-il donc dit ?

— Rien, répondit Frédéric ; mais son air a parlé pour lui ; ce brave homme n'était pas plus fait pour être président de cercle que moi je ne le suis pour être évêque ; c'est de force que nous l'avons fourré là-dedans ; je sais le mal que j'ai eu ; il ne pense qu'à s'en aller ; et s'il n'est pas encore parti, c'est parce que nous lui faisions certains avantages qui dans sa position lui étaient agréables, et aussi parce qu'il en espérait d'autres qui ne se sont nullement réalisés ; mais ce qui s'est réalisé, ce sont des ennuis et des tourments qui l'épouvantent. Il a peur d'être com-

promis, et ce qui vient de se passer l'a tout à fait
affolé. C'est une terreur qui s'est emparée de lui, et
qui lui fera commettre toutes les bêtises. Je ne
serais pas du tout surpris qu'en ce moment il n'eût
pas d'autre idée que de se procurer les soixante mille
francs qu'il nous doit, pour nous planter là. Alors
que deviendrons-nous ?

Les trois associés se regardèrent avec stupeur.

— Personne mieux que moi ne sait combien il est
embêtant, continua Frédéric, combien on a de difficultés à manœuvrer avec lui, combien il est gênant;
mais tout cela n'empêche pas qu'il ait du bon et que
si nous le perdons nous ne retrouverons jamais son
pareil : c'est un paratonnerre; estimé de tout le monde
et de tous les mondes, ami du préfet, tant qu'il nous
couvrait nous n'avions rien à craindre, ni le cercle,
ni nous ; l'aventure du prince le prouve bien. Il faut
convenir qu'en l'inventant Raphaëlle a eu la main
heureuse ; elle l'eût fabriqué elle-même qu'elle ne
l'eût pas mieux réussi.

— En tout cas je l'aurais fait plus solide, de façon
à ce qu'il durât plus longtemps.

— Que ne dira-t-on pas s'il nous lâche ? On cher-
chera pour quelles raisons il se retire, sans compter
qu'il les dira peut-être lui-même, ses raisons. Alors
nous voilà livrés aux *mangeurs ;* si nous refusons leurs
services, ils nous poursuivront ; si nous les accep-
tons il faudra les payer, et d'un prix combien plus
cher que les trente-six mille francs que nous don-
nions au *Puchotier !* Avec lui nous étions tranquilles
et c'était crânement que je répondais que nous n'a-

vions besoin de personne : « Merci, nous avons notre président. »

— Peut-être vous exagérez-vous les choses, dit Barthelasse ; trente-six mille francs, c'est bon à garder.

— Mon cher, si vous aviez assisté à notre entretien, vous verriez que je n'exagère rien et vous seriez aussi inquiet que moi. Après le premier moment de surprise, quand il m'a raconté l'histoire du prince de Heinick et qu'il a exigé l'expulsion de Julien, de Théodore, sévèrement, comme un juge qui s'adresse à un coupable, je me suis vite remis et tout de suite je lui ai longuement expliqué toutes les précautions que nous prendrions, tous les sacrifices que nous nous imposerions pour que de pareilles choses ne puissent pas se renouveler, c'était à peine s'il m'écoutait ; lui qui autrefois eût voulu explications sur explications, il avait l'air de me dire : « Vous savez que tout cela m'est indifférent, ce n'est pas pour moi » ; et c'est ce qui a commencé à me donner l'éveil. Si son intention avait été de rester avec nous, il m'eût interrogé au lieu de me fermer la bouche.

— Mais alors pourquoi exiger le renvoi de Julien et de Théodore ? demanda Barthelasse.

— Pour faire justice avant de partir ; d'ailleurs vous devez bien penser qu'au premier mot je ne lui ai pas laissé le temps d'exiger, j'ai pris les devants.

— Mes pressentiments sont les mêmes que ceux de Frédéric, dit Raphaëlle ; il doit vouloir se retirer. Que deviendrons-nous ?

Il y eut un moment de silence et ils se regardèrent

comme pour chercher, dans les yeux des uns des autres, les idées qu'ils ne trouvaient pas en eux.

— Je vais vous dire, s'écria Barthelasse, cet homme a trop perdu; s'il avait gagné, il ne demanderait qu'à continuer; mais toujours perdre, je m'imagine que ça dégoûte.

— Il n'a pas assez perdu, répliqua Raphaëlle; s'il nous devait deux cent mille francs, nous le tiendrions.

— S'il joue encore, on pourrait les lui faire perdre, dit Frédéric.

— Moi, je suis pour qu'on les lui fasse gagner, continua Barthelasse. D'abord ça n'appauvrira pas la caisse, qui n'a été que trop soulagée par cette canaille de prince, et puis il n'y a rien qui attache les gens comme le succès, c'est la leçon de la morale.

Raphaëlle et Frédéric n'étaient pas en situation de plaisanter, cependant cette leçon de la morale invoquée par ce vieux crocodile de Barthelasse, comme ils l'appelaient entre eux, les fit rire:

— Riez, riez, continua Barthelasse: je sais ce que je dis, j'ai des exemples: il y a sept ans, à Luchon, M. Jules Ramot me devait cinquante mille francs et je commençais à comprendre que j'aurais bien du mal à les rattraper jamais. Alors, qu'est-ce que j'ai fait? je lui ai passé des séquences sans rien lui dire, avec lesquelles il a gagné près de nonante mille francs. L'année d'après il est revenu; l'année suivante aussi; il ne voulait plus tailler que chez moi; et pourtant il ne s'était rien dit entre nous, mais entre galantes gens on s'entend à demi-mot. Ainsi de notre homme, j'en suis sûr. Demain, après-demain, un peu avant qu'il prenne la banque...

— Prendra-t-il jamais la banque chez nous maintenant ?

— Laissez-moi supposer qu'il la prendra. Il est donc disposé à la prendre. Alors je m'approche, et je lui dis sans avoir l'air de rien : « Mon *présidint*, vous n'avez pas assez le respect de la veine, ne vous mettez donc en banque qu'avec Camy pour croupier, il fait gagner les banquiers » ; et mon Camy, qui n'a pas son pareil, lui passe une belle séquence que j'ai préparée moi-même et qui lui donne sept ou huit coups sûrs : comme il est reconnu que notre *présidint* est le plus honnête homme du monde, personne n'ose le soupçonner, et il empoche une belle somme qui lui inspire le goût de la chose; s'il n'a pas parlé du *bourrage* de la cagnotte, il acceptera encore bien mieux les séquences qui lui profiteront personnellement, tandis que la plus grosse part de la cagnotte lui passe devant le nez.

Raphaëlle haussa les épaules par un geste de son enfance faubourienne qui lui était resté.

— Savez-vous ce que produira votre discours au *présidint*, répondit-elle, c'est qu'il aura de la défiance et ne voudra pas prendre la banque ; ou bien, s'il ne se défie pas, il la prendra naïvement, bêtement, et battra les cartes, les fera couper ; voilà votre belle séquence brouillée, et... il perd

Barthelasse ne se fâcha pas de ces objections.

— Je ne dis pas qu'il ne serait pas plus commode de lui mettre tout simplement la séquence dans la main en lui disant de jouer les cartes dans l'ordre où elles sont rangées ; mais il ne serait pas le premier à qui l'on imposerait une séquence sans qu'il se doute de rien, quitte à le prévenir délicatement une fois la chose faite, à seule fin de lui inspirer de la reconnaissance.

— Et comment? demanda Raphaëlle, qui pour le jeu n'avait ni la science ni les roueries de Barthelasse.

— Tout simplement en lui faisant prendre une suite : nous mettons en banque le baron ou Salzman et nous leur passons la séquence ; ils ne la brouilleront pas, eux, n'est-ce pas ; mais après deux ou trois coups ils l'abandonneront, et nous manœuvrerons pour que le président prenne leur suite. C'est lui qui joue les cartes que le baron ou Salzman viennent de laisser, et, sans que personne puisse soupçonner un homme dans sa position, il fait une rafle qui nous le livre.

— Pour cela il faut qu'il taille encore chez nous, dit Frédéric. Et taillera-t-il? Là est la question.

XVI

C'était avec des valeurs à escompter et des factures à recevoir que madame Adeline avait fait les vingt-cinq mille francs, qui ajoutés aux trente-cinq mille provenant du jeu, devaient payer les soixante mille dus à la caisse du cercle.

En arrivant à Paris, Adeline remit ces valeurs à son banquier, et s'occupa ensuite de toucher les factures dont l'une, s'élevant à trois mille et quelques cents francs, était due par un marchand de draperie de la rue des Deux-Écus, un vieux, très vieux client de la maison, qui ne faisait pas un gros chiffre d'affaires, mais qui était aussi sûr que la Banque de France.

Adeline savait si bien qu'il n'avait qu'à se présenter pour être payé, qu'il l'avait gardé pour le dernier ; il la connaissait, la formule du vieux drapier : « Ah ! voilà M. Adeline ; nous allons régler notre petit compte. » Et ce compte, on le réglait dans la salle à manger, en buvant un verre de cassis, tandis que, par un châssis vitré, on voyait les commis dans le magasin visiter les pièces qui arrivaient de chez le fabricant, ou vendre le métrage d'un pantalon à un petit tailleur. Le seul ennui de ces visites était dans l'exhibition obligée des coupons où se trouvaient un défaut, qui avaient été soigneusement conservés et qui permettaient une autre phrase non moins traditionnelle que celle du petit compte : « Ah! monsieur Adeline, on ne travaille plus comme autrefois. » Ce qu'Adeline, reconnaissait sans trop se faire prier.

Quand il tourna le coin de la rue Jean-Jacques-Rousseau, le soir tombait, mais la nuit n'était pas encore faite ; dans la demi-obscurité de la rue étroite, il lui semblait vaguement que les choses n'étaient pas comme il les voyait depuis vingt-cinq ans aux abords du magasin de son vieux client. Où donc était l'étalage avec ses pièces de drap de toutes les couleurs? Quelques pas de plus lui montrèrent que le magasin était fermé, et que, sur les volets, quatre pains à cacheter fixaient une bande de papier : « Fermé pour cause de décès. » Comme la rue des Deux-Écus est en grande partie occupée par des drapiers, il entra chez un autre de ses clients qui le mit au courant : « Mort ce matin d'une attaque d'apoplexie, le père Huet, et ses neveux, qui se jalousent, ont fait tout de suite apposer les scellés. »

La déception était contrariante pour Adeline, car elle renversait tout son plan : à cette heure de la soirée, les maisons où il aurait pu se procurer la somme qui lui manquait étaient fermées, et par là il se trouvait dans l'impossibilité d'aller au *Grand I* pour payer sa dette et pour y signer sa démission sur son bureau qu'il ouvrirait une dernière fois.

Il resta un moment dans la rue, ne sachant de quel côté tourner.

A la vérité il devait se dire que c'était là un retard insignifiant, et qu'il serait encore parfaitement temps de démissionner le lendemain ; mais cependant il était mécontent, agacé, comme lorsqu'on est arrêté par un incident qu'on n'a pas prévu. Il avait préparé sa lettre, préparé aussi sa phrase d'adieu à Frédéric ; il était ennuyé de les garder.

Justement parce qu'il pensait à son cercle, ses pas le portèrent machinalement avenue de l'Opéra ; et arrivé devant sa porte il monta : après tout, autant dîner là qu'ailleurs.

Quand Frédéric et Barthelasse le virent entrer, ils échangèrent un sourire de soulagement. Ce n'était pas une lettre, la lettre de démission qu'ils attendaient presque, c'était lui ; puisqu'il revenait, rien n'était perdu.

Frédéric l'accapara pour lui raconter l'expulsion de Julien et de Théodore.

— J'ai profité de l'occasion pour inspirer une sainte frayeur à tout le personnel : Je vous promets que l'exemple sera salutaire. Vous verrez.

Mais ce fut à peine si Adeline l'écouta. Que lui importait ce qui se passerait au *Grand I* dans quelques jours?

Frédéric se retira donc assez déconfit et alla faire part de cette mauvaise réception à Barthelasse.

— Toujours dans les mêmes dispositions, dit-il ; il doit avoir sa démission dans sa poche.

— Il faut l'appuyer si bien avec des billets de banque qu'elle ne puisse pas en sortir : je vais préparer la séquence.

— Taillera-t-il?

— En le poussant.

— Envoyez chercher le baron et Salzman.

A table, Adeline oublia sa déception et se dérida : justement c'était le jour des invitations et elles avaient amené de nombreux convives. A côté d'étrangers qu'il n'avait jamais vus se trouvaient des habitués, des amis. Le menu était réussi ; on racontait des histoires drôles ; il se laissa d'autant plus facilement aller que c'était la dernière fois qu'il faisait fonction de président, et peu à peu il retrouva les agréables sensations de ses premiers mois de présidence, quand il voyait tout en beau et se demandait comment il avait pu, jusqu'à ce jour, vivre ailleurs que dans un cercle.

Ce fut seulement quand le jeu commença qu'il devint nerveux et impatient.

— Vous n'en taillez pas une ce soir, mon président ?

Chaque fois qu'on lui adressait cette question, d'un ton engageant et avec sympathie, il s'exaspérait. C'était déjà bien assez pour lui d'entendre la musique du jeu : le bruit des jetons, le flic-flac des cartes, le murmure étouffé des joueurs, que dominait de temps en temps l'éternel : « Le jeu est fait. Rien ne va plus ? », sans qu'on vînt encore le tenter et le pousser.

Jamais il n'était venu à son cercle avec 50,000 fr., dans ses poches, et, à chaque mouvement qu'il faisait, il éprouvait un singulier sentiment qu'il ne s'expliquait pas bien, en frôlant la grosseur produite par ces liasses. Combien d'autres à sa place n'auraient pas pu résister à la tentation de tâter la chance, car tout joueur sait que ce n'est pas du tout la même chose d'opérer avec une petite mise qu'avec une grosse ; avec une petite, étranglé dans ses mouvements, on est à peu près sûr de la perdre ; au contraire, avec une grosse qui vous donne toute liberté de manœuvrer, on est à peu près certain de gagner ; c'est une affaire de tactique.

— Comment, mon président, vous n'en taillez pas une ce soir?

Il semblait qu'on se fût donné le mot pour le pousser.

Non, certes, il n'en taillerait pas une; il le répondait nettement.

Et cependant?

S'il est vrai que la fortune sourit presque toujours à ceux qui jouent pour la première fois, n'est-ce pas vrai également pour ceux qui jouent leur dernière partie? C'est quand on la tracasse et on l'obsède continuellement qu'elle vous abandonne à la déveine.

Et cette partie, s'il la jouait, ce serait bien certainement la dernière.

Mais quand ces pensées traversaient son esprit, il les rejetait loin de lui, en se disant que ce sont les sophismes ordinaires aux joueurs, qui pendant trente ans, cinquante ans, jouent aujourd'hui leur dernière partie qu'ils recommenceront le lendemain... mais qui, cette fois, sera bien décidément la dernière.

Pourtant, il y avait un point qui le troublait : c'était la mort de son client de la rue des Deux-Écus; pourquoi le père Huet était-il mort juste au moment de le payer et de parfaire les soixante mille francs dus à la caisse? N'y avait-il pas là quelque chose de providentiel; une impossibilité qui était un avertissement? On n'est pas joueur sans être superstitieux, et bien qu'on soit le premier très souvent à se moquer de ses superstitions, on les accepte quand elles ne contrarient pas la manie dont on est obsédé

Aussi, tout en se disant qu'il serait absurde de croire que le père Huet était mort exprès pour le pousser au jeu, il se disait en même temps que cette mort pouvait bien signifier quelque chose.

Pourquoi ne pas voir quoi?

Il y avait un moyen facile de faire cette expérience, c'était de tâter la chance, non avec ces cinquante-six mille francs, non pas même avec quelques-uns des billets qui composaient cette somme, mais simplement avec cinq louis ou dix louis de son argent de poche.

Cette combinaison avait cela d'excellent que, tout en respectant l'argent que sa femme lui avait remis, il ne laissait point passer la veine sans mettre la main dessus, si réellement elle s'offrait à lui. Ce n'est point tant les audacieux que la fortune favorise, que ceux qui savent l'arrêter quand elle passe à leur portée.

Depuis qu'il balançait ainsi le pour et le contre, il errait par les différentes pièces du cercle, s'arrêtant devant le billard pour applaudir quelques carambolages, dans un autre salon pour conseiller un ami qui jouait à l'écarté, dans la salle de lecture pour lire un journal du soir dont il ne suivait pas deux lignes, malgré son application, mais quand cette idée de la mort du père Huet eut traversé son esprit, il rentra dans la salle de baccara et, tirant cinq louis de son porte-monnaie, il les posa sur le tableau qui se trouva devant lui, — celui de gauche.

Le banquier donna les cartes et perdit à droite comme à gauche.

Sans doute, c'était bien peu de chose que ce gain pour Adeline, cependant il en fut aussi heureux que si, au lieu de 100 francs, il avait gagné 1,000 louis, car, s'il était insignifiant en soi, quelle importance ne prenait-il pas comme indication de la veine.

Il laissa ces cent francs et gagna encore.

Décidément, la mort du père Huet semblait bien être providentielle.

Il voulut s'en assurer : quittant le tableau de gauche, il passa à droite, où il ponta les 300 francs qu'il venait de gagner : le tableau de gauche perdit, le tableau de droite gagna.

Frédéric, qui le suivait de près, s'approcha de lui :

— Quelle veine, mon président !

Adeline laissa ses 600 francs et la chance fut encore pour lui.

— N'est-ce pas merveilleux ! s'écria Frédéric.

— Moi, si j'étais à la place du président, dit Barthelasse, je n'userais pas ma veine dans ces niaiseries, je la garderais pour ma banque.

Ceux-là seuls qui n'ont jamais joué ne comprendront pas l'émotion d'Adeline : quatre fois coup sur coup il avait interrogé l'oracle, et quatre fois l'oracle lui avait répondu par une affirmation contre laquelle toute discussion était impossible.

— Je pense que vous allez prendre la banque, dit M. de Cheylus survenant.

— Je vais inscrire le président, dit Barthelasse.

Cependant Adeline n'était pas décidé à se mettre en banque, mais ces excitations tombant sur lui de différents côtés firent pencher sa résolution chancelante.

Mais il ne voulut pas céder; la vision de sa femme le retint : il fit une nouvelle tournée dans les salons et de nouveau il tâcha de s'intéresser aux carambolages, à l'écarté et aux échecs; puis malgré lui, inconsciemment, il revint à la salle de baccara, où, pendant son absence, quelques gros coups avaient imprimé à la partie une allure plus animée.

C'était un des habitués du cercle, un Américain appelé Salzman, qui venait prendre la banque, et on avait apporté trois jeux de cartes que Camy était en train de mêler.

— Messieurs, faites votre jeu.

Mais les mises furent médiocres; sans qu'on eût rien de précis à reprocher à Salzman, on le tenait vaguement en défiance, et puis c'était un vilain banquier; ceux qui le connaissaient s'abstinrent, et il n'y eut guère que les étrangers qui pontèrent.

Il gagna : aussi pour son second coup les mises furent-elles plus faibles encore, et cependant il semblait vouloir rassurer les joueurs les plus soupçonneux : au lieu de tailler en prenant un paquet de cartes dans la main gauche pour les distribuer de la main droite, il *taillait au talon*, c'est-à-dire en prenant les cartes une à une devant lui, sous les yeux de tous, ce qui rend absolument impossible le *filage*, le *miroir*, et autres tours de prestidigitation : cette fois il perdit à droite et gagna à gauche; alors il se leva :

— Messieurs, il y a une suite.

— Qu'est-ce qui voit la suite? demanda le croupier.

C'était le moment décisif : Adeline se tenait à côté de la table ayant Frédéric à sa gauche et M. de Cheylus à sa droite.

— C'est à vous, mon président, dit Frédéric.

— Allez donc, dit M. de Cheylus.

Adeline ne s'étonna pas de cette insistance de son collègue; il savait par expérience l'intérêt que celui-ci avait à le voir gagner, d'ailleurs ce ne fut pas tant cette insistance qui le poussa que celle de l'oracle.

Il s'assit au fauteuil.

— Messieurs, faites votre jeu.

Il n'en fut pas de cet appel comme de celui de Salzman : Adeline était un beau banquier : les plaques, les billets de banque tombèrent sur le tapis.

— Le jeu est fait, rien ne va plus, dit Camy de sa voix monotone.

Adeline continuant Salzman le continua aussi dans la manière de tailler; une à une il prit les cartes au talon pour les donner aux tableaux et se les donner à lui-même.

Le tableau de gauche prit une carte et le banquier s'en donna une, un 9, comme il avait deux bûches il gagna sur la droite qui avait 1 et 6, et sur la gauche qui avait 4, 6 et 5.

— Continuation de la veine, murmura M. de Cheylus.

Il fallait se rattraper, jetons, plaques, billets tombèrent de plus en plus dru.

— Combien y a-t-il? demanda Adeline.

— Dix-sept mille francs.

Adeline donna les cartes et fit un abatage, un 9 et une bûche.

Il y eût un mouvement d'hésitation chez les pontes; plus que jamais il fallait se rattraper : le vent allait tourner.

Mais il ne tourna point; le coup suivant le banquier gagna avec 8, le quatrième coup avec 9, le cinquième avec un nouvel abatage, le sixième, au milieu de la stupéfaction générale et de la consternation d'un certain nombre de pontes, encore avec un 8.

Quand, à la caisse on apporta les corbeilles où s'était entassé son gain dont on fit le compte, on trouva 87,000 francs.

XVII

Si solide que fût l'honorabilité d'Adeline, cette partie l'ébranla.

Dans la folie du jeu, on s'était bien un peu étonné de cette persistance de la veine, mais on n'avait pas eu le temps de réfléchir, il fallait se rattraper : ce n'est pas dans le feu de la bataille qu'on examine comment sont donnés les coups qu'on reçoit, on tâche de les rendre; après, on verra.

Après, on avait vu que cette veine était vraiment bien extraordinaire, et telle qu'il n'y avait pas d'honorabilité, si solide qu'elle fût, qui pût la mettre à l'abri du soupçon.

Autour d'une table de baccara il n'y a pas que des joueurs affolés par l'émotion de la lutte ou paralysés par l'angoisse, incapables par conséquent de voir autre chose que ce qui leur est étroitement personnel : le point de leur tableau et celui du banquier ; en plus de ces acteurs il y a les spectateurs, les curieux ; il y a ceux qui piquent la carte et notent tous les coups dans l'espérance de saisir une veine qu'ils poursuivent pendant des heures, quelquefois jusqu'à l'aurore ; il y a aussi les grecs de profession qui exercent une terrible surveillance non en vue d'empêcher les tricheries, mais simplement en vue de prendre une part dans celles qu'ils surprennent, et qu'ils peuvent dénoncer ; enfin il y a encore le personnel du cercle, très expert aux choses de jeu, qui ouvre toujours les yeux et quelquefois les lèvres quand ce qu'il a remarqué sort de l'ordinaire.

Les tailles d'Adeline avaient été notées et, faisant suite à celles de Salzman, elles constituaient un ensemble révélateur : 1. 4. 0. 6. 6. 0. 5. 9. — 0. 8. 0. 7. 6. 9. — 3. 2. 0. 3. 2. 0. 8. — 0. 3. 0. 1. 3. 7. 0. 2. — 0. 8. 0. 7. 6. 9...

Cette série de chiffres qui se continuait était absolument incompréhensible pour un profane, mais, pour un *affranchi*, elle ressemblait terriblement à une séquence : ce n'était ni la *surprenante*, ni la *foudroyante*, ni l'*invincible*, ni la *douceur*, ni les *quatre fers en l'air*, ni la *Toulousaine*, ni la *Marseillaise*, ni aucune de celles qui sont classiques dans le monde de la grecquerie et qui par là sont trop usées pour qu'on ose s'en servir dans un monde un peu propre; mais elle sentait cependant la préparation d'une main plus complaisante que ne l'est ordinairement la main de la Fortune, un peu lourde, peut-être, et qui avait prodigué les sept, les huit et les neuf au banquier plus qu'il n'était adroit de le faire, si elle n'avait pas été inspirée par l'idée d'empêcher les hésitations de tirage.

Pour ceux qui admettaient la séquence, la question était de savoir si un homme du caractère et de l'honorabilité d'Adeline avait pu consentir à jouer avec des cartes séquencées.

C'était là-dessus que la discussion s'était engagée quand, après le premier moment de surprise, on avait commencé à discuter la victoire du président du *Grand I* et les moyens par lesquels elle avait été obtenue.

Aux premiers mots de séquence, tous ceux qui connaissaient Adeline s'étaient récriés : — Allons donc! à son âge! dans sa position! Et puis, à quels signes certains reconnaît-on une séquence? Toutes les fois qu'un banquier gagne plus que les pontes ne voudraient, il passe donc des séquences. — Mais à ces objections, les répliques n'avaient pas manqué, et ceux qui parlaient de séquence n'étaient pas restés court : — Ce n'est généralement pas à vingt ans qu'on triche : c'est plus tard, quand on y est peu à peu amené et qu'on n'a plus que cette ressource. La position d'Adeline était-elle assez bonne pour qu'il n'eût pas besoin de gagner quatre-vingt mille francs? Si oui, comment avait-il accepté d'être président d'un cercle, avec un traitement payé par la cagnotte?

D'ailleurs, tous ceux qui parlaient de cette partie ne connaissaient pas Adeline et n'avaient pas dès lors de raisons pour le défendre. Un président de cercle qui avait triché, c'était vrai. Une séquence, c'était vrai. Il y a tant de joueurs qui ont été écorchés vifs par ce genre de vol contre lequel la défense est à peu près impossible qu'ils voient des séquences partout et plus souvent encore que dans la réalité, où cependant elles se rencontrent si fréquemment. Et puis ce président n'était pas le premier venu; il avait un nom; il était député; on lisait ce nom dans les journaux, et dès lors les accusations devenaient plus vraisemblables; c'était drôle; il y aurait du scandale.

Une rumeur s'était élevée qui avait instantanément couru le tout-Paris des cercles et du boulevard :

— Le président du *Grand I* a passé une séquence à son cercle.

— Est-ce qu'il n'est pas député?

— Justement.

— Ah! elle est bien bonne!

— Si les présidents s'en mêlent!

C'était cette double qualité de député et de président qui donnait du piquant à la chose : pas intéressantes pour le boulevard, les histoires de gens que personne ne connaît. Il arrive assez souvent qu'il se gagne des sommes importantes, et d'une façon étonnante sans qu'on s'en occupe en dehors des cercles où ces parties ont été jouées, mais c'est qu'alors ceux qui ont opéré ne comptent pas pour le boulevard, n'existent pas pour lui, ils ne sont nulle part, comme disent les Anglais ; Adeline était quelque part, au palais Bourbon, dans les journaux, et dès lors « elle était bien bonne » ; ceux-là mêmes qui auraient haussé les épaules, si on leur avait parlé d'une séquence passée dans un des cercles les plus connus de Paris, sous les yeux de cent personnes, par un étranger du Pérou ou des Indes, devenaient attentifs quand on ajoutait que le coupable était un député, un homme en vue, c'était un événement parisien, et tout de suite, sans autre examen, ils se disaient : « C'est bien possible ! » et cette possibilité, ils la faisaient partager aux autres en leur racontant cette histoire : « Un député, elle est bien bonne. »

A côté de ceux qui parlaient de cette histoire parce qu'elle était drôle, il y avait toute une catégorie de gens qui s'en occupaient, parce qu'elle les intéressait personnellement — celle qui vit du jeu et des joueurs, depuis les gros *mangeurs*, qui protègent les cercles et sont pour eux ce que les souteneurs sont pour les filles, jusqu'aux *rameneurs*, aux *dîneurs*, aux *allumeurs-tapissiers* : « Ah ! le député Adeline en était là ; cela était bon à savoir ; on pourrait en tirer parti du député et en *manger* quelques morceaux ! » On pourrait le mettre en avant pour arracher des autorisations d'ouverture de cercles dans les villes d'eaux quand les préfets se montraient récalcitrants ; de même, on pourrait aussi l'employer pour prévenir des arrêtés de fermeture que prendraient ces préfets ; au député influent, à l'ami des ministres, les préfets n'oseraient rien refuser ; et lui-même le député n'oserait rien refuser à ceux qui le feraient chanter, « puisqu'il en était ». C'est surtout dans ce monde qu'on se mange les uns les autres.

Cependant tout ce tapage scandaleux passait au-dessus de celui qui l'avait soulevé, sans qu'il en entendît rien et se doutât même qu'on pouvait s'occuper de lui autrement que pour le féliciter, et aussi pour lui faire quelques emprunts, comme cela était arrivé la première fois qu'il avait gagné une somme importante.

De ce côté, ces prévisions s'étaient réalisées, et la réalité avait même été au delà de ce qu'il imaginait.

Après sa banque, il n'avait pas quitté le cercle tout de suite pour aller se coucher tranquillement : à quoi bon se coucher ? Il était bien trop surexcité, trop troublé, trop emballé pour s'endormir, car, sans être un passionné du jeu, il jouait néanmoins en passionné, le cœur arrêté ou bondissant, les nerfs crispés, et il n'y avait aucun point de ressemblance entre lui et ces joueurs à l'estomac solide qui, après une nuit où ils ont été ballottés de la fortune à la ruine et de la ruine à la fortune, reprennent au matin leurs occupations ordinaires comme s'ils avaient simplement rêvé. Débarrassé des complimenteurs qui tout d'abord l'avaient enveloppé, il avait repris sa promenade à travers le cercle, en tâchant de calmer son irritation et de se retrouver.

Mais on ne l'avait pas longtemps laissé libre ; c'étaient les désintéressés qui tout d'abord s'étaient jetés en troupe sur lui, ceux qui vont au succès spontanément comme les mouches vont au rayon de soleil; d'autres, toujours à l'affût des bonnes occasions, avaient attendu qu'il fût seul pour l'aborder :

— Mon cher président...

Ils ne sont pas rares dans les cercles, les mendiants qui vivent là sans autres ressources que celle d'un adroit emprunt de temps en temps ou d'un jeton légèrement cueilli au passage. Pourvu qu'ils aient en poche le prix du déjeuner ou du dîner, ils ne quittent pas le cercle. Tout ce que l'on peut consommer pour le prix fixe, ils l'absorbent ou le dévorent, mais sans jamais se permettre la prodigalité d'un extra, même quand il ne coûte que quelques sous. A peine osent-ils plier le pied en marchant, de peur que leurs semelles usées ne quittent tout à fait l'empeigne de leurs bottines, mais ils n'en sont pas moins les plus exigeants à se faire passer leur pardessus par les valets de pied : « Valet de pied », ils sont fiers d'entendre cet appel dans leur bouche, et n'ont pas honte du sourire de mépris avec lequel on les sert.

— Mon cher président...

Adeline connaissait trop bien cette ritournelle pour ne pas deviner la chanson qu'elle allait amener : « Vingt-cinq louis, dix louis, un louis, mon cher président. » Il était difficile de refuser ces pauvres diables dont plusieurs portaient des noms autrefois honorables et que le jeu avait roulés dans ces bas-fonds.

Mais si ces demandes qu'il attendait jusqu'à un certain point ne l'avaient pas surpris, il y en avait une qui l'avait réellement stupéfié.

Comme, vers trois heures du matin, il se disposait enfin à rentrer chez lui, il avait trouvé, dans le hall Salzman, qui se disposait aussi à partir.

Ils avaient endossé leurs pardessus en même temps, et, en même temps aussi, ils avaient descendu l'escalier.

— Vous rentrez chez vous, mon président? demanda Salzman.

— Sans doute.

— Eh bien, si vous le voulez, nous irons ensemble jusqu'à la place de l'Opéra.

Ordinairement, Adeline rentrait à pied chez lui; après avoir joué, la marche le calmait et rafraîchissait son sang; quelquefois même, pour mieux se remettre, il prenait le chemin le plus long; mais c'était léger d'argent qu'il faisait cette promenade nocturne et les voleurs qui l'eussent arrêté auraient perdu leur temps; tandis que ce matin-là, il avait plus de quatre-vingt mille francs en billets de banque dans ses poches.

— Je vais prendre une voiture, répondit-il.

— Alors, avant de nous séparer, je vous demande un moment d'entretien, deux minutes.

L'heure était étrangement choisie, alors surtout que quelques instants auparavant cet entretien pouvait avoir lieu plus commodément pour tous les deux; cependant Adeline ne refusa pas ces deux minutes.

— Volontiers.

Ils étaient arrivés sur le trottoir de l'avenue en ce moment complétement désert, tandis que sur la chaussée quelques coupés du cercle attendaient la sortie des joueurs.

— Vous conviendrez, mon cher président, dit Salzman, que celui qui vous a donné cette banque a la main heureuse.

— Cela, c'est vrai.

— Et vous conviendrez aussi, je pense, que l'inspiration que j'ai eue de vous laisser ma suite n'a pas été moins heureuse que la main... pour vous au moins.

Adeline, qui ne prévoyait guère la tournure qu'allait prendre cet entretien bizarre, devint attentif à ce mot.

— Mais si elle a été heureuse pour vous, continua Salzman, elle ne l'a guère été pour moi, car si j'avais taillé jusqu'au bout, les quatre-vingt-dix mille francs qui sont dans votre poche seraient dans la mienne... et franchement, ils y arriveraient à propos.

— Chacun taille à sa manière, répliqua Adeline, qui voulait prendre ses précautions.

— Sans doute, mais on ne peut tailler que ce qu'il y a dans les cartes, et dans ma suite il y avait une jolie série. Cependant, rassurez-vous, je ne viens pas vous proposer de partager, bien que j'en connaisse plus d'un qui, à ma place, n'aurait pas ma discrétion ; je viens seulement vous demander cinq cents louis, non comme partage, mais comme prêt, parce que j'en ai besoin, un extrême besoin.

Sans avoir aucun grief contre Salzman et sans rien savoir de mauvais sur son compte, Adeline ne l'aimait point, cette façon de demander ces cinq cents louis, en s'adressant à lui comme à un associé, acheva ce que les préventions avaient commencé.

— Je regrette de ne pouvoir pas faire ce que vous désirez, dit-il sèchement, mais cela m'est tout à fait impossible.

— Cependant...

— Tout à fait impossible.

Et Adeline se dirigea vers un des coupés dont il ouvrit la portière.

A ce moment, plusieurs joueurs descendant du cercle arrivaient sur le trottoir.

— Rue Tronchet, dit Adeline en refermant la portière.

Le coupé partit, laissant Salzman ébahi ; sous les yeux des joueurs qu'il sentait sur lui, il n'avait pu ni rien ajouter, ni retenir Adeline.

XVIII

Cette façon de demander en faisant valoir des droits au partage avait exaspéré Adeline. Vraiment ce Salzman était trop impudent : pourquoi dix mille francs seulement, et non le tout? Est-ce que, si lui Adeline avait perdu au lieu de gagner, Salzman serait venu lui proposer de prendre une part dans sa perte?

D'ordinaire, il savait mal refuser, mais cette fois il avait répondu comme il fallait à ce drôle.

Heureusement, il serait bientôt débarrassé de celui-là et des autres ses pareils, car s'il n'avait pas donné sa démission ce soir-là, après avoir payé sa dette à la caisse, il n'en était pas moins décidé à maintenir cette démission et à abandonner le *Grand I* aussitôt qu'il pourrait le faire décemment, sans paraître se sauver comme en ce moment : ce n'était plus maintenant qu'une affaire de jours; la partie de cette nuit serait vite oubliée; alors il sortirait du *Grand I* pour ne jamais remonter son escalier, ni celui-là, ni aucun escalier de cercle : l'expérience qu'il avait faite suffisait, il ne toucherait plus à aucune carte.

Mais il se trompait en croyant qu'on oublierait vite cette partie : le lendemain, à la Chambre, on ne lui parla que de sa veine extraordinaire; il y eut même un de ses collègues qui lui demanda sérieusement s'il était vrai, comme on le racontait, qu'il eût gagné cinq cent mille francs. Adeline se récria.

— On ne parle que de ça!

Et aux regards qui le poursuivaient, Adeline vit qu'on s'occupait en effet de lui beaucoup plus qu'il n'aurait voulu : on chuchotait; on se taisait quand il approchait; il trouva qu'il passait vraiment trop à l'état de phénomène ; la première fois qu'il avait fait un gros gain, ses amis l'en avaient plaisanté ; maintenant, semblait-il, ce n'était plus de la plaisanterie, c'était de l'étonnement.

Qu'y avait-il d'étonnant à ce qu'il eût gagné près de quatre-vingt-dix mille francs ? Était-ce un de ces gains extraordinaires qui peuvent provoquer la surprise ?

Au cercle, il retrouva Salzman, et il eut la stupéfaction de voir celui-ci l'aborder comme s'il ne s'était rien passé entre eux dans la nuit.

— Je ne vous en veux pas, mon cher président, dit l'Américain, j'avoue même qu'à votre place j'aurais probablement répondu comme vous ; seulement, il est bien entendu que si je vous repasse jamais une suite du même genre, nous ferons nos conditions avant, n'est-ce pas ?

Si ces paroles étaient bizarres, le ton, qui était celui de la bonhomie et de la drôlerie, leur enlevait toute signification douteuse ; Adeline ne chercha donc pas autre chose que ce qu'il avait compris : l'intention chez l'Américain de tourner en plaisanterie ce qui avait commencé par être sérieux, et n'avait pas réussi sous cette forme. Mais trois jours après se présenta un incident qui lui fit se demander s'il ne s'était pas trompé.

C'était le soir, la partie était assez animée, et Salzman venait de prendre la banque ; on avait apporté des cartes que Camy avait battues pendant que Salzman répétait d'un voix indifférente :

— Messieurs, faites votre jeu.

28.

Et le jeu se faisait mal, les pontes ne paraissant pas disposés à aventurer de grosses sommes avec ce nouveau banquier.

Au moment où le croupier présentait les cartes à un joueur pour les faire couper, un autre joueur avança la main et les prit.

— Permettez, dit-il.

A ce moment même, Adeline arrivait auprès de la table, et il vit le joueur qui avait pris les cartes se préparer à les battre sérieusement.

— Qu'est-ce à dire? demanda Salzman, qui avait eu un court instant d'hésitation, en homme qui se demande s'il va se fâcher de cette marque de défiance, ou s'il va ne pas la relever.

Bien que cette question eût été faite sur le ton de la provocation, ce fut avec calme et sans élever la voix que le joueur répondit :

— Rien autre chose que ce que je fais.

Et avec le même calme, il continua à battre les cartes, qui claquaient entre ses doigts.

Salzman était un grand gaillard d'Américain maigre, comme s'il était desséché dans l'alcool, qui, du haut de son fauteuil de banquier, paraissait plus grand encore ; il essaya d'asséner à cet insolent un regard de défi, mais l'insolent, bien que tout petit et chétif, ne se laissa pas intimider, il soutint ce regard et lui répondit.

— Est-ce une querelle que vous me cherchez? demanda Salzman.

— Est-ce chercher une querelle que d'user de son droit?

— Messieurs, messieurs! dit Adeline en intervenant vivement.

— Ne craignez rien, mon cher président, dit Salzman, je cède la place à monsieur.

D'un air de dignité hautaine qui n'était pas précisément en accord avec ses paroles, il se leva de son fauteuil.

— Comme cela, l'affaire n'aura pas de suite, dit le joueur, qui décidément ne perdait pas la tête.

Tout à l'algarade qui venait de se produire et à laquelle il avait coupé court par son intervention, Adeline ne pensa pas immédiatement à ce dernier mot; ce ne fut que plus tard qu'il se le rappela et l'examina.

« L'affaire n'aura pas de suite. »

Que voulait dire cela? — Était-ce simplement le cri de triomphe d'un grincheux, constatant qu'on n'osait pas lui tenir tête? Ou bien n'était-ce pas une allusion à la suite que, lui, Adeline, avait prise quand Salzman avait abandonné sa banque?

Cette supposition le jeta dans un trouble profond.

Si elle était fondée, il y avait derrière elle une accusation qui s'adressait à lui.

Il resta étourdi sous le coup dont cette pensée le frappa : « L'affaire n'aura pas de suite! » On croyait donc que, comme il avait pris la suite de Salzman, il allait la prendre encore, et de nouveau gagner comme il avait gagné ce soir-là; c'est-à-dire que l'injure faite à Salzman en lui battant les cartes rejaillissait sur lui.

Il ne dormit pas cette nuit-là, et jusqu'au jour il

tourna et retourna cette idée dans sa tête affolée.

Depuis qu'il vivait dans son cercle, il avait eu les oreilles rebattues d'histoires de tricheries, et vingt fois, cent fois il avait vu les soupçons s'attaquer aux gens qui à ses yeux étaient les plus honorables; cependant jamais l'idée ne lui était venue qu'un jour on pourrait le soupçonner lui-même.

Bien qu'il eût toujours été d'humeur pacifique et que l'âge n'eût fait que confirmer ses dispositions naturelles, il n'était pas homme cependant à répondre à ce soupçon qui montait jusqu'à lui, comme l'avait fait Salzman. Il attendit le matin impatiemment, et aussitôt que l'heure fut arrivée où il avait chance de rencontrer au cercle quelqu'un qui pût lui donner le nom et l'adresse de ce joueur qu'il ne connaissait point, il partit pour l'avenue de l'Opéra. Mais justement il ne rencontra personne pour lui répondre : tous ceux qui avaient assisté à la scène de la nuit étaient encore chez eux à dormir, et le personnel de service à cette heure matinale ne savait rien : un garçon croyait que ce joueur était un créole, mais il ne l'affirmait pas; par qui avait il été présenté ou amené? il l'ignorait ; sans doute M. de Mussidan, M. Maurin, M. Barthelasse ou Camy le connaissaient.

Il fallut qu'Adeline attendît encore. Le premier qui arriva fut Maurin ; mais comme à l'ordinaire il ne savait rien, car dans ce cercle dont il était gérant en nom, tout lui passait par-dessus la tête et Frédéric l'avait si bien annihilé, si bien terrorisé, qu'il avait pris la prudente habitude de ne rien voir, pas même ce qui lui crevait les yeux ; comme cela il ne risquait pas de se compromettre : « Je chercherai, je réfléchirai, comptez sur moi », étaient les trois seules réponses qu'il se permit, lorsqu'on lui demandait quelque chose, et il n'en démordait pas. C'était auprès de Frédéric qu'il cherchait, et ce que celui-ci voulait qu'il dît, il le répétait consciencieusement, sans y rien ajouter, sans en rien retrancher. Ce fut ainsi qu'il se tira d'affaire avec Adeline : « Je chercherai, comptez sur moi, monsieur le président. »

Enfin Frédéric arriva, mais lui aussi ignorait le nom de ce joueur, et ne savait pas qui l'avait présenté.

Alors Adeline se fâcha :

— Comment! c'était ainsi qu'on entrait au *Grand I*. Alors, à quoi servait le comité? A quoi servait le président? S'il ne servait à rien, il n'avait qu'à se retirer. Un cercle ainsi administré n'était qu'une simple maison de jeu ouverte à tous ; il ne la couvrirait pas de son nom... plus longtemps.

Frédéric, qui devait tant redouter cette démission, commençait justement à se rassurer et à croire que la séquence, ou plutôt le gain produit par elle, leur avait livré Adeline pour toujours : il avait si naïvement laissé paraître sa joie, le *Puchotier*, qu'il devait être pris, et bien pris ; voilà que précisément cette menace de démission éclatait quand il s'imaginait qu'il n'en serait plus jamais question !

Heureusement il n'était pas homme à se laisser démonter, et tout de suite il se défendit : on le prenait à l'improviste, il n'avait pu interroger personne, ni faire aucune recherche ; mais il promettait le nom de ce joueur et de ses parrains, pour le soir même ; ce n'était pas dans un cercle comme le *Grand I* qu'il se passait rien d'irrégulier ; il était de son honneur d'en faire la preuve, et il la ferait pour ce cas particulier comme pour tout.

Si belle que fût l'occasion pour se retirer, Adeline ne poussa pas les choses à l'extrême cependant, car il voulait voir ce qu'il y avait sous cette allusion « à la suite », et en donnant sa démission il s'enlevait tout moyen de recherches.

— Alors à ce soir, dit-il, et n'oubliez pas qu'il me faut ce nom.

Ccomme l'heure d'aller à la Chambre approchait, il ne poussa pas son enquête plus loin pour le moment, et se rendit au Palais-Bourbon.

Si les jours précédents, il avait été frappé de la façon dont on le regardait, il le fut bien plus vivement encore dans les dispositions où il se trouvait et avec les inquiétudes qui l'angoissaient.

Pourquoi cette curiosité ?

Il ne pouvait pas le demander, cependant, pas même à ses meilleurs amis; et par cela seul il se trouva singulièrement embarrassé, confus, comme s'il se sentait coupable.

Sans se sauver, mais cependant avec un sentiment de soulagement, il entra tout de suite dans la salle des séances, bien que le président ne fût pas encore monté à son fauteuil, et gagna son banc, où il avait Bunou-Bunou pour voisin.

Comme tous les jours, celui-ci était penché sur

son pupitre, écrivant, car c'était son habitude d'arriver une heure au moins avant l'ouverture de la séance et de se mettre à sa correspondance ; de sorte qu'il était un sujet de récréation et de conversation pour le public des tribunes qui occupait les longues minutes de l'attente à regarder dans le vaste hémicycle désert où ne circulaient que de rares huissiers, ce vieux bonhomme à la tête blanche qui, collé sur son papier, écrivait, écrivait, écrivait.

— Justement, je vous écrivais, dit Bunou-Bunou, quand Adeline, après lui avoir serré la main, s'assit auprès de lui.

— Comment ! quand nous devions nous voir ?

— C'est une lettre officielle ; lisez-la ; vous allez voir de quoi il est question.

— Votre démission de membre du comité du *Grand I*, dit Adeline très ému, et pourquoi ?

Bunou-Bunou se montra embarrassé.

— Je vous en prie, insista Adeline.

— Je suis fatigué le soir, j'ai besoin de me coucher de bonne heure ; alors vous comprenez.

Adeline avait peur de comprendre, cependant il eut le courage d'insister ; si cruelle que pût être la vérité, il devait la demander.

— Ce n'est pas là votre raison, dit-il, le cœur serré, votre raison vraie ; je fais appel à votre amitié ; parlez-moi franchement, comme à un... ami.

— Eh bien, j'ai entendu dire des choses graves, très graves.

Adeline pâlit.

— Vous savez mieux que moi qu'à Paris il est

d'usage de donner des surnoms aux cercles : ainsi la *Crémerie*, les *Mirlitons*, le *Grand I*. Mais ces surnoms sont quelquefois accompagnés d'autres qui sont des... qualificatifs. Ainsi il paraît qu'il y en a un qui s'appelle l'*Attique*, un autre qu'on appelle la *Béotie*, et ces appellations empruntées à la Grèce sont significatives. Eh bien, ce n'est pas tout ; il paraît que le *Grand I* s'appelle l'*Épire* ou, dans la langue du boulevard, *Le Pire*. Alors j'aime mieux me retirer. Je ne sais si je m'abuse, mais il me semble qu'en restant je compromettrais ma réélection. Que ferais-je si je cessais d'être député ? je ne suis plus bon à rien.

Bien que la chose fût grave, comme le disait Bunou-Bunou, elle l'était cependant moins qu'Adeline n'avait craint ; il respira.

— Vous avez raison, dit-il, et je vous approuve si complètement que moi aussi je vais me retirer.

— Vous feriez cela ?

— Nous avons réunion du comité mercredi, venez-y, nous donnerons nos deux démissions en même temps.

— Ah ! mon cher ami, s'écria Bunou-Bunou, quel plaisir vous me faites !

Et les tribunes étonnées virent le député aux cheveux blancs serrer les mains de son voisin dans un transport d'effusion ; mais on n'eut pas le temps de s'adresser des questions sur cette scène pathétique ; un flot de députés envahissait la salle, et, au dehors, on entendait les tambours battre aux champs.

XIX

Frédéric ne s'était pas mépris sur le semblant de concession que lui avait fait Adeline en ne donnant pas immédiatement sa démission : ce n'était pas parce qu'il renonçait à son idée que le président retardait cette démission, c'était parce qu'il voulait obtenir auparavant le nom de ce joueur. Pour qui le connaissait, le doute n'était pas possible, et Frédéric commençait à bien le connaître.

Le danger était donc menaçant.

Comment l'empêcher d'éclater?

La question était assez grave pour qu'il ne voulût pas prendre la responsabilité de l'examiner et de la trancher tout seul ; c'était entre associés qu'elle devait se décider.

Au lieu de s'occuper du joueur, aussitôt qu'Adeline fût parti, il alla prendre Barthelasse chez lui et le conduisit chez Raphaëlle : le joueur, on verrait plus tard.

Mais le conseil ne put pas s'ouvrir tout de suite, Raphaëlle recevant en ce moment même la visite de M. de Cheylus. Elle se prolongea cette visite, et plus d'une fois Barthelasse crut que Frédéric, dont l'impatience et le mécontentement étaient visibles, allait le quitter pour rompre ce tête-à-tête.

A la fin, M. de Cheylus voulut bien partir, et Raphaëlle entra dans le petit salon où ils attendaient.

— Qu'est-ce qu'il y a? demanda-t-elle, inquiète de les voir.

Ce fut Frédéric qui expliqua ce qu'il y avait et ce qui les amenait.

Dans leur association, Raphaëlle jouait le rôle de l'associé qui rend les autres responsables de tout ce qui va mal, et porte à son avoir tout ce qui va bien.

— Il est joli, le résultat de votre séquence, dit-elle en se tournant vers Barthelasse.

— Ce n'est pas la séquence qui le fait donner sa démission, puisqu'il a attendu jusqu'à maintenant.

— Je n'en sais rien, mais, en tout cas, elle ne l'a pas retenu, vous le voyez; et pour moi, il n'est pas du tout prouvé que ce n'est pas votre séquence qui décide la démission qu'il balançait, et qu'il aurait, sans doute, balancée longtemps encore. Pourquoi aussi lui avez-vous fourni des coups si gros, des huit, des neuf; ne pouvait-il pas gagner avec des points moins forts, qui n'auraient pas provoqué la surprise?

— J'ai voulu empêcher des hésitations de tirage, ce qui, avec lui, était possible, puisqu'il taillait sans savoir qu'il devait gagner: quand on est d'accord avec le banquier, on fait ce qu'on veut, mais ce n'était pas le *cass*, et puis il me semblait qu'il n'était pas mauvais qu'il se sentît un peu compromis.

— Et voilà le résultat; il s'est si bien senti compromis qu'il s'en va.

Barthelasse secoua la tête par un geste énergique.

— C'est justement parce qu'il ne s'est pas senti assez compromis qu'il s'en *va!!*, s'écria-t-il ; s'il avait vu qu'il ne pouvait aller nulle part, il serait resté avec nous.

— Ça, c'est une idée.

— Et une bonne, encore.

— Enfin, il s'en va, dit Frédéric pour prévenir une discussion inutile.

— Eh bien, zut, s'écria Raphaëlle, il nous embêtait, à la fin!

— C'est comme ça que tu le prends? fit Frédéric étonné.

— Faut-il s'en faire mourir ? Il était devenu si hargneux qu'on ne pouvait plus vivre avec lui.

— Ce n'est pas là la question, fit Frédéric ; il s'agit de savoir si nous pourrons vivre sans lui.

— Et comment ? dit Barthelasse.

— Nous le remplacerons par un autre, dit Raphaëlle ; il n'y a pas qu'un président au monde ; j'y ai pensé.

— Il n'y en a pas beaucoup d'aussi bons que celui-là, dit Barthelasse.

— Et où vois-tu cet autre ? demanda Frédéric.

— A la Chambre.

— Ce n'est pas M. de Cheylus?

— Au contraire, c'est lui, et c'est pour cela que je l'ai fait venir ; je lui ai inventé une belle histoire, et il accepte si Adeline se retire.

— On va nous tomber sur le dos, et il ne pourra pas nous défendre.

— Pourquoi ne le pourrait-il pas ? On se montre souvent plus complaisant pour ses adversaires que pour ses amis. C'est la raison qui m'a fait penser à M. de Cheylus, quand j'ai vu qu'un jour ou l'autre le *Puchotier* nous manquerait, et voilà pourquoi je l'ai fait venir. J'ajoute, pour vous mettre de belle humeur, qu'il se contentera de douze mille francs au lieu des trente-six mille que nous coûte le *Puchotier*; je lui ai dit que c'était parce que nous ne pouvions plus payer cette somme qu'Adeline se retirait.

— J'aime mieux Adeline à trente-six mille francs que Cheylus à douze mille, dit Barthelasse.

— Il ne s'agit pas de ce que vous aimez mieux, il s'agit de ce qui est possible; Adeline est mort, vive Cheylus !

— Êtes-vous sûr qu'il soit si mort que ça ? interrompit Barthelasse.

— Malheureusement, répondit Frédéric.

— Voulez-vous me laisser essayer de le faire vivre encore ? demanda Barthelasse.

— Ne dites donc pas de bêtises, répliqua Raphaëlle.

— Enfin, voulez-vous que j'essaye ? Pour vous il est perdu, n'est-ce pas ?

— Assurément.

— Et cela vous tourmente; vous seriez tous les deux bien aises qu'il restât notre président ?

— Parbleu.

— Eh bien, laissez-moi faire.

— Quoi ?

— Vous verrez. Puisqu'il est perdu, il n'y a rien à craindre, n'est-ce pas ? Si je réussis, il reste. Si au contraire j'échoue, il ne s'en ira pas deux fois.

Une discussion s'engagea entre eux : Raphaëlle était agacée de voir Barthelasse qu'elle considérait comme un parfait imbécile, faire l'important ; et de plus sa curiosité s'exaspérait qu'il ne voulût pas dire par quel moyen il comptait amener Adeline à ne pas donner sa démission.

— Ce que vous allez faire de bêtises ! dit-elle au moment où il partait.

— C'est bon, nous verrons.

Il ne voulut pas davantage s'expliquer avec Frédéric en revenant au cercle.

— Puisque nous ne risquons rien, laissez-moi faire.

Dans ces conditions, Frédéric n'avait qu'à chercher le nom qu'Adeline lui avait demandé, mais ce fut inutilement ; ce joueur était-il venu avec une lettre d'invitation, car ces lettres continuaient à être largement distribuées un peu partout ? avait-il été amené par quelqu'un qui s'était dispensé de la formalité du registre ? toujours est-il qu'on ne trouva rien. Aussi, quand Adeline arriva vers une heure, Frédéric se contenta-t-il de répondre simplement qu'il comptait avoir ce nom dans la soirée.

Il n'y avait pas cinq minutes qu'Adeline était dans son cabinet quand Barthelasse frappa à la porte et entra :

— Puis-je vous dire quelques mots, monsieur le président ?

Adeline voulut répondre qu'il était occupé, puis il se résigna, se disant qu'il aurait plus tôt fait d'écouter que d'éconduire Barthelasse, dont il connaissait la ténacité.

— Monsieur le président, dit Barthelasse en s'asseyant, me permettrez-vous de vous demander si un bruit qu'on m'a rapporté est fondé ? Est-il vrai que vous seriez dans l'intention de donner votre démission ?

— Oui, cela est vrai.

— Et pourquoi, je vous le demande... si vous le permettez ?

— Parce qu'il se passe ici des choses qui ne peuvent pas convenir à un honnête homme.

Barthelasse prit son ton le plus bonhomme, le plus insinuant :

— J'ai beaucoup voyagé, monsieur le président, et dans mes voyages j'ai entendu un mot qui m'a frappé c'est que la conscience est une méchante bête qui arme l'homme contre lui-même ; ne seriez-vous pas mordu par cette vilaine bête ? je vous le demande.

Le premier mouvement d'Adeline fut de mettre Barthelasse à la porte, mais il réfléchit qu'un entretien qui commençait de la sorte pouvait lui apprendre des choses qu'il avait intérêt à connaître, et il se retint, décidé à écouter jusqu'au bout.

— Voyez-vous, monsieur le président, continua Barthelasse, on a les plus fausses idées sur le jeu. Qu'est-ce que le jeu, je vous le demande? Une affaire d'adresse, rien de plus. Ceux qui sont adroits gagnent, ceux qui sont maladroits perdent. Ainsi, moi, si je n'avais pas été adroit, est-ce que j'aurais gagné les deux millions qui composent ma petite fortune, je vous le demande? Qu'est-ce que j'étais dans ma jeunesse? un pauvre diable de lutteur sans autre avenir que de me faire casser une côte de temps en temps ou les *refuss* un beau jour, et de mourir sur la paille. J'ai regardé autour de moi pour chercher si je ne pourrais pas trouver mieux. J'allais beaucoup au café et dans les petits cercles, la profession veut ça. J'ai ouvert les yeux et j'ai vu que les gagnants au jeu étaient ceux qui avaient de l'adresse, qui savaient filer la carte, pour dire les choses. Alors je me suis demandé ce que c'était qu'un voleur, et après avoir réfléchi, je me suis répondu que l'homme qui gagne de l'argent sans travail, sans peine, sans étude, était un voleur et qu'il méritait ce nom justement; mais que celui, au contraire, qui gagnait cet argent par son adresse, son industrie et son art, ne pouvait jamais être un voleur.

Barthelasse fit une pause et étudia sur le visage de son président l'effet qu'avait pu produire ce début.

— Continuez, dit Adeline.

Se voyant encouragé, Barthelasse qui, jusque-là, avait cherché ses mots, s'exprima plus librement et plus vite :

— Sûr de ne pas me tromper, je me suis mis au travail. Tout en continuant mon métier de lutteur, tous les soirs je me faisais les doigts sur une meule d'oculiste, car je n'avais pas, vous le pensez bien, les doigts doux d'un pianiste, et la nuit, dans ma petite chambre, je m'essayais à filer la carte, et sans lumière encore, car ce qui est difficile c'est d'opérer sans bruit, vous le savez comme moi : on ne voit pas filer la carte, on l'entend, et dans l'obscurité je ne pouvais pas me monter le coup, mes oreilles m'avertissaient. Pendant deux ans je n'ai pas dormi quatre heures par nuit. A la fin, le bon Dieu a récompensé ma persévérance : je ne m'entendais plus. C'était au moment de la guerre de Crimée ; j'avais amassé un peu d'argent je me suis embarqué à Marseille pour Constantinople sur un vapeur qui portait des officiers. Nous n'étions pas en mer depuis douze heures qu'on s'ennuyait ferme. On a joué pour se distraire. C'était mon début ; je puis dire, sans me vanter qu'il a été heureux. Les officiers avaient la bourse garnie pour la campagne. A Constantinople, je gagnais dix mille francs. Aussitôt je me suis rembarqué pour la France ; il y avait aussi des officiers à bord qui rentraient en convalescence, et s'ils avaient moins d'argent que leurs camarades, ils en avaient cependant un peu... qu'ils perdirent. J'ai fait ainsi dix voyages et ça a été le commencement de mon petit avoir.

— Où voulez-vous en venir ? murmura Adeline qui se tenait à quatre pour ne pas éclater.

— A ceci : je suppose que vous jouez cent mille francs, toute votre fortune, vous en perdrez nonante mille ; il vous en reste dix mille, vous allez les jouer : c'est la vie de votre famille que vous risquez, c'est votre honneur. Vous êtes bien ému, n'est-ce pas ? autrement vous ne seriez pas un bon père, et vous en êtes un. A ce moment une petite fée se penche à votre oreille et vous dit : « Tu vas te piquer avec une épingle et te faire un peu de mal ; mais tu vas gagner ces dix mille francs et les nonante mille que tu as perdus, et ainsi tu vas sauver ta famille, ton honneur, tu vas être un bon père. » Qu'est-ce que vous feriez ?

Adeline ne se contenait plus, mais Barthelasse lui ferma la bouche avec son meilleur sourire :

— Ne me répondez pas : vous vous feriez un peu de mal ; vous vous piqueriez ; eh bien, souffrez cette petite piqûre, désagréable, j'en conviens, et laissez la petite fée, qui est moi, agir. Dans six mois, vous aurez gagné trois ou quatre cent mille francs et, dans un an, vous aurez votre petit million, avec lequel vous assurerez le bonheur de votre fille qui est une si charmante demoiselle. Hein, qu'en dites-vous ?

Adeline étouffait d'indignation :

— Vous avez déjà commencé votre rôle de fée ? dit-il.

— Une simple petite politesse, une prévenance, pour vous montrer ce qu'on peut faire dans ce genre, mais ce n'est vraiment pas la peine d'en parler ; vous verrez mieux que cela.

— Et c'est d'accord avec M. de Mussidan ?

— Il ne fait rien sans moi ; je ne fais rien sans lui.

— Ah !

Ce cri troubla Barthelasse qui, jusque-là, avait pris l'indignation d'Adeline pour l'embarras d'un homme qui n'aime pas qu'on lui parle en face de certaines choses, aussi avait-il évité de le regarder pendant la fin de son discours. Que signifiait ce cri ? Est-ce qu'il se fâchait, le président ?

— Envoyez-moi M. de Mussidan, dit Adeline, c'est à lui que je répondrai.

— Mais...

— Envoyez-moi M. de Mussidan.

Barthelasse sortit, assez inquiet. Frédéric n'était pas loin.

— Eh bien ?

— Je ne sais pas trop : ça a bien commencé, et puis ça paraît se fâcher ; il est incompréhensible, cet homme ; au reste, il va s'expliquer avec vous, il vous demande.

Frédéric entra dans le cabinet et trouva Adeline le visage convulsé.

— Le misérable a tout dit, s'écria Adeline les poings levés, vous, vous un Mussidan, vous avez fait de moi un voleur !...

Frédéric resta un moment décontenancé, puis se remettant :

— Voleur ! Pourquoi voleur ? Est-ce qu'au jeu il y a des voleurs !

QUATRIÈME PARTIE

I

Voleur!

C'était le mot qu'Adeline se répétait en suivant l'avenue de l'Opéra pour rentrer rue Tronchet; il rasait les maisons et marchait vite, son chapeau bas sur le front, n'osant lever les yeux de peur qu'on ne le reconnût et qu'on ne lui jetât le mot qu'il se répétait :

— Voleur!

Pourquoi allait-il chez lui? Il n'en savait rien. Pour se cacher. Parce qu'il avait besoin d'être seul. Pour qu'on ne le vît point; pour qu'on ne lui parlât point.

Tout le monde ne savait-il pas qu'il était un voleur? L'allusion de ce joueur à la « suite » le prouvait bien; et par cela seul qu'il ne l'avait pas immédiatement relevée, il avait passé condamnation, exactement comme ce Salzman qui sous le coup de cette injure avait si piteusement courbé le front.

Comment prouver qu'au lieu d'être complice de ce vol il en était lui-même victime? Où trouverait-il quelqu'un, même parmi ceux qui le connaissaient, même parmi ses amis, pour accepter une justification aussi invraisemblable? Qui le connaîtrait maintenant, ou plutôt qui le reconnaîtrait? Qui aurait le courage de continuer à rester son ami?

Arrivé chez lui, il n'alluma pas de lumière, mais, se laissant tomber dans un fauteuil, il resta là anéanti; un flot de larmes jaillit de ses yeux; comme un enfant qui vient de perdre sa mère, comme un amant de vingt ans abandonné par sa maîtresse, il pleurait misérablement, désespérément, abîmé dans sa faiblesse : c'étaient sa fierté, sa dignité, son honneur, sa vie qui étaient perdus à jamais, c'étaient la vie, la dignité, l'honneur des siens; sa fille, fille d'un voleur!

Ce moment de défaillance et d'affolement ne dura pas; la honte le prit de se trouver si faible; ce n'était pas en s'abandonnant qu'il rachèterait sa faute, si elle pouvait être rachetée.

Il avait gagné, il avait volé quatre-vingt-sept mille francs; avant tout, il devait les rendre à ceux qu'il avait dépouillés; après, il verrait à se défendre contre ceux qui l'accuseraient.

Mais tout de suite il se heurtait à une difficulté : où trouver, où chercher ceux qui avaient perdu ces quatre-vingt-sept mille francs? Trente, quarante, cinquante personnes peut-être avaient joué contre lui dans cette banque. Quelles étaient-elles? Et à l'exception de cinq ou six qu'il avait remarquées, il ne savait pas le nom des autres, il ne se rappelait pas leur signalement : des joueurs, qu'il n'avait même pas regardés dans son agitation, et qu'il avait à peine vus à travers un brouillard; il retrouvait bien quelques figures; des yeux qui s'étaient fixés sur lui quand il abattait les 9 : des effarements, des convulsions de physionomie quand il avait gagné de gros coups; mais tout cela se brouillait dans sa mémoire? Qui avait perdu les gros coups, qui avait perdu les petits? A qui devait-il dix mille francs; à qui devait-il deux louis?

Une seule chose certaine : il devait quatre-vingt-sept mille francs.

Entre quelles mains les payer?

Si le *Grand I* avait été le cercle qu'il avait cru fonder, il ne serait pas impossible de retrouver ces mains : il n'aurait joué que contre des membres de ce cercle, c'est-à-dire contre des gens qu'il connaîtrait; mais combien d'inconnus avait-il vus défiler qui s'étaient montrés une fois, deux fois, huit jours, et qui n'étaient jamais revenus! sans doute ceux qu'il avait dépouillés étaient de ces passants.

Et cependant il fallait qu'il leur restituât ce qu'il leur avait pris.

Comment?

Il eut beau tourner et retourner cette question, il ne lui trouva pas de réponse.

Parmi ces joueurs il y avait, cela était bien certain, des étrangers qui avaient déjà quitté la France : où les chercher? en Russie, en Amérique? l'impossible. Pour ceux qui étaient encore à Paris, comment les prévenir? Il ne pouvait pas cependant publier un avis dans les journaux pour avertir les personnes qui avaient joué contre lui qu'elles pouvaient se présenter rue Tronchet, où il rembourserait à vue ce qu'elles avaient perdu; combien s'en présenterait-il, et ce ne serait pas les moins exigeantes, qui n'auraient rien perdu du tout? Pour quatre-vingt-sept mille francs qu'il était prêt à restituer, combien de millions ne lui demanderait-on pas!

Cependant il voulut tenter quelque chose, et comme il ne pouvait pas retourner au *Grand I*, le lendemain il irait chez Camy, et avec lui il reconstituerait autant que possible sa partie; quand il connaîtrait les noms de ses créanciers, il les chercherait et leur rendrait ce qu'il leur devait.

Cette idée le calma un peu; si son honneur était perdu, au moins sa conscience serait déchargée du poids qui l'écrasait.

Mais quand, dans le calme de la nuit, au réveil du matin il examina cette idée qui tout d'abord lui avait paru réalisable, il n'en vit plus que l'absurdité. Quelle raison donnerait-il pour expliquer cette restitution? La vraie? Il ne le pourrait jamais; au premier mot la honte l'étoufferait.

Peut-être un caractère plus ferme et plus digne que lui accepterait cette expiation, mais il s'en sentait incapable : jamais il n'aurait la force de s'infliger cette humiliation.

Comme l'idée de restitution entrée dans son esprit et dans son cœur ne le lâchait plus, il chercha quelque autre moyen de la satisfaire, et après bien des angoisses il s'arrêta à porter cet argent au directeur de l'Assistance publique ; sans doute ce ne serait pas le rendre à ceux à qui il appartenait, mais au moins les pauvres en profiteraient et il ne salirait plus ses mains. Un autre à sa place trouverait peut-être mieux, mais il était si bouleversé qu'il ne pouvait pas sagement peser le pour et le contre de sa résolution ; et telle était sa situation qu'il ne pouvait prendre conseil de personne.

En se levant il écrivit au président de la Chambre pour demander un congé de quinze jours, puis, quand l'heure de l'ouverture des bureaux fut arrivée, il se rendit à l'Assistance publique, emportant ce que les emprunteurs lui avaient laissé sur les quatre-vingt-sept mille francs, c'est-à-dire près de quatre-vingt-cinq mille francs.

Aussitôt qu'il eut fait passer sa carte, il fut reçu par le directeur, mais avec la prudente réserve d'un fonctionnaire qui va avoir à défendre son administration contre les sollicitations d'un député.

— Je suis chargé, dit Adeline en ouvrant sa serviette d'où il tira huit paquets de dix mille francs, de vous verser une somme de quatre-vingt-quatre mille sept cents francs, qui devront être employés en secours à domicile ; la personne dont je suis l'intermédiaire entend n'être pas connue, elle désire seulement que l'insertion de ce versement figure au *Journal officiel*.

L'attitude du directeur s'était modifiée, passant de la réserve à l'épanouissement ; mais Adeline n'avait pas de remerciements à recevoir, il se retira, pour aller prendre tout de suite le train à la gare Saint-Lazare ; ce serait seulement à Elbeuf, entouré des siens, qu'il respirerait.

Depuis qu'il était député et qu'il faisait si souvent cette route, il avait toujours quitté Paris avec allègement, comme si l'air qu'il respirait après les fortifications était plus pur, plus léger et plus sain, mais jamais ce sentiment de soulagement n'avait été aussi vif que lorsque par la glace de son wagon il vit l'Arc-de-Triomphe s'estomper dans les brumes du lointain. Par malheur ce soulagement, au lieu d'aller en augmentant comme d'ordinaire à mesure qu'il s'éloignait de Paris, alla en diminuant ; il n'avait pas laissé à Paris le souvenir de cette terrible nuit, il l'avait emporté avec lui, et de nouveau il pesait de tout son poids sur sa conscience :

— Voleur !

Avant de quitter Paris, il avait annoncé son arrivée par une dépêche. Quand il descendit de wagon, il aperçut Berthe, qui était venue au-devant de lui toute seule dans la charrette anglaise qu'elle conduisait elle-même.

— Te voilà !

— Maman a bien voulu me laisser venir.

L'étreinte dans laquelle il la serra fut longue et passionnée, jamais il ne l'avait embrassée avec cet élan, avec cette émotion.

— Tu vas bien ? demanda-t-elle avec surprise.

— Mais oui. Pourquoi me demandes-tu cela ? Ai-je donc l'air malade ?

— Je te trouve pâle.

Il fallait expliquer cette pâleur.

— Je suis fatigué, dit-il ; pour me remettre je vais passer une quinzaine avec vous ; j'ai pris un congé.

— Quel bonheur !

Et ce fut elle à son tour qui l'embrassa tendrement.

Ils montèrent en voiture, et Berthe prit les guides.

— Veux-tu me laisser conduire ? dit-elle, j'espère qu'on me regardera un peu moins au retour, puisque je ne serai pas seule.

En effet, ç'avait été un événement pour Elbeuf de voir mademoiselle Adeline traverser la ville toute seule dans sa charrette.

Il y a deux gares à Elbeuf, l'une dans la ville même, l'autre où descendent les voyageurs qui viennent de Paris, à une assez grande distance, au milieu d'une plaine ; ils avaient donc toute cette plaine de Saint-Aubin à traverser, c'est-à-dire un bon bout de chemin où ils pouvaient causer librement.

— Tu m'as fait grand plaisir en venant au-devant de moi, dit Adeline.

— Je voulais te voir... et puis, je voulais te parler.

— Qu'est-ce qu'il y a ?

Il se tourna vers elle pour la regarder : le visage souriant et heureux qu'il venait de voir s'était rembruni et attristé.

— J'ai peur, dit-elle.

— Michel ?

— Ce n'est pas Michel qui me fait peur ; il est plus

aimable, plus tendre que jamais; c'est M. Eck, c'est madame Eck, la grand'maman.

— Que se passe-t-il?

— Je ne sais pas: Michel, qui me disait que sa grand'mère s'adoucissait et qu'elle semblait disposée à consentir à notre mariage, m'a prévenu hier en deux mots, les seuls que nous ayons pu échanger, qu'il y avait un revirement et que madame Eck paraissait fâchée contre lui et contre moi.

Adeline aussi eut peur : savait-on déjà quelque chose à Elbeuf? En se perdant, avait-il perdu sa fille avec lui?

Berthe continuait :

— Je n'imagine pas du tout en quoi j'ai pu blesser madame Eck et par là changer ses dispositions à mon égard; quant à Michel, il n'a rien fait qui puisse déplaire à sa grand'mère, cela est bien certain.

— Sans doute, ce n'est ni contre toi ni contre son petit-fils qu'elle est fâchée.

— Contre qui l'est-elle alors?

— Contre moi.

— Pourquoi le serait-elle contre toi.

Pourquoi le serait-elle? Il ne pouvait pas répondre à cette question; il n'osait même pas l'examiner.

— A cause de notre situation embarrassée.

— J'ai bien pensé à cela, et j'ai questionné maman, qui m'a dit que les affaires seraient meilleures cette année qu'elles ne l'avaient été l'année dernière. Madame Eck doit le savoir.

— Peut-être ne le sait-elle pas.

— Sois tranquille de ce côté, Michel l'en aura avertie.

— Alors, que veux-tu que je te dise?

— Rien; c'est moi qui t'explique ce qui se passe.

Il voulut la rassurer et aussi se rassurer lui-même.

— Peut-être ta grand'mère aura-t-elle dit quelque chose qui aura été rapporté à madame Eck.

— Je ne crois pas : pour grand'maman, je suis comme si j'étais morte ou encore au maillot; je n'existe plus; elle ne parle jamais de moi.

Ce qu'elle disait là, Adeline le savait comme elle; il fallait donc renoncer à cette explication.

Ils arrivaient au bout du pont, et devant eux, sur l'autre rive, se montrait Elbeuf avec sa confusion de maisons et de hautes cheminées qui vomissaient des nuages de fumée noire que le vent d'est chassait vers la forêt de la Lande où ils se déchiraient aux branches des arbres avant d'avoir pu s'élever au-dessus de la colline; encore quelques minutes et ils allaient entrer dans la ville.

— Tu vas me descendre au bout du pont, dit Adeline, et tu continueras seule jusqu'à la maison.

— Et maman?

— Tu diras à ta mère que je suis chez M. Eck.

Berthe laissa échapper une exclamation de joie.

— Ah! papa.

— Je ne veux pas te laisser dans l'inquiétude, je ne veux pas y rester moi-même; le mieux est donc d'avoir tout de suite une explication avec M. Eck.

— Que vas-tu lui dire.

— C'est lui qui doit avoir à me dire, et il est trop loyal pour ne pas s'expliquer franchement.

Ils avaient traversé la Seine, ils allaient entrer dans la ville neuve; Berthe arrêta son cheval.

— Il me semblait que quand tu serais là j'aurais moins peur, dit-elle, et voilà que mon angoisse n'a jamais été plus forte.

Il descendit de voiture.

— Sois certaine que je la ferai durer le moins longtemps qu'il me sera possible. A tout à l'heure.

Tandis qu'elle tournait à droite pour entrer dans la vieille ville, il suivait droit son chemin pour gagner la ville neuve.

II

Si l'angoisse de Berthe était forte, celle d'Adeline ne l'était pas moins, car il ne prévoyait que trop sûrement ce qui se dirait dans cet entretien : averti de ce qui s'était passé au cercle, le père Eck ne voulait pas que son neveu épousât la fille d'un voleur.

C'était cette réponse qu'il allait chercher lui-même, sinon dans ces termes au moins concluant à ce résultat : le mariage de Berthe manqué.

Et il avait quitté Paris pour fuir cette accusation.

Sa main tremblait quand il frappa à la porte du bureau du père Eck.

— *Endrez.*

Il entra :

— Ah! monsieur *Ateline!*

Il y avait plus de surprise que de contentement dans cette exclamation.

— J'allais justement faire demander à madame *Ateline* quand vous deviez venir à *Elpeuf.*

— Vous avez à me parler?

Le père Eck hésita un moment :

— *Voui.*

L'heure avait sonné pour Adeline.

— C'est de nos projets que je voulais vous entretenir, dit le père Eck. Depuis le jour où je vous ai *temandé* la main de mademoiselle *Perthe*, je n'ai cessé de peser sur ma mère pour la décider à ce mariage, tantôt directement, tantôt par des moyens détournés. Et c'était difficile, très difficile, car c'est la première fois que dans notre famille l'un de nous veut épouser une chrétienne. Et puis il y avait l'éducation, les préjugés, si vous voulez, enfin, ce qui est plus respectable, il y avait la foi religieuse chez ma mère, vous le *safez* très vive, et telle qu'on ne la rencontre plus que bien rarement aussi ardente. Enfin, tous les jours j'agissais, et je *tois* dire que l'estime que vous lui *afiez* inspirée m'était d'un puissant secours. Ah! s'il avait été question d'un autre que de M. *Ateline*, elle m'aurait fermé la bouche au premier mot et de telle sorte qu'il m'aurait été défendu de l'*oufrir.* Mais sans vous montrer, sans agir, par cela seul que vous étiez *vous*, *vous* agissiez plus que moi : la jeune fille que Michel voulait épouser n'était plus une chrétienne, elle était mademoiselle *Ateline*, la fille de Constant *Ateline*; et en faveur de votre nom les principes de ma mère fléchissaient. Les choses en étaient là, et je n'avais *plus* qu'une défense à emporter ou plutôt qu'un engagement à obtenir de *vous*, lorsqu'une indiscrétion, un propos fâcheux est venu tout rompre.

Bien qu'il fût préparé, Adeline sentit le rouge lui monter au visage et ce ne fut plus que dans une sorte de brouillard qu'il vit le père Eck.

— Vous vous rappelez peut-être, continua celui-ci, que, lors de mon voyage à Paris, je vous ai conseillé d'abandonner votre cercle, de laisser ces gens-là à leurs plaisirs qui n'étaient pas les vôtres, et que j'ai insisté autant que les convenances le permettaient ; vous vous le rappelez, n'est-ce *pas*?

— Parfaitement.

— Eh *pien*, j'avais mes raisons ; ce n'était pas seulement en mon nom que je parlais. Depuis mon retour, ma mère a vu des amis de Paris qui lui ont parlé de vous... et qui lui ont dit que vous jouiez dans votre cercle.

Le père Eck fit une pause, mais Adeline, qui avait baissé les yeux et les tenait attachés sur une feuille du parquet, n'osa pas les relever pour regarder ce qu'il y avait sous ce silence.

— On a rapporté beaucoup de choses à ma mère, continua le père Eck, beaucoup trop de choses.

Il dit cela tristement, avec embarras.

— Et alors ma mère a changé de sentiment sur ce mariage, vous comprenez?

Adeline ne répondit pas; que pouvait-il dire, d'ailleurs? la honte le serrait à la gorge et l'étouffait.

— Je suis *tésespéré* de vous parler ainsi, mon cher monsieur *Ateline*, mais que voulez-vous, je vous le demande, hein, que voulez-vous?

— Rien, murmura Adeline accablé.

— Comment répondre à ma mère et la combattre, quand... j'ai le chagrin de le dire... je pense comme elle? C'était un grand effort que ma mère faisait en donnant son consentement à ce mariage, mais elle s'y décidait par estime pour *fous, monsieur Ateline* tandis qu'il est au-dessus de ses forces de se résigner à ce que son petit-fils entre dans une famille dont le chef...

Adeline sentit le parquet s'enfoncer sous sa chaise.

— ... Dont le chef joue; et tant que vous serez président de ce cercle, vous jouerez, cela est fatal.

— Président du cercle, murmura Adeline, c'est la présidence du cercle que madame Eck me reproche?

— Et que *foulez-vous* que ce soit? C'est assez, hélas!

— Mais je ne le suis plus.

— *Fous* n'êtes plus président du *Grand I*?

— J'ai donné ma démission; et je ne rentrerai jamais dans ce cercle... ni dans aucun autre.

— Jamais?

— Je le jure.

Le père Eck fit un bond et venant à Adeline les deux mains tendues :

— Votre main, que je la serre, mon cher ami. Ah ! quel soulagement !

Ce n'était pas seulement le père Eck qui était soulagé. Adeline renaissait ; de l'abîme au fond duquel il se noyait, il remontait à la lumière.

— Dites à madame Eck que jamais je ne toucherai une carte, s'écria Adeline, et que le jeu me fait horreur, vous entendez, horreur !

— Elle le saura, et il va de soi que ses sentiments d'il y a quelques jours seront ceux de *tcmain* : le mariage est fait. Obtenez le consentement de la Maman, et *tans* un mois nos enfants seront mariés, je vous le promets. Si ma mère a cédé, il me semble que la vôtre cédera bien aussi : les conditions ne sont-elles *bas* les mêmes ? Je dois vous *tire* que ma mère tient à ce consentement, et qu'elle retirerait le sien si madame *Ateline* persistait dans son hostilité : elle veut l'union des familles, et cela est trop *chuste* pour que nous ne respections pas sa volonté. Quant aux affaires, nous les arrangerons ensemble.

Dans son trouble de joie, Adeline avait oublié cette terrible question des affaires ; ce mot le rejeta durement dans la réalité.

— Je dois vous dire...

Mais le père Eck lui ferma la bouche :

— Un seul mot : Avez-*fous* d'autres dettes que celles qui grèvent la propriété du Thuit ; des dettes personnelles, par exemple ?

— Non.

— Eh *pien*, les affaires s'arrangeront. Je sais que vous ne pouvez pas donner de dot à mademoiselle *Perthe* en ce moment. Je connais *fotre* situation. Nous nous en passerons. Mademoiselle *Perthe* est une fille qui vaut encore six cent mille francs, en mettant les choses au pire ; c'est assez, si vous voulez bien donner votre concours à Michel pour la fabrique que nous allons établir, et qui remplacera la vieille fabrique « en chambre » *Ateline*, par la fabrique « industrielle » Eck et Debs-*Ateline*. Dans six mois, nous marchons. Nous pouvons avoir pour soixante-quinze mille francs les bâtiments de l'établissement Vincent, qui en ont coûté quatre cent mille il y a six ans ; nous y installons nos métiers ; nos essais sont faits ; nos échantillons sont prêts ; dans six mois, je *fous* le *tis*, nous filons et nous battons ; pas de tâtonnements, pas de coûteuses expériences. Nous ferons venir de Roubaix les ouvriers qui nous manqueront ; assez d'ouvriers ont émigré d'*Elpeuf* à Roubaix, pour que nous fassions revenir quelques-uns de ces pauvres émigrés ; cela sera *trôle*.

Il se mit à rire, enchanté de ce bon tour de concurrence commerciale.

— L'engouement du peigné commence à se calmer, on s'aperçoit que deux toiles appliquées l'une contre l'autre sans que la laine soit mélangée se coupent vite à l'usage ; on s'aperçoit aussi que les couleurs vives qui plaisent chez le tailleur virent et passent exposées à l'air, et *betit* à *betit* on revient au foulé ; le *chour* où l'évolution sera complète, nous serons là monsieur *Ateline*, et nous livrerons conforme. Ah! ah!

Il parlait en marchant de long en large dans son bureau, alerte, léger comme s'il avait trente ans et commençait la vie avec l'élan de la jeunesse : Ah! ah! cela serait drôle! Peut-être ne pensait-il guère à Berthe et à Michel, en ce moment, mais à coup sûr, il voyait les broches de son nouvel établissement tourner et il entendait ses métiers battre.

— Il faudra reprendre la *marmotte*, monsieur Ateline, et avec votre gendre visiter la clientèle parisienne : Eck et Debs-*Ateline*; nous livrons conforme; la vieille maison *Ateline* revit, et il faut croire qu'elle ne s'éteindra pas de sitôt; maintenant cela dépend de *fous*; allez trouver *fotre* mère. A bientôt, mon cher ami; mes amitiés à mademoiselle *Perthe*.

Quel revirement! Adeline était entré le désespoir au cœur et la honte au front; il sortit relevé, rayonnant; sa vie finie recommençait avec sa fille et par son gendre.

S'il avait osé, il aurait couru pour être plus tôt auprès de Berthe, mais qu'eût dit Elbeuf s'il avait vu courir son député?

Au moins marcha-t-il aussi vite que possible, pour ne pas se laisser retenir par les gens qui voulaient l'aborder, saluant à droite et à gauche, sans se donner le temps de reconnaître ceux à qui il distribuait ses coups de chapeau.

Certes, oui, il reprendrait la *marmotte* et avec joie. Berthe mariée, mariée à l'homme qu'elle aimait, quel apaisement, quelle tranquilité! il la verrait heureuse; les broches de la nouvelle fabrique tournaient aussi devant ses yeux, et les métiers battaient à ses oreilles : la langue que le père Eck venait de lui parler l'avait rajeuni de vingt ans; comme elle sonnait mieux que l'éternel : « Messieurs, faites votre jeu; le jeu est fait, rien ne va plus? »

Sous prétexte de faire nettoyer la charrette devant elle, Berthe était restée dans la cour; quand elle aperçut son père, elle courut à lui.

Mais, avant d'arriver, elle lut dans les yeux de son père que c'était une bonne nouvelle qu'il apportait.

En deux mots il lui raconta ce qui s'était passé : le consentement donné par madame Eck, la création de la fabrique nouvelle dans les établissements Vincent.

— Dans un mois tu peux être mariée, avant six mois la fabrique peut marcher.

Elle lui sauta au cou et le serra dans une longue étreinte.

— Mais il nous faut maintenant le consentement de ta grand'mère.

— Le donnera-t-elle? dit Berthe avec angoisse.

— Puisque madame Eck a donné le sien, il me semble impossible qu'elle le refuse.

Mais ce ne fut pas le sentiment de madame Adeline quand il lui exprima cette espérance.

— Maman ne voudra pas nous faire ce chagrin, dit-il.

— On est peu sensible au chagrin qu'on fait aux gens, quand on est convaincu que c'est dans leur intérêt qu'on agit et pour leur bien, — et cette conviction est celle de ta mère. Au reste elle t'attend dans sa chambre; va tout de suite lui parler.

— Bonjour, mon garçon, dit la Maman en le voyant entrer. Berthe m'a annoncé que tu venais passer quinze jours avec nous, cela va nous faire du bon temps à tous; je suis bien heureuse de cela.

Elle l'attira et l'embrassa.

— Quand on est jeune, on peut rester séparé de ceux qu'on aime, dit-elle, qu'importe? on a devant soi de beaux jours pour se rattraper; mais à mon âge, quand les heures sont comptées, celles de l'absence sont bien longues.

— Tu pourras faire ce bon temps meilleur encore, dit-il.

— Moi, mon garçon, et comment?

Il expliqua comment : aux premiers mots, la Maman voulut lui couper la parole :

— Il ne devait jamais être question de ce mariage entre nous, dit-elle vivement.

— Il n'en a pas été question tant que les conditions ont été les mêmes, mais aujourd'hui elles sont changées.

Et il dit quels étaient les changements qu'apportaient à ces conditions le consentement donné par madame Eck et l'acquisition des établissements Vincent.

— Je crois bien qu'elle consent, cette vieille juive, s'écria la Maman, voilà vraiment un beau sacrifice.

— Elle peut être aussi attachée à sa religion que tu l'es à la tienne.

— Est-ce que c'est une religion? Et puis, si elle était attachée à sa religion, comme tu dis, elle ne céderait pas plus que je peux céder moi-même. Il ne manquerait plus que j'imite une juive! Peux-tu me le demander?

— Je te demande de faire le bonheur de Berthe et le mien, rien autre chose, et c'est cela seul que tu dois considérer.

— Et mon salut, et l'honneur des Adeline. Est-ce quand on sent la main de la mort suspendue sur sa tête qu'on se damne? Ne la vois-tu pas, cette main? Attends qu'elle m'ait frappée, tu feras après ce que tu voudras; je ne serai plus là ; veux-tu empoisonner mes derniers jours?

— Je veux faire le bonheur de Berthe et assurer notre repos à tous : elle aime Michel Debs...

— La malheureuse !

— Le mariage qui se présente est plus beau que dans notre situation nous ne pouvons l'espérer, voilà pourquoi je te demande ton consentement, pourquoi je te prie, je te supplie de ne pas persister dans ton refus qui nous désespérerait tous.

— Constant, je donnerais ma vie pour toi avec joie, je le jure sur ta tête; mais c'est mon salut que tu me demandes; je ne peux pas te le donner ; ne me parle donc plus de ce mariage, jamais, tu entends, jamais !

III

— Eh bien ? demanda madame Adeline aussitôt que son mari revint dans le bureau où elle était seule avec Berthe.

— Elle résiste.

— Tu vois ! s'écrièrent la mère et la fille.

— Aviez-vous donc pensé qu'elle céderait au premier mot?

Certes non, elles ne l'avaient point pensé.

— Il faut qu'elle s'accoutume à cette idée, continua Adeline, nous reviendrons à la charge, moi de mon côté, toi du tien, Hortense, toi aussi, Berthe ; pour ne rien négliger, je vais voir M. l'abbé Garut ce soir même et lui demander de nous aider; il me semble qu'il ne peut pas nous refuser son concours.

— En es-tu sûr ? demanda madame Adeline.

— C'est à essayer; en attendant je vais envoyer un mot à Michel pour qu'il vienne dîner avec nous demain : ce sera son entrée officielle dans la maison en qualité de fiancé, et je crois que cela produira un certain effet sur Maman; si elle a la preuve que son opposition n'empêche rien, elle comprendra qu'il est inutile de persister dans son refus, qui n'a d'autre résultat que de nous rendre tous malheureux, elle et nous ; et puis, il est bon qu'elle connaisse mieux Michel : c'est un charmeur;

il est bien capable de prendre le cœur de la grand'-maman comme il a pris celui de la petite-fille.

Berthe vint à son père et l'embrassa en restant penchée sur lui un peu plus longtemps peut-être qu'il n'en fallait pour un simple baiser.

— Nous avons quinze jours à nous, dit Adeline, employons-les bien; et, pour commencer, soyez avec Maman comme à l'ordinaire, ne paraissez pas vouloir la fléchir par trop de soumission, ni l'éloigner par trop de raideur.

Mais ce fut la Maman qui ne se montra pas ce qu'elle était d'ordinaire, quand le lendemain son fils lui annonça que Michel Debs dînerait le soir avec eux.

— Un juif à notre table! s'écria-t-elle dans un premier mouvement de surprise et d'indignation.

Mais aussitôt elle se calma :

— Tu es le maître, dit-elle.

— Nous faisons chacun ce que nous croyons devoir faire; moi, pour ne pas désespérer ma fille; toi... pour ne pas blesser ta conscience.

Adeline n'était pas sans inquiétude quand il se demandait comment se passerait ce dîner, et quel accueil la Maman ferait à Michel : il fallait qu'elle sentît qu'il était vraiment le maître, comme elle le disait, et qu'elle crût que par son opposition elle n'empêcherait pas le mariage de sa petite-fille; ces deux preuves faites pour elle, il semblait probable qu'elle ne persisterait pas dans un refus dont elle reconnaîtrait elle-même l'inutilité.

Mais ses craintes ne se réalisèrent pas : si la Maman

n'accueillit pas Michel en ami et encore moins en petit-fils, au moins ne lui fit-elle aucune algarade; quand il lui adressa la parole, elle voulut bien lui répondre, et elle le fit sans mauvaise humeur apparente, comme s'il était un inconnu ou un indifférent qu'elle ne devait jamais revoir. Quand, après le dîner, Michel, qui avait une très jolie voix de ténor, chanta avec Berthe le duo de *Faust :* « Laisse-moi, laisse-moi contempler ton visage, » elle ne quitta pas le salon, et sa seule manifestation de mécontentement fut de dire à sa belle-fille :

— Si j'avais eu une fille, je ne lui aurais jamais laissé chanter de pareilles polissonneries avec un jeune homme.

Madame Adeline voulut marcher dans le même sens que son mari :

— Quand ce jeune homme est un fiancé? dit-elle.

La Maman resta interdite.

Après que Michel fut parti et que la Maman fut rentrée dans sa chambre, Adeline, madame Adeline et Berthe tinrent conseil sur ce qui venait de se passer :

— Vous voyez! dit Adeline.

— J'ai tremblé tant qu'a duré le dîner, dit madame Adeline.

— Et moi donc! murmura Berthe.

— Le premier pas est fait, dit Adeline comme conclusion, il n'y a qu'à continuer, demain, après-demain; ne pensons qu'à cela, ne nous occupons que de cela; Maman nous aime trop pour ne pas céder; il faudra, ma petite Berthe, lui savoir d'autant plus grand gré de son sacrifice qu'il aura été plus douloureux pour elle.

Mais le lendemain il ne put pas, comme il le voulait, ne s'occuper que du mariage de sa fille.

Il avait donné ordre rue Tronchet qu'on lui envoyât sa correspondance à Elbeuf; quand on la lui remit, il trouva au milieu des lettres et des journaux une grande enveloppe cachetée à la cire et portant la mention : « Personnelle »; son contenu paraissait assez lourd. Ce fut elle qu'il ouvrit tout d'abord, et en tira trois journaux. Il allait les rejeter pour prendre les autres lettres, lorsque ses yeux furent attirés par une annotation à l'encre rouge : « Voyez page 3. » Il alla tout de suite à cette page, et un encadrement au crayon rouge lui désigna ce qu'il devait lire :

« On sait que le député Adeline était président
» d'un des cercles où, depuis quelques mois, se joue
» la plus grosse partie; il vient de donner sa démis-
» sion.

» Pourquoi ?

» Nous allons tâcher de le découvrir.

» Si nous l'apprenons, nous le dirons à nos lec-
» teurs.

» Si nos lecteurs le savent, qu'ils nous le disent.

» C'est en publiant les scandales qu'on en arrête
» le renouvellement : nous ne manquerons pas au
» devoir que notre titre nous impose. »

Adeline retourna la feuille pour voir le titre : « *Le François I*ᵉʳ » avec le mot célèbre bien en vedette : « Tout est perdu, fors l'honneur. »

Ce premier journal en disait trop pour qu'il n'eût pas hâte de voir le second :

« *Le Redresseur de torts* :

» Nous recevons des nouvelles de la Grèce : il paraît que le désarroi règne dans l'*Épire* : on sait que cette province, où les affaires marchaient très bien pour les Grecs, était administrée par le député Adelinos, l'excellent agorète des Elbeuviens ; celui-ci vient de se retirer dans sa tente, auprès de sa fabrique noire ; et l'on ne voit plus ses doigts légers courir sur le tapis vert ; on se demande quels vont être les résultats de cette colère désastreuse, qui menace de précipiter chez Aïdès tant de fortes âmes de héros criant la faim. »

Le troisième journal avait pour titre : l'*Honnête homme* ; c'était en tête de la première page que se trouvait le trait à l'encre rouge :

« Sous ce titre :

UNE USINE A BACCARA

Nous commencerons prochainement une curieuse étude du jeu à Paris, prise dans le vif de la réalité, avec des portraits de personnages en vue que tout le monde reconnaîtra.

Elle montrera comment se montent les cercles qui ne sont que des entreprises financières, comment ils fonctionnent et les résultats qu'ils produisent sur la ruine publique.

Le sommaire des chapitres dira quel est l'intérêt de cette étude :

1er chap. — Association du demi-monde et de la gentilhommerie ;

2e chap. — Où l'on trouve un président en situation d'obtenir une autorisation pour ouvrir un nouveau cercle ;

3e chap. — Les jeux et les joueurs : tricheries des grecs et des croupiers ; les ressources de la cagnotte ;

4e chap. — Les séquences à l'usage de tout le monde ;

5e chap. — *Mangeurs et mangés.*

Adeline fut atterré : il n'y avait pas à se méprendre sur l'envoi de ces journaux : on voulait l'intimider, le faire chanter, le *manger*.

C'était dans le bureau qu'il lisait ces journaux, en face de sa femme ; le voyant troublé par cette lecture, elle lui demanda ce qu'il avait et si ces journaux lui apprenaient quelque mauvaise nouvelle.

Pouvait-il répondre franchement et confesser toute la vérité à sa femme ? La honte lui ferma la bouche. Que pourrait-elle pour lui ? Rien. Elle se tourmenterait de son impuissance.

— Des nouvelles agaçantes de la Chambre, oui, dit-il ; mais pour nous, non. Les journaux, Dieu merci, ne s'occupent pas de mes affaires.

Il mit ses journaux dans sa poche ; puis il continua la lecture de son courrier, mais sans savoir ce qu'il lisait; quand il fut tant bien que mal arrivé au bout, il se leva et sortit : il avait besoin de réfléchir et de se reconnaître; surtout il avait besoin de n'être plus sous le regard de sa femme.

Machinalement il avait suivi la rue Saint-Etienne et, tournant à gauche au lieu de la continuer tout droit, il avait pris la vieille rue Saint-Auct, qui par une rude montée tortueuse escalade la colline au haut de laquelle commence la forêt de la Londe. Il allait lentement, les reins courbés, la tête basse, comme dans cette même côte son père le lui avait appris quand il était enfant, pour ne pas se mettre trop vite hors d'haleine, et de temps en temps, s'arrêtant, il se retournait et regardait en soufflant la ville à ses pieds. Puis il reprenait sa montée, distrait de ses réflexions par les bonjours qu'il avait à rendre aux femmes assises devant leurs portes et aux gamins qui le poursuivaient de leurs cris : « Bonjour monsieur Adeline; bonjour monsieur Adeline », fiers de parler à leur député.

Il arriva au Chêne de la Vierge, qui est le point dominant du plateau, et, n'ayant plus personne autour de lui, il s'assit, se répétant tout haut le mot que, depuis qu'il était sorti, il répétait tout bas :

— Que faire?

Devait-il laisser passer ces attaques? Devait-il leur répondre?

Mais la question ainsi posée l'était mal; il s'agissait en effet non de savoir s'il pouvait laisser passer ces attaques en les dédaignant, mais bien de trouver les moyens de se défendre contre elles, car, voulûtil faire le mort, ceux qui avaient commencé cette campagne dans les journaux ne s'en tiendraient pas là; le sommaire de l'étude sur le jeu le disait : « *Mangeurs et Mangés* »; ils allaient s'abattre sur lui; comment les repousser ?

Et il avait pu croire que, parce qu'il avait quitté Paris pour Elbeuf, il allait trouver auprès des siens l'oubli et la tranquillité !

Ne serait-il donc qu'un objet de mépris pour cette ville, qui s'étalait sous lui, et où, jusqu'à ce jour, son nom n'avait été prononcé qu'avec respect. Qu'il remontât cette côte dans quelques jours, et personne ne se lèverait plus sur son passage; on détournerait la tête, et si les gamins lui faisaient encore cortège, ce ne serait plus pour lui crier: « Bonjour, monsieur Adeline. »

Et c'était avec un brouillard devant les yeux, le cœur serré, les nerfs crispés, l'esprit chancelant, qu'il regardait ce panorama qu'il n'avait jamais vu qu'avec un sentiment d'orgueil, fier de son pays natal, comme il était fier de lui-même : — la ville avec sa confusion de maisons, de fabriques et de cheminées qui vomissaient des tourbillons de fumée noire, et son vague bourdonnement de ruche humaine, le ronflement de ses machines qui montaient jusqu'à lui; et au loin, se déroulant jusqu'à l'horizon bleu, la plaine enfermée dans la longue courbe de la Seine, avec son cadre vert formé par les masses sombres des forêts.

Il resta là longtemps, regardant alternativement autour de lui et en lui. Alors, peu à peu, tout son passé lui revint, d'autant plus amer à cette heure d'examen qu'il avait été plus doux pendant qu'il le vivait. En suivant des yeux l'agrandissement de sa ville, il se revit grandir d'année en année. Elle aussi, elle avait subi comme lui une crise et l'on avait pu croire qu'elle sombrerait; mais, tandis qu'elle semblait prête à se relever et à reprendre sa marche, il se voyait précipité, sans lutte, sans secours possible, dans une catastrophe qui devait l'écraser.

Car il ne pouvait pas plus se défendre que céder.

Pour se défendre, il fallait commencer par avouer qu'il avait joué à son insu avec des cartes préparées par des gens qui voulaient le perdre, et les explications ne pourraient venir qu'ensuite : l'aveu, le monde le saisirait au bond ; les explications, qui les écouterait ?

S'il cédait, si une fois il accordait aux *mangeurs* ce qu'ils lui demanderaient, ne faudrait-il pas céder toujours, tant que ceux qui voulaient l'exploiter lui verraient une ressource ?

Il relut les journaux, pesant chaque mot, et il se rendit mieux compte de l'enveloppement qui se faisait autour de lui : ce n'était qu'une préparation, mais combien menaçante s'annonçait-elle !

Pour que sa femme ne les trouvât pas, il les déchira en petits morceaux qu'il jeta au vent; mais une rafale de l'ouest les prit en tourbillon et les emporta vers la ville; alors un frisson le secoua comme si chaque lambeau était un journal complet qu'Elbeuf allait lire.

Quand il rentra, sa femme lui dit qu'on était venu

le demander; quelqu'un qui n'était pas un acheteur et qui devait revenir.

Jamais il ne s'était inquiété des gens qui avaient affaire à lui; il verrait bien; mais il n'était plus au temps où il pouvait se dire tranquillement qu'il verrait bien; il avait peur de voir.

IV

Il y avait à peine un quart d'heure qu'Adeline avait repris sa place en face de sa femme, quand la porte du bureau s'ouvrit, poussée par un homme de trente à trente-cinq ans, portant sous son bras une serviette d'avocat bourrée de papiers : évidemment c'était l'ennemi.

— M. Adeline.

— C'est moi, monsieur.

— Pourrais-je vous entretenir quelques instants... en particulier?

Disant cela, il tendit sa carte à Adeline :

« LEPARGNEUX,

» Directeur de l'*Honnête Homme.* »

Adeline fit un signe à sa femme pour qu'elle ne le dérangeât point, et, passant le premier, il introduisit le directeur de l'*Honnête Homme* dans le salon.

— Je ne sais, dit Lepargneux, en fouillant dans sa serviette qu'il venait d'ouvrir, si vous connaissez le journal dont je suis le directeur ; nous n'avons pas encore une longue durée, et il a pu vous échapper, malgré l'importance considérable qu'il a vite conquise dans le monde parisien.

Il importait pour Adeline de ne pas se laisser emporter et de voir venir.

— Mon journal, continua Lepargneux, a récemment annoncé la publication d'une étude sur le jeu à Paris, intitulée : *Une Usine à Baccara* ; la voici :

— J'ai vu cette annonce, répondit Adeline en refusant de prendre le journal que Lepargneux lui tendait.

— Et vous l'avez lue ? demanda celui-ci.

Adeline fit un signe affirmatif, car s'il ne voulait pas aller au-devant des questions de ce singulier personnage, il ne trouvait ni digne ni adroit de chercher à se dérober.

— Je dois vous dire, continua Lepargneux, un peu déconcerté par le calme d'Adeline, que si je suis le directeur de l'*Honnête Homme*, je ne suis pas en même temps rédacteur en chef ; il y a même entre ce rédacteur en chef et moi hostilité déclarée. Cela vous fait comprendre que je ne l'ai pas commandée cette étude sur le jeu ; je ne l'ai connue que par cette annonce. Mais en voyant qu'elle devait donner des portraits de personnages en vue, que tout le monde reconnaîtrait, je me suis inquiété ; je me suis demandé quels étaient ces personnages, et parmi les noms qu'on m'a cités se trouve le vôtre comme président de l'*Épire*...

Mais il s'interrompit, et avec toutes les marques de la confusion :

— Pardonnez-moi, s'écria-t-il, je veux dire du *Grand I.*

Puis, reprenant son récit ;

— Je dois encore ajouter, si vous le permettez, que j'ai pour vous la plus haute estime, non seulement pour le député dont je partage les opinions, mais encore pour l'industriel et le commerçant, étant commerçant moi-même : Lepargneux, éponges en gros, rue Sainte-Croix de la Bretonnerie. Dans ces conditions, vous comprenez que je ne pouvais pas permettre que vous figuriez de façon à être reconnu par tout le monde, dans une étude sur le jeu... ou bien des choses scandaleuses seront jetées au vent de la publicité. C'est pour empêcher cela que je me suis décidé à venir à Elbeuf afin de m'entendre avec vous.

— Vous entendre avec moi ?

— Je comprends votre surprise. Vous vous dites, n'est-ce pas, qu'étant directeur de l'*Honnête Homme* je n'ai besoin de m'entendre avec personne pour empêcher la publication dans mon journal de ce qui me déplaît. Eh bien, c'est une erreur. A côté de moi, directeur, il y a un rédacteur en chef qui fait le journal, et, comme nous sommes en guerre, il n'y met que ce qui précisément me déplaît. Il y a de ces antagonismes dans les journaux que le public ne soupçonne pas.

— En quoi tout cela me regarde-t-il ? demanda Adeline, qui commençait à perdre patience.

— Vous allez le voir. Si j'étais seul maître dans mon journal, j'empêcherais la publication de tout ce qui vous touche. Mais je ne puis l'être qu'en mettant mon rédacteur en chef à la porte, ce qui ne m'est possible que si vous m'accordez votre concours.

Rien n'était plus simple, plus honnête que le concours qu'il venait demander à Adeline, — de commerçant à commerçant, car il était commerçant avant tout, marchand d'éponges par vocation et journaliste seulement par occasion, parce qu'il avait eu la chance de rencontrer une affaire superbe qui devait lui donner une belle fortune en peu de temps : celle de l'*Honnête Homme*. Malheureusement, le rédacteur en chef à qui il avait confié son journal était un coquin dont il ne pouvait se débarrasser qu'en lui donnant quatre-vingt-sept mille francs, il ne les avait pas... en ce moment, et il venait les demander à Adeline, qui était intéressé plus que personne au renvoi de ce coquin. Mais cette demande, il ne la faisait pas sans offrir quelque chose en échange, c'est-à-dire une part de propriété dans l'*Honnête Homme*, qui était en train de prendre une place considérable dans le journalisme français — celle réservée à l'honnêteté impeccable, et fondée sur la reconnaissance publique. Il était évident qu'une campagne s'organisait en ce moment dans certains journaux contre le président du *Grand I* ; en achetant un certain nombre d'actions de l'*Honnête Homme* avec l'argent qu'il avait gagné dans cette partie qu'on lui reprochait, c'est à-dire avec de l'argent trouvé, Adeline obtenait des avantages importants : 1° il faisait disparaître la plus dangereuse des attaques qui se machinaient contre lui ; 2° disposant d'un journal, il pouvait imposer silence à ses adversaires qui le redouteraient ; 3° il employait son journal non seulement dans cette circonstance particulière, mais encore dans toutes celles où son ambition politique était en jeu ; 4° enfin, il participait à la grosse fortude que l'*Honnête Homme* devait apporter à ses propriétaires dans un délai très court.

Arrivé à ce point de son discours, Lepargneux posa sa serviette sur une table et en tira différents papiers :

— Je ne vous vends pas chat en poche, dit-il du ton d'un camelot qui fait son boniment ; ce que j'avance, je le prouve : voici des pièces authentiques qui vont vous renseigner sur la solidité de l'affaire, voyez, regardez.

C'était difficilement qu'Adeline s'était contenu jusque-là. Il se leva, mais, au lieu de venir à la table sur laquelle Lepargneux étalait ses pièces authentiques, il alla à la porte, et, la montrant par un geste énergique :

— Sortez ! dit-il.

Un moment surpris, Lepargneux se remit vite :

— Vous n'avez donc pas compris, dit-il, que le portrait qu'on veut publier dans cette étude doit vous déshonorer, vous perdre à la Chambre et vous perdre ici, tuer le député, ruiner le commerçant, empêcher le mariage de votre fille, que je ne savais pas, mais que j'ai appris en vous attendant ; je vous offre le moyen de vous sauver, et vous hésitez ?

— Je n'hésite pas, je vous mets à la porte, dit Adeline d'une voix sourde, car il ne fallait pas que sa femme l'entendît.

— Vous n'y pensez pas. Voyons, monsieur, réfléchissez. Si vous n'avez pas les fonds en ce moment, nous prendrons des arrangements.

— Sortez, sortez !

— Je peux faire un effort pour vous, et si les quatre-vingt-sept mille francs vous gênent, nous dirons soixante mille.

Adeline montra la porte.

— Nous dirons cinquante mille.

Adeline revint vers la cheminée où un cordon de sonnette pendait le long de la glace.

— Faut-il que je sonne pour qu'on vous jette dehors ?

Lepargneux ramassa ses papiers, mais sans se presser.

— Je n'aurais jamais imaginé, dit-il, tout en les fourrant dans sa serviette, que ce serait ainsi que vous me remercieriez de mon voyage, entrepris dans votre seul intérêt. Mais quoi qu'il en soit, je veux croire que vous réfléchirez et que vous comprendrez que j'ai voulu uniquement vous sauver. La publication de cette étude ne commencera pas avant quelques jours : vous avez encore le temps d'écouter la voix de la raison. Quand elle aura parlé, et elle parlera, j'en suis sûr, écrivez-moi aux bureaux de l'*Honnête Homme*; Dieu merci, je n'ai pas de rancune.

Et sur ce mot magnanime, il sortit enfin.

— Quel est ce monsieur? demanda madame Adeline quand son mari entra dans le bureau.

— Un directeur de journal qui voulait me demander de prendre des parts dans son affaire.

— Il tombait bien !

— J'ai eu toutes les peines du monde à le mettre dehors, dit Adeline pour expliquer ses éclats de voix s'ils étaient venus jusque dans le bureau.

Débarrassé de Lepargneux, Adeline se demanda s'il n'aurait pas dû répondre autrement à cette menace ! Mais quelle autre réponse possible sans se déshonorer? car telle était la situation que, quoi qu'il fît, c'était toujours le déshonneur qui se trouvait au dénouement : par lui-même s'il cédait, par ces misérables s'il résistait. Et quand il céderait, quand il donnerait ces quatre-vingt-sept mille francs, s'arrêteraient-ils là? ne le dévoreraient-ils pas jusqu'aux os tant qu'il y aurait un morceau à manger? Et, bien qu'il se dît qu'il ne pouvait faire que cette réponse, à chaque instant il se répétait la conclusion de Lepargneux : « Vous n'avez donc pas compris que cette étude doit vous perdre à la Chambre, vous perdre à Elbeuf, tuer le député, ruiner le commerçant, empêcher le mariage de votre fille? »

Le mariage de sa fille, comment s'en occuper maintenant? Où trouver assez de calme pour agir continuellement sur l'esprit de la Maman?

Trois jours après, en dépouillant son courrier, ce qu'il ne faisait plus qu'en tremblant et autant que possible en cachette de sa femme, de peur de se trahir devant elle, il trouva une lettre dont l'écriture était visiblement déguisée :

« Monsieur,

» Il se prépare contre vous une machination pour
» vous faire chanter en vous menaçant de dévoiler
» certains procédés de jeu qui vous auraient fait
» gagner de grosses sommes. J'ai le moyen d'empê-
» cher ces machinations s'il vous convient d'entrer
» en arrangement avec moi. Vous pouvez me ré-
» pondre : poste restante A. G. 943. »

Bien entendu, il ne répondit pas, et ne chercha même pas à imaginer quel pouvait être ce protecteur qui offrait « contre arrangement » d'arrêter ces machinations.

Un autre jour, il reçut, toujours sous enveloppe, un second numéro du *François I*er qui annonçait que l'enquête qu'il avait commencée sur certains joueurs touchait à sa fin, et qu'il en publierait prochainement le résultat... « étonnant ».

Ainsi l'attaque se resserrait de plus en plus autour de lui ; un jour ou l'autre le scandale éclaterait sans qu'il eût pu rien faire pour le prévenir.

A la vérité, il y avait des heures où il se disait que ceux qui le connaissaient n'ajouteraient pas foi à ces accusations, et qu'à la Chambre pas plus qu'à Elbeuf il ne se trouverait personne pour croire qu'il avait pu tricher au jeu ; mais tout le monde ne le connaissait pas, et d'ailleurs il y avait le gain des

87,000 francs qui, quoi qu'il fît, quoi qu'il dît, laisserait toujours dans les esprits, même de ceux qui lui seraient favorables, une mauvaise impression. Il les avait gagnés, ces 87,000 francs, cela était un fait certain, il les avait volés ; comment faire croire qu'il n'était pas d'accord avec ceux qui lui avaient fourni les moyens de les gagner? Toutes les explications qu'il fournirait, si vraies qu'elles fussent, n'en seraient pas moins invraisemblables pour ses amis, et pour les indifférents absurdes.

Cependant le temps de son congé touchait à sa fin, et il fallait qu'il rentrât à Paris ; mais Paris maintenant était-il plus dangereux pour lui qu'Elbeuf où il avait cru trouver le repos et où il avait été si rudement poursuivi ?

Il pouvait d'autant moins prolonger son absence qu'avec l'expiration de son congé coïncidait une élection pour lui d'une grande importance : celle du président du groupe de l'*Industrie nationale ;* ses amis le portaient à cette présidence, son élection semblait assurée, il ne pouvait pas se dispenser de faire acte de présence.

Il partit donc en promettant à Berthe de revenir dans quelques jours et de reprendre auprès de la Maman ses instances qui, pour n'avoir pas encore abouti, ne devaient cependant pas être abandonnées.

Sans s'attendre à une rentrée triomphale à la Chambre, il s'imaginait que ses amis, qu'il n'avait pas vus depuis quinze jours, allaient lui faire un accueil affectueux, — celui auquel il était habitué.

Au contraire, cet accueil fut manifestement glacial ; on s'éloignait de lui ; pour un peu on lui eût tourné le dos.

Comme il allait entrer dans le bureau où devait se faire l'élection, on lui remit une dépêche qu'il ouvrit : « Envoyons premier numéro de l'étude à Elbeuf, particulièrement et personnellement à M. Eck ; il est temps encore. »

L'élection eut lieu ; trois voix seulement se portèrent sur lui ; il ne s'était pas donné la sienne, croyant avoir l'unanimité.

— J'ai voté pour vous, lui dit Bunou-Bunou, mais que voulez-vous, ce qu'on raconte de l'*Épire* vous fait le plus grand mal.

Que racontait-on ? Il n'osa le demander et sortit du Palais-Bourbon la tête perdue ; il ne lui restait qu'à se jeter à l'eau ; mort, on ne le poursuivrait plus ; l'honneur et les siens seraient sauvés.

Traversant le pont, il descendit sur le quai pour prendre un bateau-omnibus ; en route il lui serait facile de tomber dans la Seine par accident.

Mais, en voyant arriver le bateau sur lequel il devait s'embarquer, sa femme, sa fille se dressèrent devant ses yeux ; pouvait-il les abandonner sans avoir assuré le mariage de sa fille ?

V

Avant de quitter Paris, il envoya une dépêche à sa femme.

« Je rentre à Elbeuf ; partez pour le Thuit ; invite Michel à passer la journée de demain avec nous. »

Telles qu'étaient les habitudes de la maison, une dépêche de ce genre voulait dire qu'après la paye, la famille montait dans la vieille calèche et s'en allait au Thuit ; pour lui, il trouvait la charrette à la gare, à l'arrivée du train de Paris, et rejoignait les siens ; par ce moyen, la Maman ne se couchait pas trop tard, et le lendemain on s'éveillait au chant des oiseaux, avec de la verdure devant les yeux, en pleine campagne, ce qui était plus gai que l'impasse du Glayeul où, s'il y avait eu des glaïeuls autrefois, ainsi que le nom l'indiquait, on n'y trouvait plus depuis longtemps, en fait de couleurs gaies, que celles de l'indigo, et en fait de parfums que sa senteur douceâtre.

Les choses s'exécutèrent comme il l'avait demandé : à sept heures, la Maman, madame Adeline, Berthe et Léonie partirent pour le Thuit, et quand il descendit à neuf heures et demie à la gare, il trouva la charrette qui l'attendait : une heure après il arrivait au Thuit, et à la lueur d'une lanterne il voyait sa femme, sa fille et sa nièce venir au-devant de lui.

— Quelle bonne surprise ! dit madame Adeline.

— Il n'y aura pas séance lundi ; j'ai pu revenir, dit-il pour expliquer ce retour sans que sa femme s'en étonnât.

— Comme tu es gentil d'avoir pensé à inviter Michel pour demain ! dit Berthe en se serrant contre lui.

— Tu es contente ?

— Oh ! cher papa !

— Eh bien, moi, je suis heureux de te voir heureuse.

— Si elle est contente ? dit Léonie qui tenait à placer son mot, elle a sauté de joie quand ma tante a lu ta dépêche.

— Veux-tu bien te taire, petite peste ! s'écria Berthe.

Comme à l'ordinaire, on lui avait servi un souper froid dans la salle à manger où le feu avait été allumé, bien qu'on fût déjà en avril, mais il ne voulut pas se mettre à table : il avait dîné avant de quitter Paris ; au moins le dit-il.

Quand il arrivait au Thuit à cette heure, il n'entrait jamais dans la chambre de sa mère, car la Maman s'endormait aussitôt qu'elle se mettait au lit, et il l'eût réveillée ; c'était le lendemain seulement qu'il allait lui dire un bonjour matinal.

Il en fut ce soir-là comme il en était toujours, et le lendemain matin, quand tout le monde dormait encore dans le château, il frappa à la porte de la chambre que sa mère occupait au rez-de-chaussée. Justement parce qu'elle s'endormait aussitôt qu'elle se couchait, la Maman se réveillait tôt, et il n'y avait pas à craindre de troubler son sommeil :

— Entre, dit-elle.

Après qu'il l'eut embrassée dans son lit, elle lui demanda d'ouvrir les volets.

— Que je te voie, dit-elle.

Il fit ce qu'elle désirait, et les rayons obliques du soleil levant emplirent la chambre de leur claire lumière rosée.

Il revint s'asseoir auprès du lit en faisant face à sa mère.

— Comment vas-tu? demanda-t-elle en le regardant.

— Je vais comme toujours.

Elle l'examina longuement.

— Tire donc les rideaux, dit-elle, et laisse la fenêtre ouverte; je ne te vois pas bien.

— Ne vas-tu pas avoir froid?

— Il fait un temps superbe.

— L'air est vif.

— Va donc.

Il obéit et revint prendre sa place, décidé à aborder l'entretien décisif qui devait assurer le mariage de Berthe.

— Comme tu es pâle! dit-elle en le regardant de nouveau; comme tes traits sont contractés! Tu n'es pas bien, mon garçon.

— Mais si.

— Il ne faut pas me démentir; j'ai encore de bons yeux quand il s'agit de toi; quand tu étais petit et que tu devais être malade, je le voyais avant tout le monde, avant ton père, avant le médecin; je leur disais : « Constant va avoir quelque chose »; je ne me suis jamais trompée; les mères ont des yeux pour lire dans leurs enfants. Qu'est-ce que tu as? Ce n'est pas d'aujourd'hui que ça ne va pas. Pendant les quinze jours que tu viens de passer avec nous, j'ai bien des fois remarqué que tu étais tantôt pâle, tantôt rouge, sans raison ; il n'y avait des instants où tu étouffais, d'autres où tu n'entendais pas ce qu'on te disait.

A mesure que sa mère parlait, une idée s'éveillait dans son esprit, qui, lui semblait-il, devait assurer le mariage de Berthe.

— Il est vrai, répondit-il, que je suis très tourmenté.

— Par tes affaires ?

— Par l'état de ma santé et par le mariage de Berthe.

— Qu'est-ce que tu as, mon garçon ? demanda-t-elle d'un accent attendri, à qui parleras-tu, si ce n'est à ta mère.

— J'aurai voulu t'éviter un grand chagrin : demain, dans une heure, je peux être mort.

— Qu'est-ce que tu me dis-là ! Toi, mon Constant !

— La vérité ; et la pensée que je peux partir sans que la vie de Berthe soit fixée, sans que son bonheur soit assuré m'est une angoisse...

— Mon pauvre enfant ? Est-ce possible ! Mourir ! A ton âge !

— Si je n'étais pas sûr de ce que je dis, t'en parlerais-je ?

— Mais qu'est-ce que tu as ?

Il hésita un moment :

— Un anévrisme.

— Mais on vit avec un anévrisme ; le père Osfrey, qui en avait un, est mort à quatre-vingts ans passés

— Il y a anévrisme et anévrisme ; ce que je sais, c'est que demain je peux être mort ; tu penses bien que je ne te le dirais pas si je n'en étais pas sûr.

— Oh ! mon Dieu ! murmura-t-elle en sanglotant, mon fils, mon cher enfant !

L'émotion d'Adeline était poignante, et la douleur de sa pauvre vieille mère lui brisait le cœur, mais ne fallait-il pas qu'il parlât ainsi ; cependant il faiblit et se penchant sur elle :

— Sans doute, je peux vivre, dit-il, mais je serais plus tranquille, je me trouverais dans de meilleures conditions si je n'étais pas tourmenté par cette pensée du mariage de Berthe qui m'enfièvre.

— Tu serais plus tranquille, murmura-t-elle comme si elle se parlait à elle-même, tu serais dans de meilleures conditions ?

— Tu sais que pour cette maladie les émotions sont mauvaises, et que les chagrins aggravent le mal.

De la main elle lui fit signe de ne pas parler, et, se tournant à demi vers une image de la Vierge fixée au mur contre lequel son lit était appuyé, elle parut lui adresser une ardente prière ; puis revenant vers son fils :

— Ta tranquillité, ta vie avant tout, dit-elle, fais ce mariage.

Il la prit dans ses bras, et resta longtemps sans trouver autre chose que des mots entrecoupés.

— Une mère donne sa vie pour son enfant, dit-elle, elle doit peut-être aussi donner son salut ; mais ce n'est pas à moi que je dois penser, c'est à toi ; tu seras plus tranquille ; allons, regarde-moi, et que je ne te voie plus ces yeux inquiets.

Elle voulut qu'il parlât de sa maladie, mais, comme il se montrait mal à l'aise, elle n'insista pas, pour ne pas le tourmenter.

— Va te promener dans le jardin, dit-elle, l'air te fera du bien et te calmera : maintenant tu vas être tranquille.

Comme sa mère le lui disait, il se promena dans le jardin ; mais se calmer, le pouvait-il, quand à chaque pas, il se répétait qu'il fallait qu'avant le soir, il en eût fini avec la vie... qui aurait pu reprendre un cours si heureux ? En lui, autour de lui, tout protestait contre cette idée de mort : le bonheur de sa fille qu'il ne verrait pas ; et le printemps qui dans ce jardin s'épanouissait plein de fleurs et de parfums sous le joyeux soleil du matin.

Et lui, il fallait qu'il mourût : sa fille, il allait l'embrasser pour la dernière fois, et aussi sa pauvre mère et sa chère femme ; cette maison qu'il s'était plu à embellir pour finir là ses jours tranquillement ; ces arbres qu'il avait plantés, ces champs qu'il avait améliorés et qu'il aimait, c'était pour la dernière fois qu'il les voyait : tout, ces quenouilles blanches de fleurs, ces arbustes bourgeonnants, ces boutons verts qui déplissaient leurs feuilles à la lumière, ces oiseaux qui chantaient, cette odeur de sève parlaient de renouveau, de force, de joie, de vie, et lui ne pouvait p' détacher ses yeux de la mort, résolu à ne pas la fuir, mais cependant secoué d'horreur.

Il y avait longtemps qu'il tournait sur lui-même

quand Berthe vint le rejoindre, toute fraîche, toute pimpante dans sa toilette printanière.

— Comment me trouvera-t-il? demanda-t-elle, après l'avoir embrassé.

— Tu seras encore bien plus jolie tout à l'heure : ta grand'mère consent à votre mariage.

Elle se jeta dans ses bras :

— Comment as-tu fait? demanda-t-elle après ce premier élan de joie ; qu'as-tu dit? Et moi qui, malgré tout, doutais de toi !

— C'était de ta grand'mère qu'il fallait ne pas douter; n'oublie jamais le sacrifice qu'elle a fait à ton bonheur.

Elle voulut qu'il lui promît d'aller avec elle au-devant de Michel, qui devait venir à pied par la Londe et le chemin de la forêt ; et quand l'heure fut arrivée où ils avaient chance de le rencontrer, ils partirent.

Il aurait voulu s'associer à la joie débordante de Berthe, rire comme elle, lui répondre, mais il y avait des moments où, malgré ses efforts, il restait silencieux et sombre, ne l'entendant pas, ne la voyant même plus.

Ils n'allèrent pas bien loin dans la forêt; comme ils approchaient d'un carrefour où se croisaient plusieurs chemins, ils aperçurent Michel assis sur un tronc d'arbre couché dans l'herbe.

— C'est comme cela que vous vous dépêchez, lui cria Berthe.

— C'est justement parce que je me suis trop dépêché que j'attendais qu'il fût l'heure d'arriver convenablement, répondit Michel en venant vivement au-devant d'eux.

— Si vous aviez su ?... dit Berthe.

Michel la regarda surpris ; alors Adeline lui prenant la main la mit dans celle de Berthe.

— La Maman donne son consentement, dit-il ; dans un mois, vous pouvez être mariés ; mais, aujourd'hui même, vous l'êtes pour moi et par moi ; embrassez-vous, mes enfants.

Il voulut que Berthe donnât le bras à son mari, et il les fit marcher devant lui en les regardant.

Et à se dire qu'elle serait heureuse, il se sentait plus courageux ; pour elle au moins sa tâche était accomplie.

Léonie avait passé sa matinée à cueillir des fleurs et la table en était couverte, mais ces fleurs, pas plus que les sourires de sa fille, la joie de Michel, le bonheur de sa femme ne pouvaient soutenir Adeline, qui à chaque instant restait immobile à regarder les minutes fuir sur le cadran de la pendule ; alors la Maman se disait :

— Le bonheur même de sa fille ne peut pas l'arracher à la pensée de sa maladie.

Et pour essayer de le distraire, elle racontait des histoires de jeunesse, de mariage ; elle se faisait aimable avec Michel.

Dans les sauts de la conversation, Michel demanda à Adeline ce que c'était un journal appelé l'*Honnête Homme*.

— Mon oncle, mes cousins et moi, nous en avons reçu chacun un exemplaire ; il annonce une étude sur les cercles, avec des portraits que chacun reconnaîtra ; vous me mettrez les noms sous ces portraits, n'est-ce pas ?

Adeline avait pâli, et, en sentant les yeux de sa femme posés sur lui, il n'avait pas tout de suite trouvé une réponse.

— Je pense que c'est un journal de scandale et de chantage, dit-il enfin, et je ne crois pas que ses portraits aient de l'intérêt.

Michel n'insista pas : au fait, que lui importait l'*Honnête Homme?* il n'en avait parlé que par hasard.

Après le déjeuner, Adeline voulut montrer les bâtiments de la ferme à Michel, et, en causant d'un air indifférent, il demanda au fermier s'il avait toujours à se plaindre des lapins :

— Les lapins ! n'en parlez pas, monsieur Adeline, ils me mangent tout mon *cossard* ; si on ne les panneaute pas, ils n'en laisseront pas.

— Eh bien, vous les panneauterez la semaine prochaine ; aujourd'hui je vais vous en tuer quelques-uns à coup de fusil.

— Oh ! papa, dit Berthe.

— Pendant que vous vous promènerez ; vous me prendrez au retour.

Il alla chercher son fusil, et tandis que la Maman, madame Adeline et Léonie restaient au château, il prit avec Berthe et Michel le chemin du parc.

Ils ne tardèrent pas à arriver à la pièce de colza ou de *cossard*, comme disait le fermier.

— Je reste là, dit-il, promenez-vous et n'ayez pas peur des coups de fusil.

Comme ils allaient s'éloigner, il rappela Berthe :
— Embrasse-moi donc, dit-il.

Le lendemain, les journaux de Rouen annonçaient en termes émus et respectueux la mort de M. Constant Adeline, l'éminent député de la Seine-Inférieure, le grand industriel elbeuvien : en chassant les lapins dans son parc, il avait commis l'imprudence de prendre son fusil par le canon en sautant un fossé, et le coup qui l'avait frappé à bout portant à la tête l'avait tué raide.

FIN

F. Aureau. — Imprimerie de Lagny.

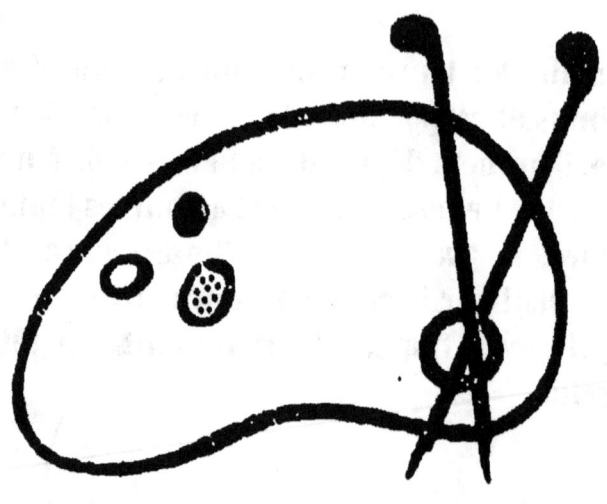

Original en couleur

NF Z 43-120-8